红海湾电厂侧貌图

重件码头首次对外经营业务。图为接卸汕尾市粮食企业集团公司的储备粮

红海湾发电公司坚持以安全、经济、环保发电为基础，依靠创新驱动，提升市场竞争力。主要设备采用东方电气集团燃煤发电机组，技术先进，节能环保，配套静电除尘、烟气脱硫、脱硝、废污水处理和全封闭式输煤系统、隔声降噪等环保设施。投产以来，连续多年获得广东省环保厅颁发的“环保诚信企业（绿牌）”。2016年，在集团内率先启动并先后完成1、2号机组超低排放改造。2017年，将完成3、4机组减排改造工作，为开拓电力市场创造有利条件，为提升大型火电机组废气综合治理效果提供较强的示范引领效应。

红海湾电厂远景

图书在版编目（CIP）数据

汕尾统计年鉴. 2017 / 汕尾市统计局, 国家统计局汕尾调查队编. -- 北京 : 中国统计出版社, 2017.10

ISBN 978-7-5037-8361-6

Ⅰ. ①汕… Ⅱ. ①汕… ②国… Ⅲ. ①统计资料－汕尾－2017－年鉴 Ⅳ. ①C832.653-54

中国版本图书馆CIP数据核字(2017)第231520号

汕尾统计年鉴 · 2017

作　　者：汕尾市统计局
责任编辑：陈越月
装帧设计：懿　祥
出版发行：中国统计出版社
地　　址：北京市丰台区西三环南路甲6号
邮政编码：100073
电　　话：邮购（010）63376909　书店（010）68783171
网　　址：http://csp.stats.gov.cn
印　　刷：河南匠心印刷有限公司
经　　销：新华书店
开　　本：889mm × 1194mm　1/16　　字　　数：40千字
印　　张：67　　印　　数：1—1000册
版　　别：2017年10月第1版　　版　　次：2017年10月第1次印刷

定价：300.00元

汕尾统计年鉴 2017

SHANWEITONGJINIANJIAN

汕尾市统计局
国家统计局汕尾调查队 编

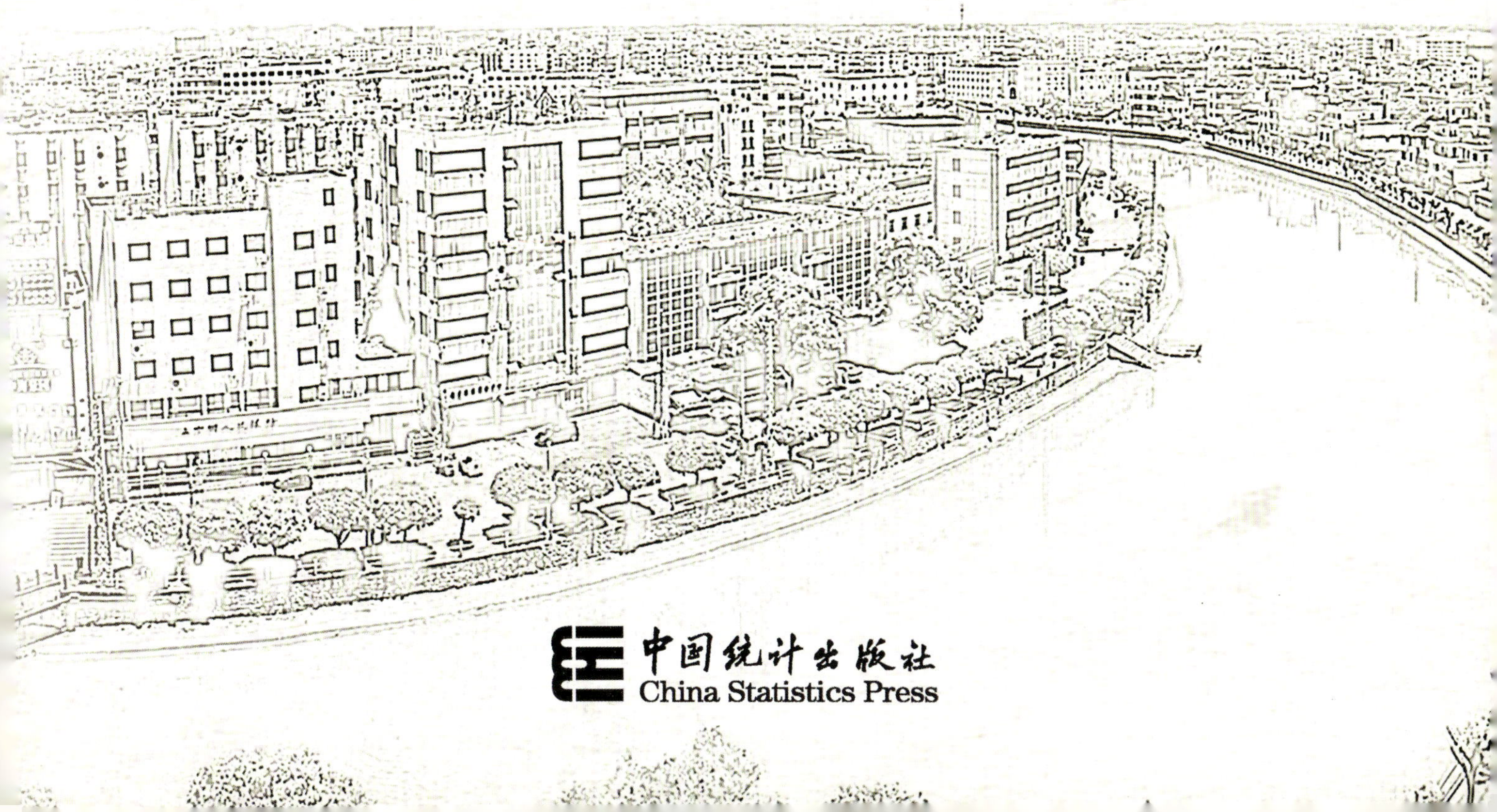

中国统计出版社
China Statistics Press

编者说明

《汕尾统计年鉴-2017》是一部反映汕尾市国民经济和社会发展的资料性年刊，书中收录了2016年的大量统计数据以及建市以来重要年份的一些主要统计数据。

《年鉴》分二部分，第一部分，概述和统计图；第二部分，统计资料。分为综合；农业；工业；交通运输、邮电；固定资产投资及建筑业；批发零售和住宿餐饮业；能源；对外经济和旅游；劳动工资；住户和物价。此外，附录部分汇编了全省各市人口数据和部分主要经济指标。

《年鉴》统计资料来自统计年报、快报和有关部分提供的资料。附录部分来自广东省统计局反馈的年快报数。统计数据与历年有出入的，以本年鉴为准。凡数据为零或欠缺，一律空缺。

由于编辑时间仓促，如有错漏之处，敬请读者指正。

《汕尾统计年鉴—2017》
编委会成员名单

黄宝俊（市供销社）
黄建辉（中国财保汕尾分公司）
黄镜波（市编办）
黄曙光（中国银行汕尾分行）
盛万忠（中国电信汕尾分公司）
章颂升（市供水总公司）
彭伟彬（中石化广东汕尾石油分公司）
彭超翔（市城管局）
曾　军（市地税局）
曾庆能（市粤运汽车运输有限公司）
谢耿辉（市工商局）
谢彬秀（市邮政管理局）
詹文杰（市经信局）
詹伟忠（财政局）
蔡　森（市药监局）
蔡东升（市城乡规划局）
蔡加福（汕尾海关）
蔡振荣（市环保局）
黎晓东（中央储备粮汕尾直属库）
潘恩宏（市司法局）

县（市、区）：

丁　强（深汕特别合作区管委会）
许伟明（陆丰市政府）
许昌林（华侨管理区管委会）
吴城鑫（红海湾开发区管委会）
陈壮勇（陆河县政府）
罗光钊（市城区政府）
郑俊雄（海丰县政府）

统计系统：

冯孟栋　庄壹平　刘礼泽　李运龙　李建生　何永谋　陈永潮　陈显聪　陈俊良
陈章为　陈焕东　卓国贤　郑飞跃　钟冬旭　黄冠杰　彭国行　廖天赋

《汕尾统计年鉴—2017》编辑人员名单

主　　编：戴德旺

副 主 编：李运龙　廖天赋

编辑人员：（按姓氏笔划排序）

刘　洁　庄壹平　冯孟栋　朱小球　朱湘丽　李晓静　何永谋　陈俊良　陈显聪
陈章为　陈焕东　陈清菊　邱林欣　郑丽云　林海航　杨丽英　卓国贤　钟冬旭
秦雪琼　黄惠珍　黄基舜　彭国行　彭海华　詹宝青　赖沛盛　戴银香

汕尾市城区

汕尾市城区是汕尾市行政中心所在地，地处广东省东南沿海，陆地总面积302.11平方公里，海岸线约110公里，辖3个镇和4个街道。2016年末全区常住人口41.79万人。2016年，市城区在市委、市政府的正确领导下，以全面建成小康社会为总目标，紧紧扭住“三大抓手”，着力打造“三大环境”，全力开展“三大攻坚”，为“十三五”发展奠定坚实基础。

经济运行平稳增长。2016年，全区完成生产总值112.61亿元，同比增长5.6%（按可比口径计算）；实现农业总产值30.32亿元，同比增长3.8%；规模以上工业增加值38.16亿元，同比增长3.6%；社会消费品零售总额93.10亿元，同比增长9.6%；固定资产投资37.86亿元，同比增长16.8%；财政一般公共预算收入3.30亿元，同比增长21.7%。

重点项目建设加快推进。全区重点项目34个，年度计划总投资29.36亿元。实现当年开工项目27个，完成投资15.02亿元。其中：中央商务区火车站站前广场竣工投入使用，站前南路南段动工建设；碧桂园二期640亩征地工作顺利完成并交付建设。保利大都会、碧桂园时代城、汕尾农商行等项目相继落户建设。金町湾旅游度假区保利建设项目和二期1123亩征地工作顺利推进。红草产业园区完成3500多亩征地平整工作并交付建设；三和路一期、二期工程竣工投入使用，污水处理、燃气、供水、供电及信息网络等配套基础设施建设相继落实配套；信利五代TFT、比亚迪新能源汽车等一大批产业项目相继动工建设。

2016年4月，中央政治局委员、广东省委书记胡春华（右二）等省领导在汕尾市委书记石奇珠（右一）、市长杨绪松（右四）等市领导陪同下调研火车站

2016年11月15日，汕尾市委书记石奇珠（右二）、市委常委、城区委书记陈少荣（右四）、市委常委、市委秘书长李庆新（右三）等市、区领导到红草高新区调研

2016年6月30日，汕尾市城区举行红海西路市政工程开工建设启动仪式

红海西路新姿

交通基础设施建设不断完善。完成了28年前规划的红海西路征拆任务，并于2017年春节前实现全线贯通，现已全面完成工程建设。市区成业路等7条断头路建成通车。完成了文明路南段、三马路升级改造工程。基本完成东城路中段道路征地拆迁工作，正在推进道路建设。

城市管理水平全面加强。全区动员、全民参与，多渠道投入资金6679万元，开展“创卫”、“创文”工作。全面落实“门前三包”日常巡查督查；新建垃圾转运站和收集屋等一批环卫设施，提高城乡垃圾收运能力；组织工商、经信、住建、食药监等部门对农贸市场进行专项检查，启动第一批4个农贸市场升级改造工作，其中，奎山经贸市场和永昌市场已全面完成升级改造并作为全市示范点推广。取缔拆除非法红砖厂8家、市区废品收购站76个，统一围蔽一批建筑工地和闲置土地，有效整治了违建乱占行为。

星光广场

2016年，元旦汕尾市城区举行干群迎新年长跑活动

2016年8月29日，在保利金町湾举行了“汕尾首善之城诗歌大赛”颁奖仪式

①②
③④

1. 市区城市建设一角
2. 品清湖夜景
3. 小岛
4. 马宫金町湾

凤山祖庙

龟龄岛

① ③
② ④
⑤

1. 白字戏剧照
2. 渔歌剧照
3. 西秦剧照
4. 正字戏剧照
5. 钱鼓舞

目 录

第一部分 概述和统计图

第二部分 统计资料

第一篇 综 合

第二篇 农 业

第三篇 工 业

第四篇 交通运输、邮电

第五篇 固定资产投资及建筑业

第六篇　批发零售和住宿餐饮业

第七篇　能　源

第八篇 对外经济和旅游

第九篇 劳动工资

第十篇 住户和物价

第十一篇 附 录

概述和统计图

GAISHUHETONGJITU

2016年汕尾市国民经济和社会发展统计公报

汕尾市统计局

2017年3月2日

2016年，我市全面贯彻落实党的十八大、十八届三中、四中、五中、六中全会和习近平总书记系列重要讲话精神，紧紧围绕市委、市政府确定的各项目标，坚持稳中求进的工作总基调，主动把握和引领经济发展新常态，着力推进供给侧结构性改革，妥善应对困难挑战，抢抓机遇、真抓实干，全市经济社会保持平稳健康发展，实现"十三五"良好开局。

一、综合

年末全市常住人口303.66万人，户籍人口361.89万人。

初步核算，2016年全市实现地区生产总值（GDP）828.49亿元，比上年增长7.0%。其中，第一产业增加值131.32亿元，增长3.6%，对GDP增长的贡献率为8.0%；第二产业增加值367.12亿元，增长6.1%，对GDP增长的贡献率为39.7%；第三产业增加值330.05亿元，增长9.4%，对GDP增长的贡献率为52.3%。三次产业结构为15.9:44.3:39.8。全市人均地区生产总值达到27351元（按年平均汇率折合4118美元），增长6.5%。

2010-2016年地区生产总值及其增长速度

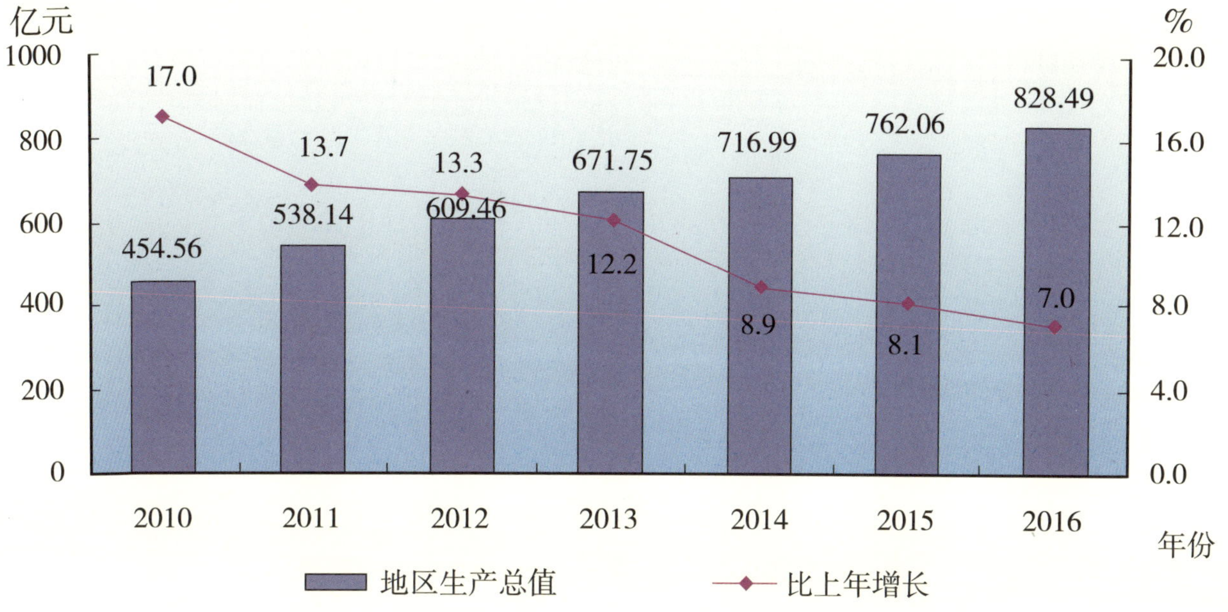

全年居民消费价格总指数上涨2.9%。分类别看，食品烟酒类上涨9.8%，衣着类下降0.5%，生活用品及服务类上涨0.2%，医疗保健类上涨4.3%，交通和通信类上涨1.2%，教育文化和娱乐类增长0.8%，居住类增长0.6%。在食品类中，禽肉类、水产品类和菜类上涨幅度较大，分别上涨12.0%、15.9%和21.5%。

2010–2016年居民消费价格涨跌幅度

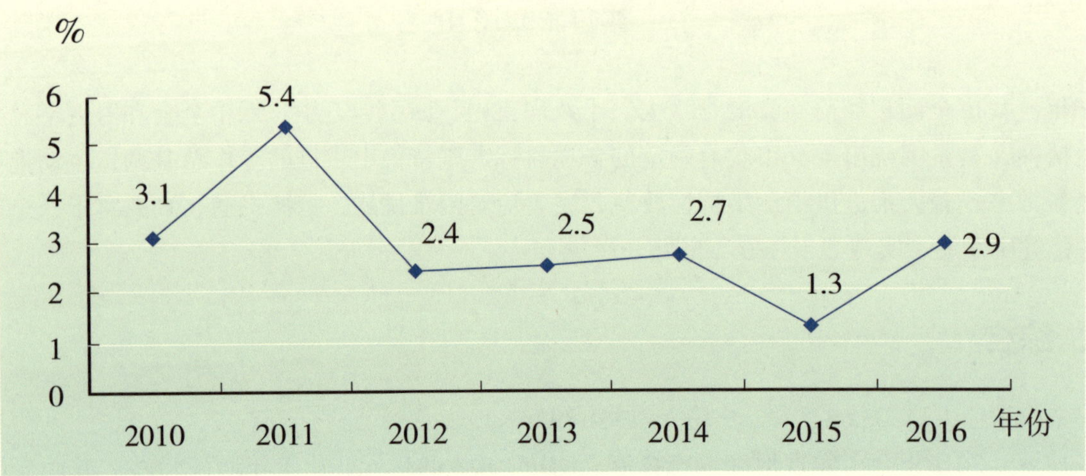

表1　2016年居民消费价格比上年涨跌幅度

指　标	价格指数（上年=100）	比上年涨跌幅度（%）
居民消费价格指数	102.9	2.9
食品烟酒	109.8	9.8
其中：粮食	97.3	–0.7
禽肉	112.0	12.0
蛋类	105.0	5.0
水产品类	115.9	15.9
菜类	121.5	21.5
烟酒及用品	101.3	1.3
衣着	99.5	–0.5

表1 续表

生活用品及服务	100.2	0.2
医疗保健	104.3	4.3
交通和通信	101.2	1.2
教育文化和娱乐	100.8	0.8
居住	100.6	0.6
服务项目	100.0	持平

全年城镇新增就业48633人，年末城镇登记失业人员12856人，城镇登记失业率为2.37%，与上年末持平。组织农村劳动力培训27570人，转移就业人数26052人，农村劳动力转移就业率79.66%。

全年地方公共财政预算收入30.78亿元，比上年可比增长13.8%。其中，税收收入19.88亿元，增长19.2%。

二、农业

全年完成农林牧渔业总产值219.20亿元，比上年增长3.7%。其中，农业产值96.44亿元，增长4.1%；林业产值4.85亿元，增长8.9%；牧业产值30.72亿元，增长1.3%；渔业产值77.15亿元，增长3.4%；农林牧渔服务业产值10.04亿元，增长8.1%。

全年粮食作物播种面积142.67万亩，与上年持平；蔬菜种植面积82.98万亩，增长3.9%；油料种植面积20.53万亩，增长1.2%。全年粮食产量43.44万吨，下降4.1%；稻谷产量33.95万吨，下降3.5%；蔬菜产量124.59万吨，增长5.8%；水果产量31.15万吨，增长4.0%；油料产量2.96万吨，增长1.7%。

全年肉类总产量10.37万吨，下降1.1%。其中，猪肉产量5.95万吨，下降2.7%；禽肉产量3.53万吨，增长0.5%。全年生猪出栏79.77万头，下降2.4%；生猪年末存栏40.76万头，下降2.4%。全年水产品产量65.05万吨，增长2.9%。其中，海水产量59.46万吨，增长3.2%；淡水产量5.59万吨，下降0.2%。

表2 2016年主要农产品产量及其增长速度

产品名称	计量单位	产 量	比上年增长（%）
粮食	万吨	43.44	–4.1
#稻谷	万吨	33.95	–3.5
油料	万吨	3.04	3.8

表2 续表

#花生	万吨	2.86	3.6
蔬菜	万吨	124.59	5.8
茶叶	万吨	0.2	15.0
水果	万吨	31.15	4.0
水产品	万吨	65.05	2.9
#海水产品	万吨	59.46	3.2
淡水产品	万吨	5.59	-0.2

三、工业和建筑业

全年实现全部工业增加值336.76亿元，比上年增长6.1%。规模以上工业增加值272.72亿元，增长6.8%，其中，大中型企业实现增加值229.60亿元，增长3.5%。分经济类型看，国有企业增长14.8%，集体企业增长6.6%，股份制企业增长9.7%，外商及港澳台投资企业增长2.3%，其他经济类型企业增长5.9%。分轻重工业看，轻工业增1.9%，重工业增长12.1%。分主要行业看，计算机通讯及其他电子设备制造业增长12.7%，文教、工美、体育和娱乐用品制造业下降6.3%，电力、热力生产和供应业增长2.8%，化学原料和化学制品制造业下降26.2%，纺织服装、服饰业增长9.9%，橡胶和塑料制品业增长8.2%。

先进制造业增加值80.17亿元，增长20.7%，占规模以上工业增加值的比重为29.4%。高技术制造业增加值59.15亿元，增长13.1%，占规模以上工业增加值的比重为21.7%。优势传统产业增加值74.17亿元，增长7.6%，占规模以上工业增加值的比重为27.2%。

2010-2016年规模以上工业增加值及其增长速度

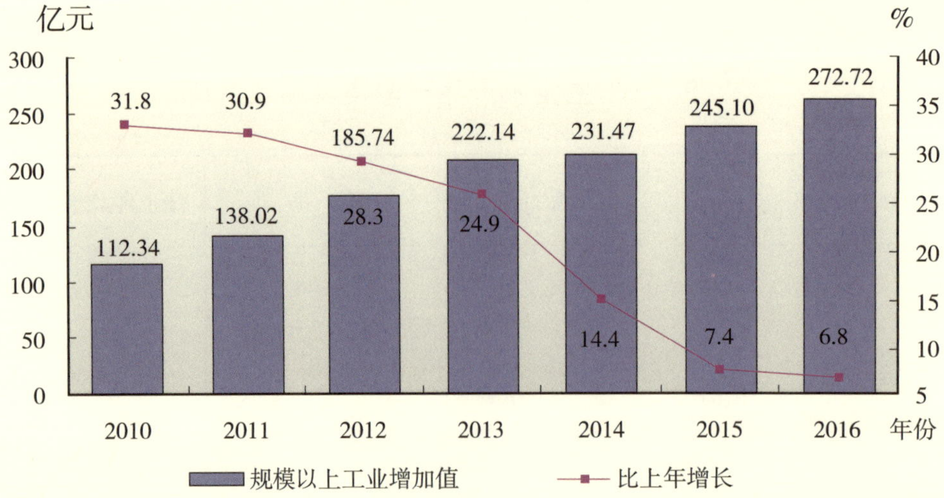

规模以上工业实现利润总额39.44亿元，下降0.5%。亏损企业亏损总额1.29亿元，下降46.5%。资产贡献率9.2%，资产负债率50.2%，资本保值增值率117.0%，流动资产周转率5.4%，成本费用利润率3.4%，产品销售率98.5%。

表3 2016年主要工业品产量及其增长速度

产品名称	计量单位	产量	比上年增长（%）
自来水生产量	万立方米	5148	5.5
软饮料	吨	256766	27.2
服装	万件	15619	-1.9
涂料	吨	17518	20.6
纸制品	吨	34025	11.7
人造板	立方米	102967	-1.8
塑料制品	吨	31840	10.9
耐火材料制品	吨	22236	28.7
商品混凝土	万立方米	285.01	20.4
半导体分立器件	亿只	700.00	6.3
印制电路板	平方米	894563	30.2
光电子器件	万只	36413	3.8

全年全社会建筑业增加值30.64亿元，比上年增长5.7%。全市资质等级以上建筑企业43个，全年实现建筑业总产值21.7亿元，增长50.9%。

四、固定资产投资

全年完成固定资产投资652.45亿元，比上年增长11.5%。分投资主体看，国有经济投资122.12亿元，下降26.2%；民间投资462.35亿元，增长26.6%；港澳台、外商经济投资42.18亿元，下降0.8%。分三次产业看，第一产业投资23.69亿元，下降20.9%；第二产业投资205.02亿元，增长37.8%，其中，工业投资

203.43亿元，增长40.8%；第三产业投资423.72亿元，增长4.2%。

全年房地产开发投资56.77亿元，比上年增长117.5%。其中，住宅45.49亿元，增长161.5%。商品房销售面积194.73万平方米，增长102.9%；实现销售额93.87亿元，增长105.0%。

重点项目建设进展顺利。全年列入省重点项目25个，完成投资142.8亿元，完成年度计划105.1%；列入市重点项目105项，完成投资201.8亿元，完成年度计划95.0%。其中S20线潮州至惠州高速公路汕尾段、汕尾华润集团新一代数据中心建设工程、华中师范大学海丰附属学校及汕尾比亚迪新能源汽车制造项目一期工程等14项项目建成投产投用。

五、国内贸易

全年社会消费品零售总额533.11亿元，比上年增长8.9%。分地域看，城镇消费品零售额391.51亿元，增长9.0%；农村消费品零售额141.59亿元，增长8.5%。分行业看，批发和零售业零售额475.78亿元，增长8.9%；住宿和餐饮业零售额57.33亿元，增长8.4%。

表4　2016年限额以上主要行业零售额及增长速度

指标名称	零售额（万元）	增长（%）
限额以上批发和零售业商品零售额	385173	8.6
其中：石油及制品类	174723	−0.3
粮油、食品类	78454	3.5
汽车类	70217	54.3
家用电器和音像器材类	14282	−5.2
日用品类	14279	2.4
服装、鞋帽、针纺织品类	11751	20.3
中西药品类	4195	29.9
饮料类	2949	8.3
烟酒类	2691	5.5
家具类	2095	8.2

表4 续表

金银珠宝类	1928	-4.6
报杂志类	1584	-2.0
机电产品及设备类	1524	-3.6
化妆品类	1508	10.2

六、对外经济

全年进出口总额213.2亿元，比上年增长7.4%（32.2亿美元，增长0.7%）。其中，出口总额92.0亿元，下降6.1%（13.9亿美元，下降11.8%）；进口总额121.2亿元，增长20.4%（18.3亿美元，增长12.8%）。

2010-2016年外贸出口及其增长速度

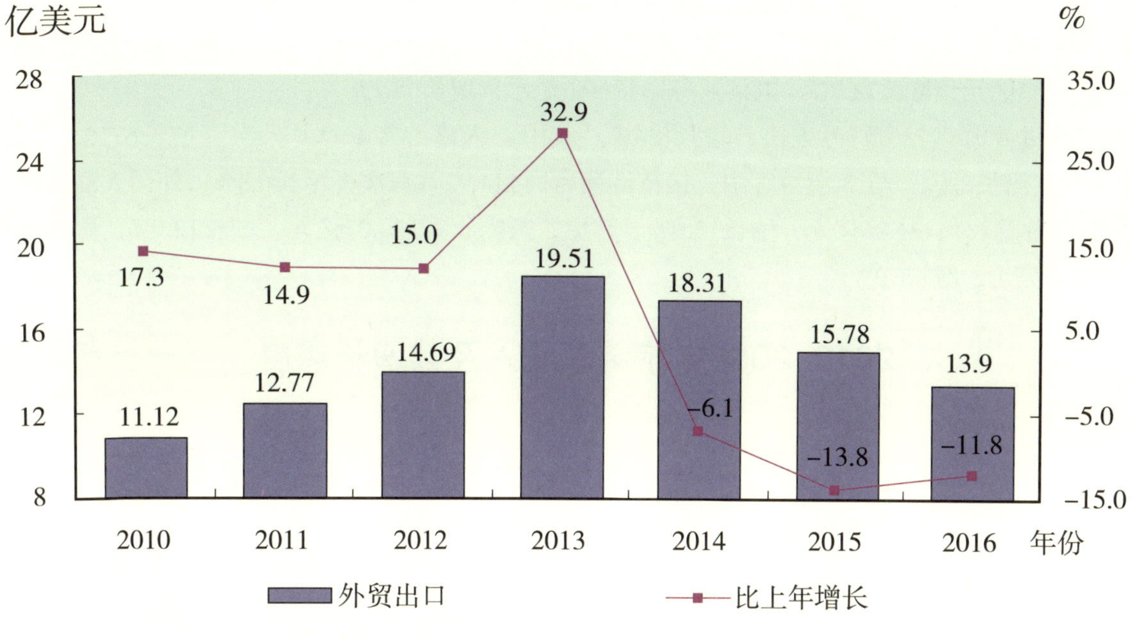

全年新签外商直接投资项目16宗，比上年增长60%。实际利用外商直接投资金额4443万美元，下降55.4%。

七、交通、邮电和旅游

全年交通运输、仓储和邮政业实现增加值27.90亿元，比上年增长13.0%。货物运输周转量29.67亿吨公里，增长10.4%；旅客运输周转量13.34亿人公里，增长9.1%。规模以上港口货物吞吐量902万吨，增长4.9%。

表5　2016年货物和旅客运输量及其增长速度

产品名称	计量单位	绝对数	比上年增长（%）
货物运输总量	万吨	2515	7.3
货物运输周转量	亿吨公里	29.67	10.4
旅客运输总量	万人	1196	6.5
旅客运输周转量	亿人公里	13.34	9.1

年末全市公路通车里程5553.80公里，比上年增长1.3%。其中高速公路里程193.85公里。年末全市民用汽车保有量11.02万辆，比上年末增长54.7%，其中，私人汽车9.98万辆，增长61.5%。民用轿车保有量6.55万辆，增长66.9%，其中，私人轿车6.26万辆，增长71.0%。

全年完成邮电业务总量64.3亿元（按2010年不变价格计算，下同），增长68.9%。其中，邮政业务总量（含快递）5.3亿元，增长78.9%；电信业务总量60.0亿元，增长68.1%。

全年接待过夜游客789.57万人次，增长8.4%。其中，入境游客4.93万人次，增长6.7%；国内游客784.64万人次，增长8.4%。在入境游客中，接待港澳台同胞4.92万人次，增长6.8%；外国人87人次，下降8.4%。全市旅游总收入121.86亿元，增长13.0%。其中，国内收入120.07亿元，增长12.9%。国际旅游外汇收入2697.37万美元，增长6.3%。

2010-2016年旅游总收入及其增长速度

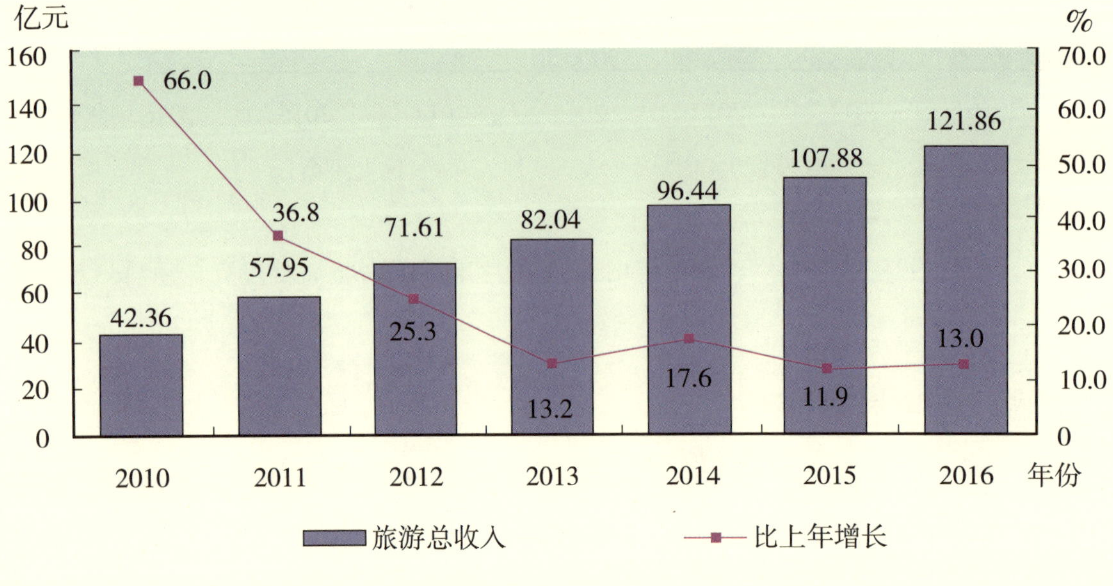

八、金融

年末全市银行业金融机构本外币各项存款余额744.28亿元，比上年末增长18.0%。其中，非金融企业存款余额114.26亿元，增长31.2%，住户存款余额431.35亿元，增长10.9%。各项贷款余额352.70亿元，比上年末增长15.2%。其中，住户贷款余额209.65亿元，增长21.4%，非金融企业及机关团体贷款余额139.80亿元，增长6.2%。

全年保险公司原保险保费收入15.56亿元，增长23.9%。其中，寿险业务保费收入7.95亿元，增长21.1%；财产险业务保费收入4.90亿元，增长23.0%；健康险和意外伤害险业务保费收入2.71亿元，增长34.3%。全年共支付各项赔款和给付6.33亿元，增长30.0%。其中，寿险业务赔付支出2.35亿元，增长45.6%；财产险业务赔款支出2.48亿元，增长14.9%；健康险和意外伤害险赔付支出1.51亿元，增长36.4%。

九、人民生活和社会保障

全年全市居民人均可支配收入17937元，同比增长8.9%。其中，城镇常住居民人均可支配收入22389元，增长8.6%；农村常住居民人均可支配收入12442元，增长10.2%。

年末全市参加城镇职工基本养老保险（含离退休）57.82万人，比上年末增长11.4%。参加城乡居民社会养老保险141.81万人，增长2.0%。参加城乡基本医疗保险305.57万人，增长1.3%。参加失业保险20.02万人，增长0.1%。参加工伤保险20.55万人，增长2.8%。参加生育保险20.15万人，增长6.1%。

全年社会保险基金征缴收入21.82亿元，增长18.5%，年末社会保险基金累计结余42.67亿元，增长18.4%。

各类收养性社会福利院床位7067张，收养人员905人。城镇各种社区服务设施1038个，其中综合性社区服务中心32个。共发行销售福利彩票34698万元，筹集福利资金3754万元。年末享受低保救济的困难群众达11.17万人，其中城镇2.67万人，农村8.50万人。

十、教育和科学技术

全市各级各类教育招生16.04万人，比上年下降0.3%；在校学生52.44万人，下降1.7%；毕业生13.95万人，下降6.6%。基础教育（含学前教育）招生15.21万人，增长0.3%；在校学生50.21万人，下降0.5%；毕业生12.65万人，下降4.9%。普通高等学校招生0.21万人，下降34.4%；在校学生0.58万人，增长3.6%；毕业生0.18万人，增长5.9%。小学学龄儿童入学率达100%，初中毕业生升学率95.8%，高中阶段毛入学率88.5%。

表6　2016年各类教育招生、在校生、毕业生人数及增长速度

指　标	招生（万人）	比上年增长（%）	在校生（万人）	比上年增长（%）	毕业生（万人）	比上年增长（%）
合计	16.04	–0.3	52.44	–1.7	13.95	–6.6

表6 续表

普通高等学校	0.21	-34.4	0.58	3.6	0.18	5.9
各类中等职业技术教育（不含技工学校）	0.47	11.9	1.22	-33.7	0.99	-25.6
技工学校	0.15	-16.7	0.43	-10.4	0.13	8.3
普通高中	2.16	-8.1	6.9	-7.0	2.6	-12.2
初中	3.94	-0.3	11.74	-5.8	4.42	-12.7
小学	4.54	0.9	25.02	2.2	3.92	-2.0
学前教育	4.57	4.6	6.55	7.6	1.71	33.6

年末全市共有市级企业研发中心40家，国家高新技术企业12家。全年专利申请量1172件，增长26%；授权量641件，下降2%。其中，发明专利申请量214件，增长112%；发明专利申请授权量42件，下降14%。全年申报各类科技计划项目47个，其中汕尾高新区现代创新发展能力建设、汕尾市海洋产业研究院新型研发机构初创期建设补助、广东科技金融服务中心地方分中心能力建设、汕尾市科技企业孵化器建设及孵化育成体系示范推广等14个项目获省立项。

十一、文化、卫生和体育

年末全市共有各类专业艺术表演团体4个，群众艺术馆、文化馆6个，县级及以上公共图书馆5个，博物馆、纪念馆6个。全市广播电视综合覆盖率为99.03%。有线广播电视用户44.11万户，有线数字电视用户29.88万户。《汕尾日报》全年出版报纸540万份。全市共有图书馆藏量31.7万册（件）。

年末全市共有各类卫生机构1678个，其中医院、卫生院76个。医院、卫生院床位7763张，增长7.7%。各类卫生技术人员10628人，增长6.9%；其中执业医生和执业助理医师4783人，注册护士3374人。全市共有社区卫生服务中心10个，乡镇卫生院47个，乡镇卫生院床位2073张，乡镇卫生院卫生技术人员3126人。

汕尾体育运动员在国内外各类比赛中获奖牌36枚。其中，在省级各类比赛获金牌14枚、银牌5牌、铜牌16枚。

十二、资源、环境和安全生产

全市水资源总量59.18亿立方米，下降11.3%（上年数据）；平均降水量2726毫米，增长48.8%。年末全市大中型水库蓄水总量4.77亿立方米，增长44.3%；全市总用水量10.71亿立方米，下降0.6%。

全年规模以上工业综合能源消费量327.27万吨标准煤，比上年增长4.4%。单位工业增加值能耗下降

2.2%。全社会用电量50.37亿千瓦时，增长7.1%。其中工业用电量21.29亿千瓦时，增长7.6%。

全年平均灰霾天气日数36天，比上年增加10天；全年日照时数1648.7小时，比正常年份减少268.8小时。全年全市空气质量优良天数359天，其中优秀216天，良好143天。空气质量达到二级以上天数比例平均为98.1%，比上年上升1.7个百分点。环境空气综合质量指数全省排名第一。全市建成污水处理厂6座，城市污水日处理能力25.5万吨，与上年持平；污水处理率87.5%，比上年增加2.3个百分点；城镇生活垃圾无害化处理率达到89.5%。市区建成区绿化覆盖面积708公顷，比上年末增加10公顷；市区绿地面积675公顷，比上年增加10公顷；其中公园绿地面积315公顷，与上年末持平。全年完成荒山荒沙地造林、更新造林、有林地造林面积12016公顷，低产低效林改造面积2788公顷。全市森林覆盖率达到55.27%，比上年提高0.39个百分点。

全年共发生各类事故1256起，死亡163人，受伤744人；直接经济损失2912.64万元。全年发生道路交通事故644起，死亡149人，受伤742人；直接经济损失638.7万元。全年亿元地区生产总值生产安全事故死亡率为0.196，工矿商贸企业从业人员10万人生产安全事故死亡率为1.71，道路交通万车死亡率为8.42。

注： 1、本公报中2016年数据为初步统计数，统计图中2010-2015年数据为年报数。

2、从2011年起，规模以上工业统计口径由500万元调整为2000万元及以上；固定资产投资项目统计起点由计划总投资50万元提高到500万元，增速为可比口径。2012年四季度，国家统计局实施了城乡一体化住户调查改革。2014年起按照新的调查口径对外发布城乡一体的居民人均可支配收入和分城镇、农村常住居民人均可支配收入数据。由于新老调查方案在调查范围、调查对象、城乡划分标准、样本抽选、计算和汇总方式、指标口径等方面变化较大，改革后新口径数据和旧口径数据存在不可比的差异。

3、公报中生产总值和各产业增加值绝对数按现行价格计算，增长速度按可比价格计算。

4、银行业金融机构本外币各项存贷款余额含外资银行。

资料来源：本公报中城镇新增就业、登记失业率、劳动力转移及社会保障数据来自市人力资源和社会保障局；财政数据来自市财政局；重点项目建设数据来自市发展改革局；货物进出口、外商直接投资数据来自市商务局；旅游数据来自市旅游局；公路里程数据来自市交通运输局；银行业金融数据来自人民银行汕尾分行；保险业数据来自汕头保监分局；教育数据来自市教育局；企业研发中心、专利数据来自市科技局；文化数据来自市文广新局；报纸数据来自汕尾日报社；卫生数据来自市卫生和计划生育局；体育数据来自市体育局；社会福利、社区服务设施数据来自市民政局；各类事故及安全生产数据来自市安全监管局；户籍人口数据来自市公安局；水资源数据来自市水务局；气象数据来自市气象局；环境监测数据来自市环境保护局；污水处理数据来自市住房和城乡建设局；绿化、绿地面积数据来自市园林局；林业数据来自市林业局；其他数据来自汕尾市统计局、国家统计局汕尾调查队及上级部门反馈。

本市生产总值（亿元）

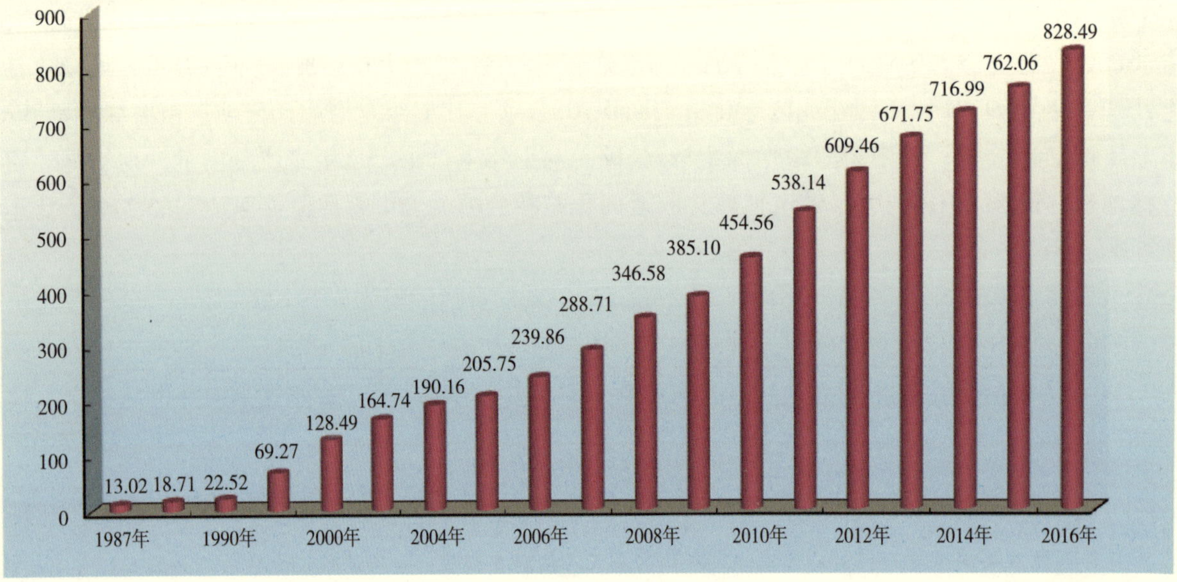

本市生产总值构成

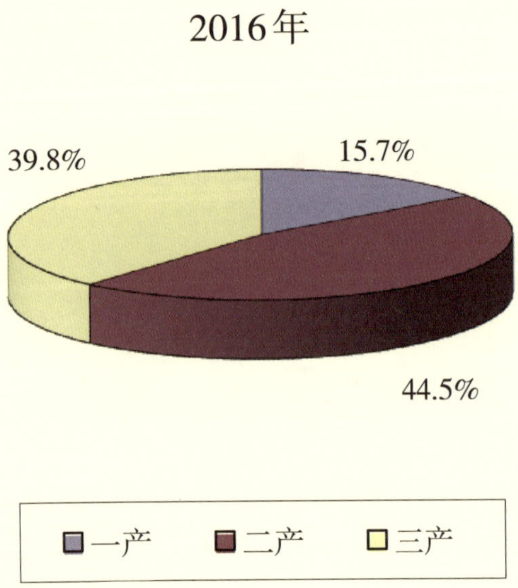

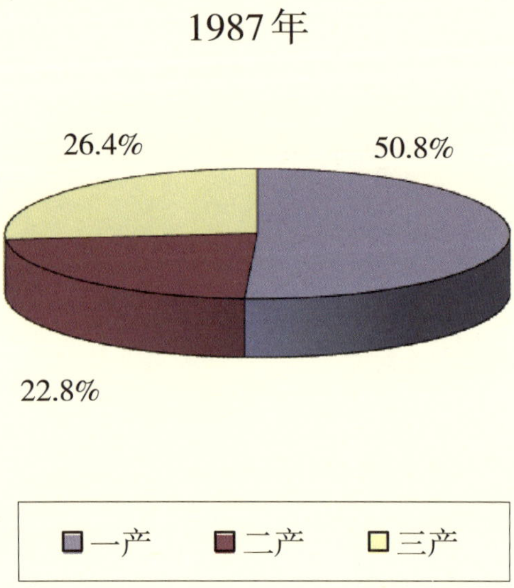

2016年农业总产值结构图

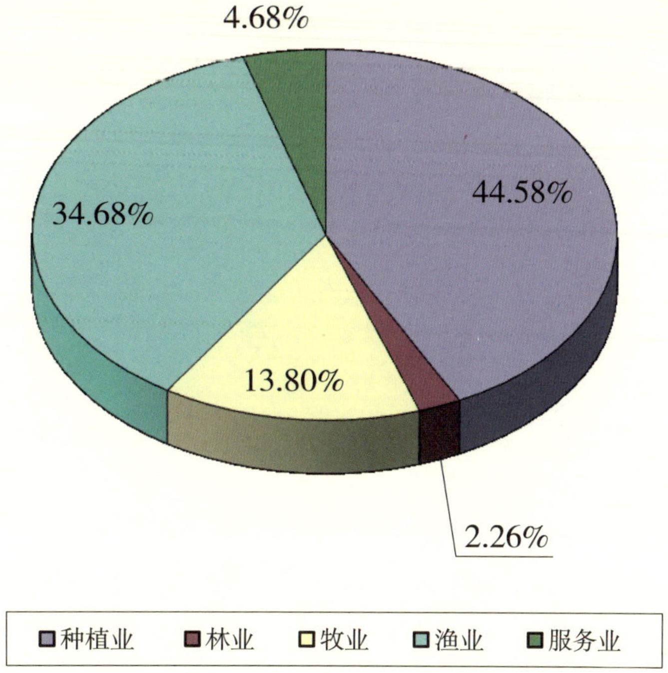

农业总产值（单位：亿元）

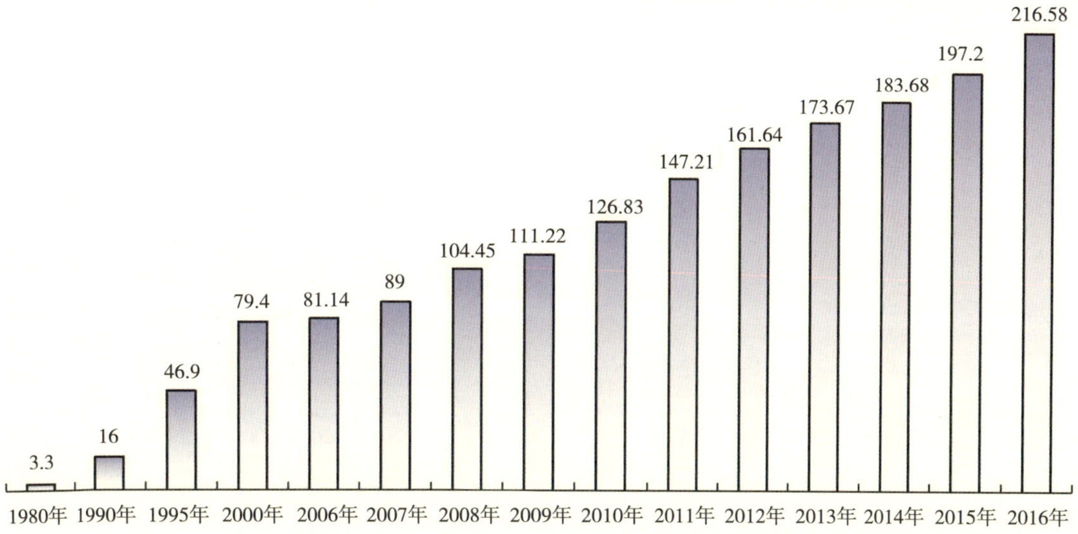

主要农产品产量发展变化图（单位：万吨）

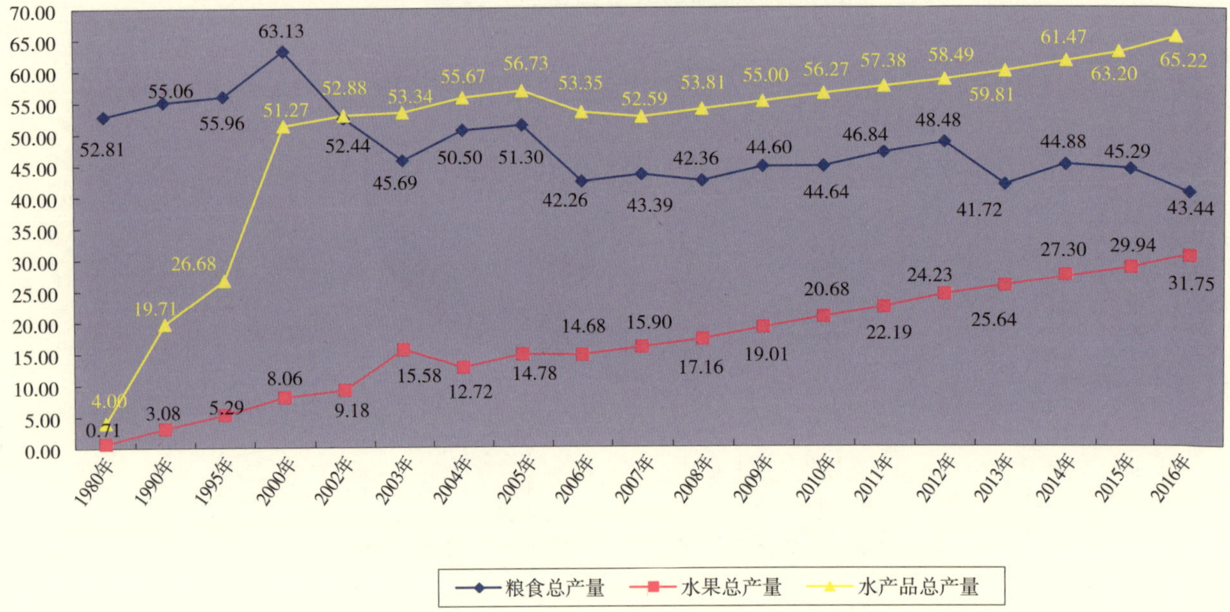

港口货物吞吐量（单位：万吨）

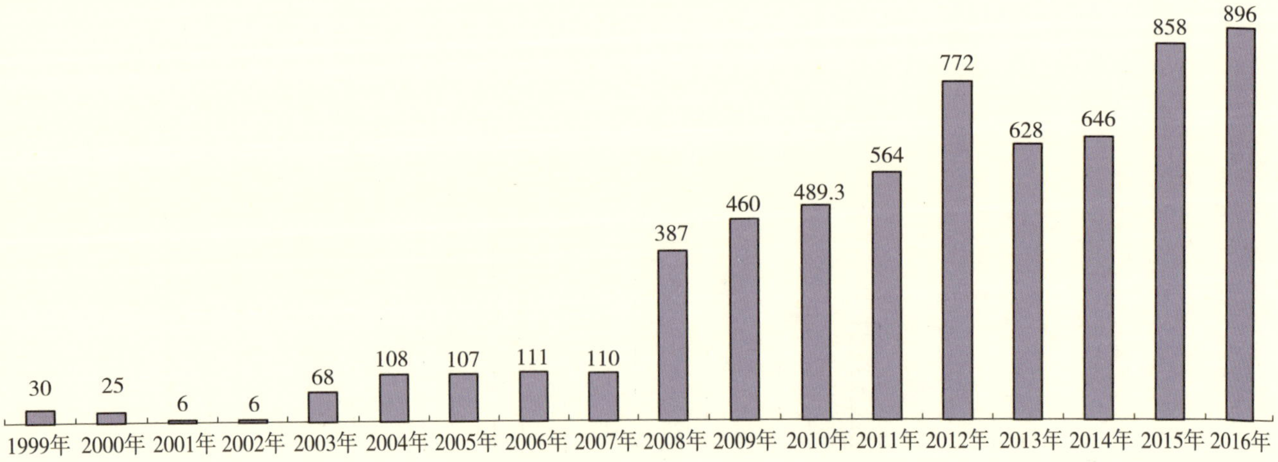

旅客周转量（单位：亿人公里）

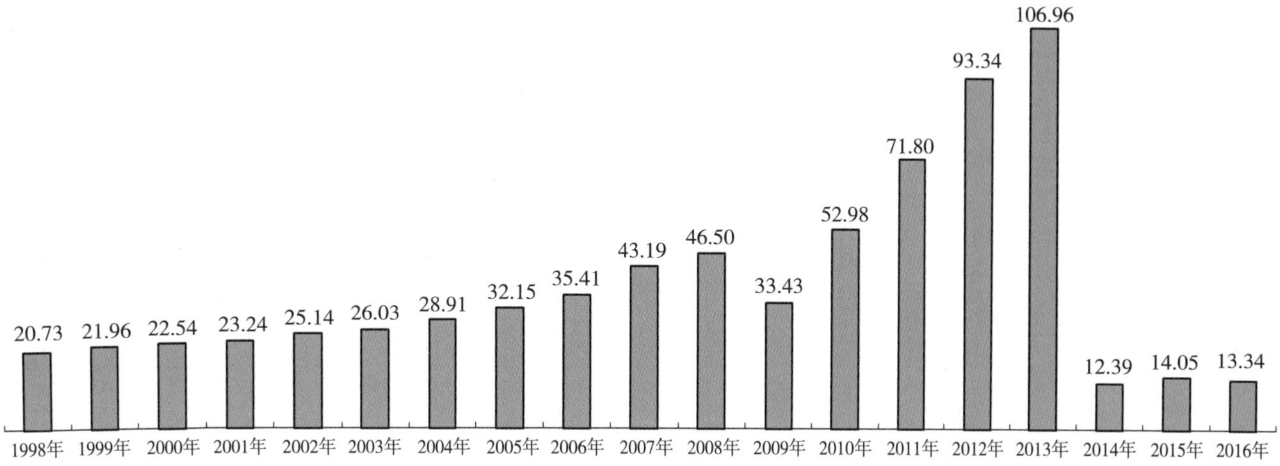

货物周转量（单位：亿吨公里）

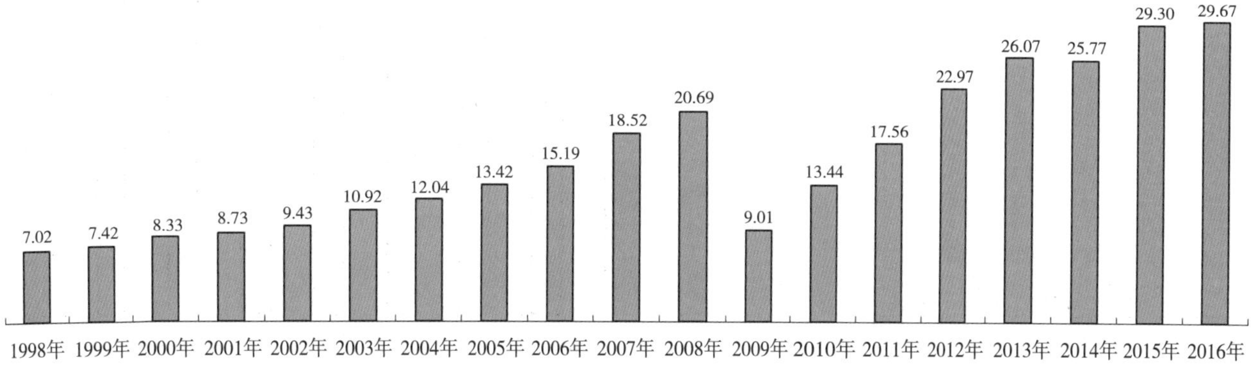

邮电业务总量（单位：亿元）

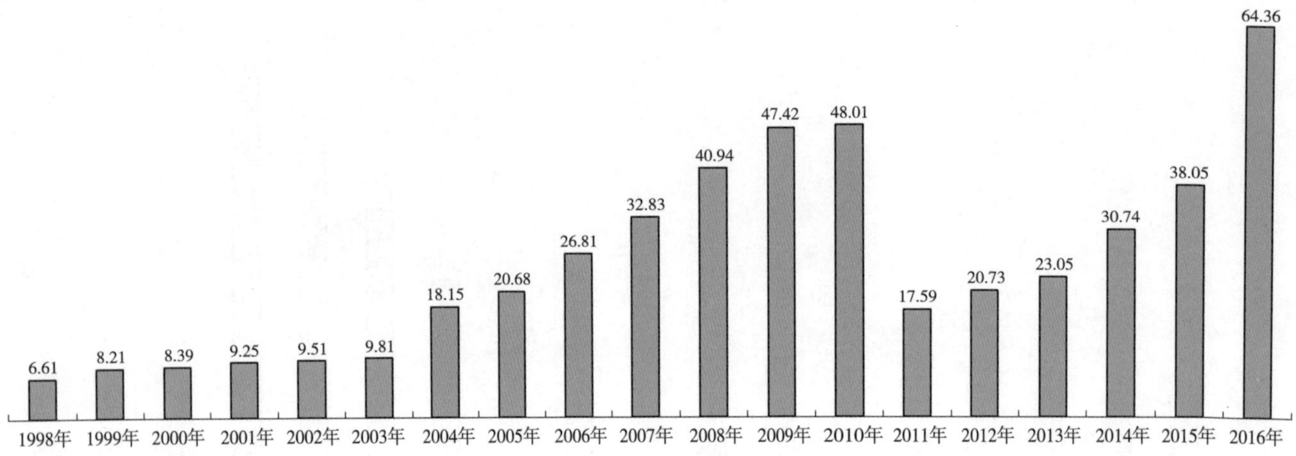

固定资产投资完成情况（单位：亿元）

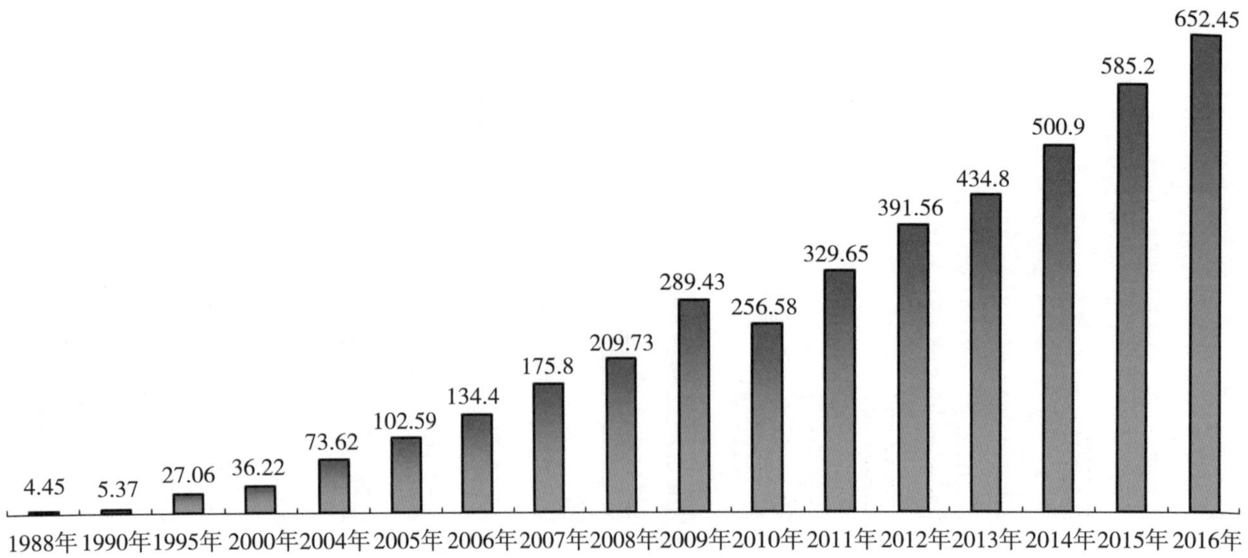

房地产开发投资完成情况（单位：亿元）

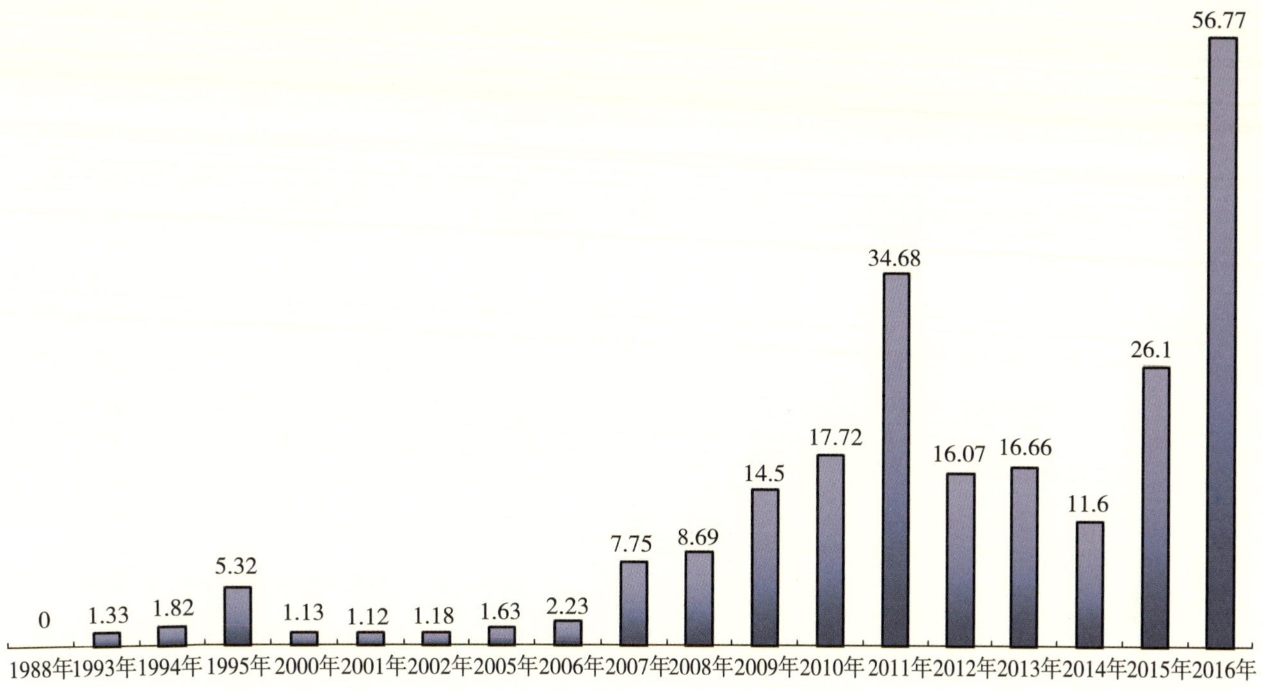

1988年—2016年社会消费品零售总额（单位：亿元）

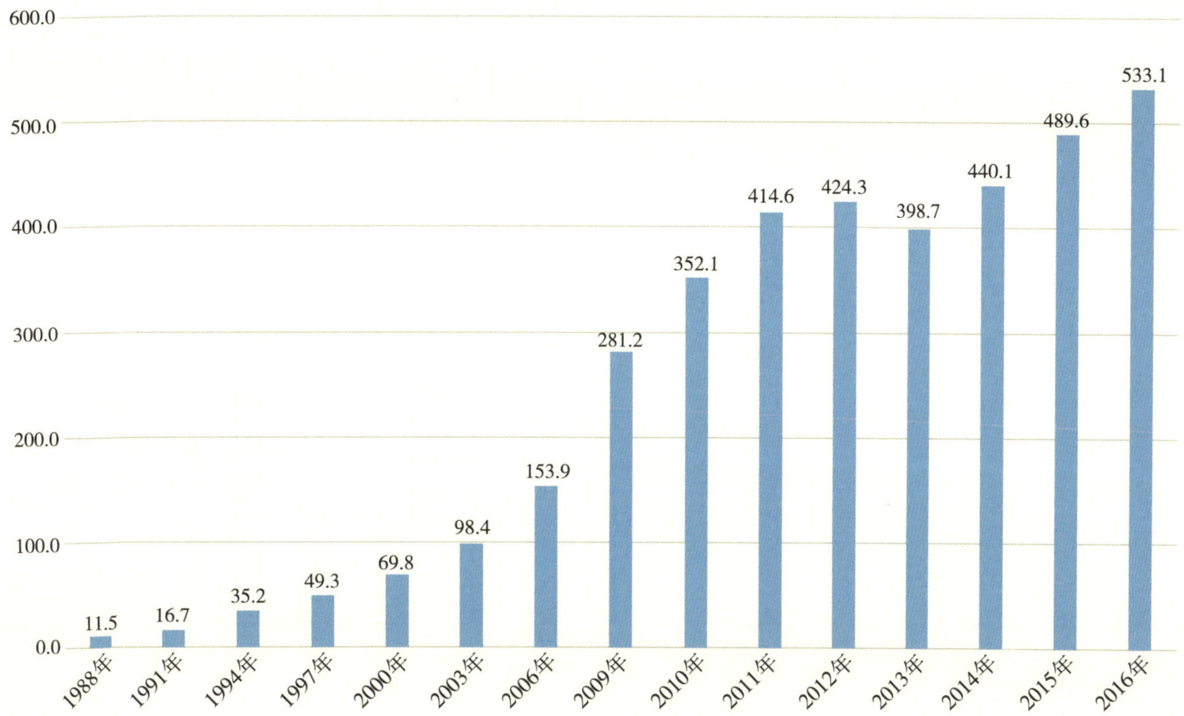

批发零售贸易业销售总额（单位：亿元）

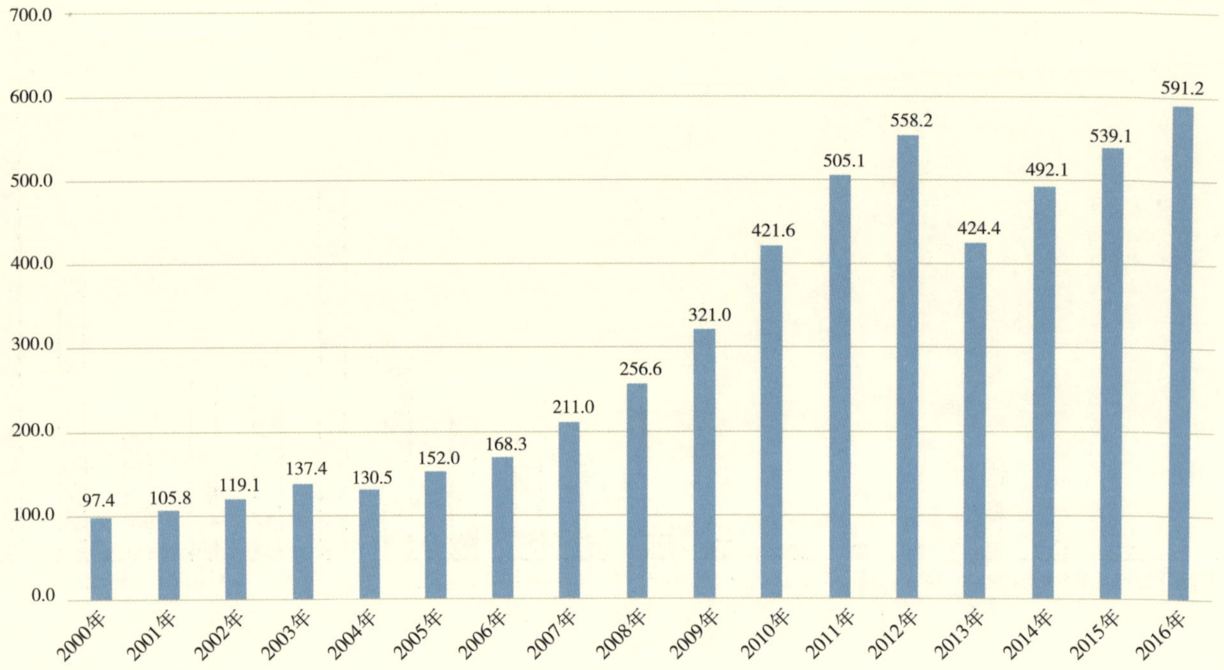

外商直接投资（单位：万美元）

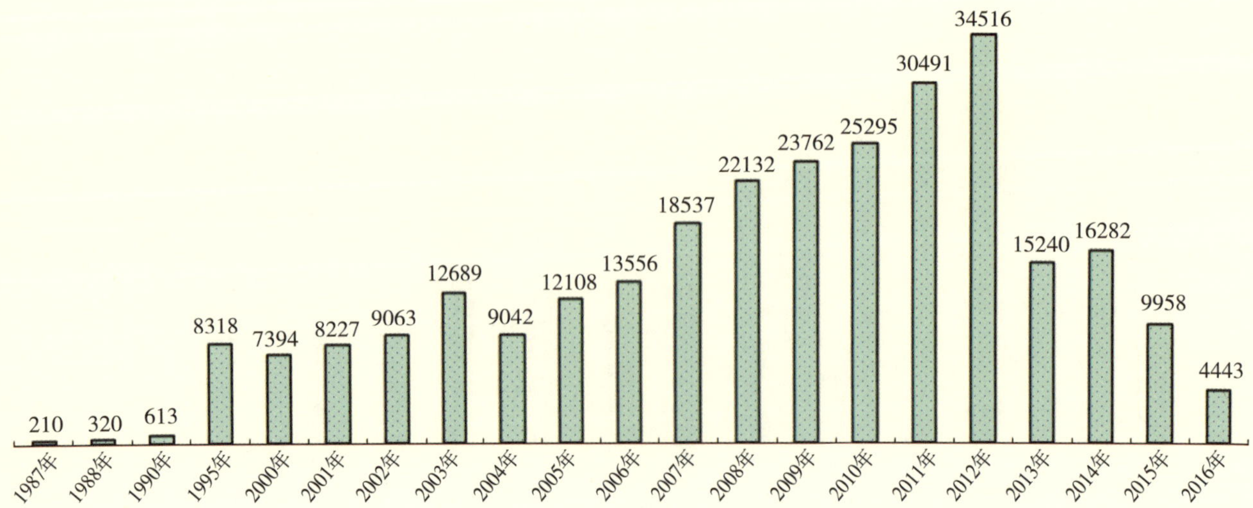

外贸出口总值（单位：万美元）

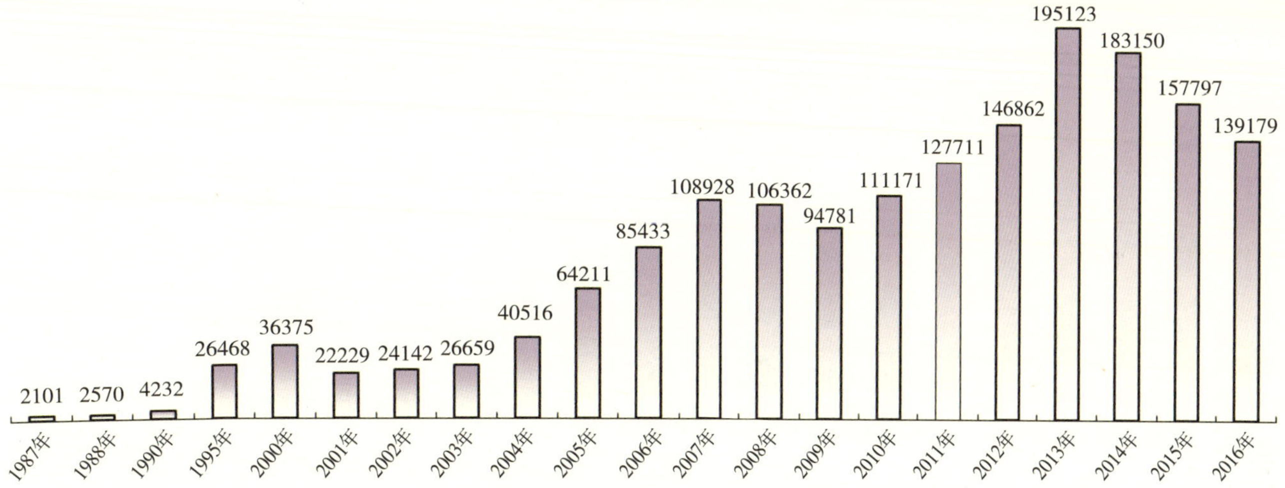

汕尾市在岗职工年末人数（单位：人）

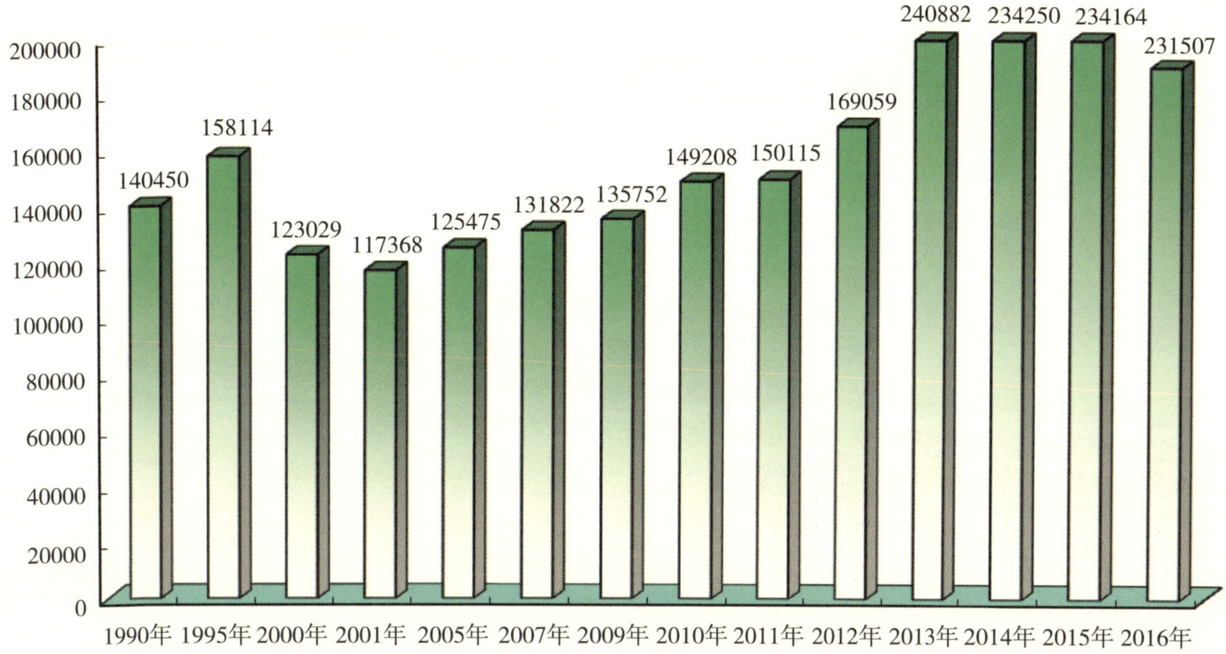

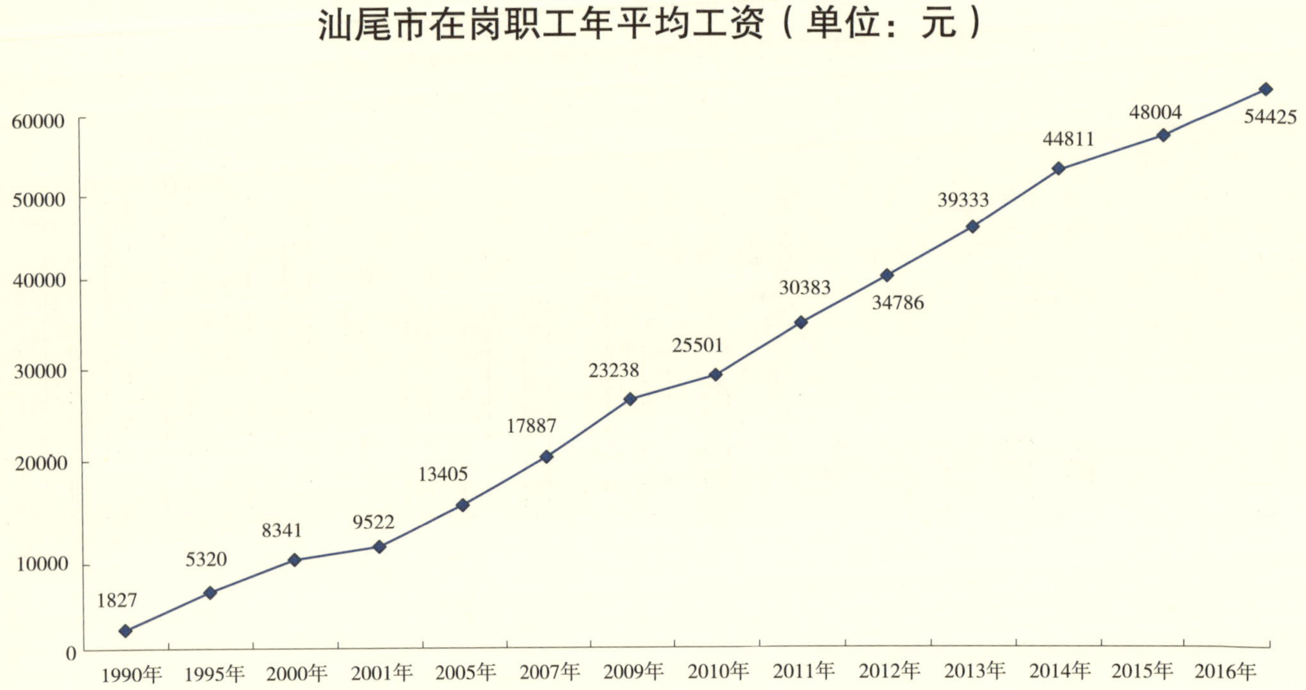
汕尾市在岗职工年平均工资（单位：元）
60000
50000
40000
30000
20000
10000
0
1827
5320
8341
9522
13405
17887
23238
25501
30383
34786
39333
44811
48004
54425
1990年
1995年
2000年
2001年
2005年
2007年
2009年
2010年
2011年
2012年
2013年
2014年
2015年
2016年

第二部分 统计资料

TONGJIZILIAO

汕尾统计年鉴 2017

SHANWEITONGJINIANJIAN

第一篇 综 合

ZONGHE

1-1 全市乡镇名称一览表

（2016年）

县（市、区）	合计（个）	乡镇、街道委员会		农林场数（个）	村委会数（个）	居委会数（个）
		数量（个）	名 称			
全市	**6**	**54**		**11**	**721**	**149**
市城区	1	7	新港街道、香洲街道、凤山街道、马宫街道、红草镇、东冲镇、捷胜镇		59	35
红海湾经济开发区	1	3	田墘街道、遮浪街道、东洲街道		22	6
华侨管理区	1				3	6
海丰县	1	16	海城镇、城东镇、公平镇、附城镇、梅陇镇、联安镇、陶河镇、赤坑镇、可塘镇、后门镇、鹅埠镇、小漠镇、大湖镇、黄羌镇、平东镇、赤石镇	2	237	42
陆丰市	1	20	东海街道、河西街道、城东街道、大安镇、西南镇、潭西镇、上英镇、金厢镇、博美镇、桥冲镇、内湖镇、八万镇、陂洋镇、南塘镇、碣石镇、湖东镇、甲子镇、甲东镇、甲西镇、河东镇	8	283	50
陆河县	1	8	水唇镇、东坑镇、南万镇、螺溪镇、河田镇、河口镇、新田镇、上护镇	1	117	10

1-2 人口与资源环境

	单位	2016年
一、人口		
年末户籍总人口	万人	361.89
年末常住人口	万人	303.66
人口密度	人/平方公里	624
二、气候		
年平均降雨量	毫米	2815.9
年平均气温	摄氏度	22.8
年日照时数	小时	1648.7
三、森林		
活立木蓄积量	万立方米	820
森林覆盖率	%	55.27
四、土地资源和海洋		
土地面积	平方公里	4865
耕地	公顷	109764.56
#常用耕地	公顷	97550.60
林地	公顷	243297.78
园地	公顷	38705.94
牧草地	公顷	6.08
海域面积	万平方公里	2.39
海洋滩涂面积	万公顷	0.3
10米等深线内浅海面积	万公顷	6.66
大陆海岸线总长度	公里	455.2
岛屿岸线长度	公里	72.488
五、水力、水产		
水力资源蕴藏量	万千瓦	22.36
#可开发装机容量	万千瓦	18.26
渔场面积	平方公里	23862
#0-40米等深线面积	平方公里	5300
40米以上等深线面积	平方公里	18562
海水养殖面积	公顷	19908
淡水养殖面积	公顷	7180
六、城市建成区绿化		
绿化覆盖面积	公顷	708
绿地面积	公顷	675
公园绿地面积	公顷	315

注：土地资源数据来源于市国土资源局；海洋数据来源于市海洋渔业局；气候数据来源于市气象局；森林数据来源于市林业局；建成区绿化指标来源于市园林局；常用耕地面积按新口径统计。人口密度数为常住人口的人口密度。

1-3 2016年分县（市、区）人口基本情况

	总户数（万户）	年末户籍总人口（万人）					年末常住人口（万人）
			农村人口	城镇人口	女 性	男 性	
全 市	**76.67**	**361.89**	**185.01**	**176.88**	**173.07**	**188.82**	**303.66**
城 区	8.75	39.23	15.34	23.88	18.80	20.42	41.79
海 丰	19.79	85.28	44.65	40.63	40.73	44.55	82.18
陆 丰	37.06	188.86	100.65	88.21	90.09	98.77	139.92
陆 河	8.05	35.44	19.66	15.78	17.14	18.30	28.97
红海湾	2.47	11.10	4.44	6.66	5.32	5.78	8.89
华 侨	0.55	1.98	0.28	1.71	0.99	1.00	1.91

1-4 全市及各县（市、区）年末户籍总人口

单位：万人

年 份	全 市	城 区	海 丰	陆 丰	陆 河	红海湾	华 侨
1998年	258.30	40.92	69.23	123.79	24.36		
1999年	269.26	41.99	71.23	129.72	26.32		
2000年	296.01	43.62	74.60	148.96	28.83		
2001年	299.51	44.72	74.97	150.55	29.27		
2002年	302.53	45.60	75.67	152.13	29.13		
2003年	306.35	34.80	75.52	155.41	28.14	10.81	1.68
2004年	311.67	35.03	75.94	158.08	30.22	10.69	1.70
2005年	315.36	35.74	76.90	159.91	30.37	10.75	1.70
2006年	323.23	37.03	78.69	164.09	30.82	10.91	1.70
2007年	329.86	37.80	80.41	167.08	31.42	11.39	1.77
2008年	335.99	38.27	82.13	169.40	32.74	11.65	1.80
2009年	340.61	38.80	83.79	171.66	32.71	11.82	1.83
2010年	344.98	39.36	82.80	175.22	33.55	12.21	1.85
2011年	347.18	39.56	82.16	177.70	34.19	11.70	1.86
2012年	347.16	38.61	81.46	178.87	34.64	11.70	1.88
2013年	352.53	39.16	82.55	183.28	34.71	10.93	1.91
2014年	359.09	39.64	83.93	186.67	35.76	11.15	1.94
2015年	358.96	39.08	84.54	187.00	35.22	11.12	1.99
2016年	361.89	39.23	85.28	188.86	35.44	11.10	1.98

注：海丰人口包含深汕特别合作区；2003年以前城区包括红海湾开发区，陆丰包括华侨管区。

1–5 全市及各县（市、区）年末常住人口

单位：万人

年 份	全 市	城 区	海 丰	陆 丰	陆 河	红海湾	华 侨
1998年	240.02	32.10	63.73	112.29	22.14	8.41	1.35
1999年	242.65	32.33	64.40	113.55	22.54	8.46	1.37
2000年	245.71	32.66	65.02	115.17	22.96	8.51	1.39
2001年	254.81	34.13	67.27	119.41	23.89	8.69	1.42
2002年	260.86	34.57	69.01	122.73	24.37	8.74	1.44
2003年	267.05	35.06	70.87	125.95	24.85	8.85	1.47
2004年	274.76	35.99	72.95	129.79	25.56	8.97	1.50
2005年	279.87	36.75	74.37	132.30	25.83	9.09	1.53
2006年	285.06	38.07	76.01	134.20	26.31	8.97	1.70
2007年	288.81	38.92	77.57	134.48	26.95	9.12	1.77
2008年	291.84	39.45	79.12	134.17	28.30	9.00	1.80
2009年	293.12	40.04	80.61	133.60	28.31	8.73	1.83
2010年	293.90	40.67	79.42	134.18	29.18	8.60	1.85
2011年	295.50	40.89	79.85	136.05	28.20	8.65	1.86
2012年	296.90	40.99	80.32	136.70	28.33	8.69	1.87
2013年	298.62	41.10	80.82	137.59	28.49	8.74	1.88
2014年	300.66	41.38	81.37	138.54	28.68	8.80	1.89
2015年	302.16	41.59	81.78	139.23	28.82	8.84	1.90
2016年	303.66	41.79	82.18	139.92	28.97	8.89	1.91

注：海丰人口包含深汕特别合作区，其中2016年深汕特别合作区年末常住人口6.91万人。

1-6 年末总人口（1987–2016年）

单位：万人

年 份	常住人口	户籍人口	按性别分		人口密度（人/平方公里）
			女 性	男 性	
1987年	203.55	207.63	97.34	110.29	386
1988年	208.06	212.79	99.81	112.98	395
1989年	212.57	217.54	102.00	115.54	403
1990年	219.99	225.54	106.64	118.90	417
1991年	222.40	230.82	109.35	121.47	422
1992年	224.84	234.97	111.57	123.39	427
1993年	227.30	240.03	113.81	126.21	431
1994年	229.79	244.17	115.87	128.30	436
1995年	232.30	247.95	117.79	130.16	441
1996年	234.85	252.03	120.00	132.03	446
1997年	237.42	255.69	121.77	133.92	450
1998年	240.02	258.30	122.68	135.61	455
1999年	242.65	269.26	128.18	141.08	460
2000年	245.71	296.01	141.82	154.19	466
2001年	254.81	299.51	143.40	156.11	483
2002年	260.86	302.53	144.86	157.67	495
2003年	267.05	306.35	146.49	159.86	507
2004年	274.76	311.67	149.39	162.28	521
2005年	279.87	315.36	151.36	164.00	531
2006年	285.06	323.23	154.94	168.29	541
2007年	288.81	329.86	158.25	171.61	548
2008年	291.84	335.99	161.25	174.74	554
2009年	293.12	340.61	163.29	177.33	598
2010年	293.90	344.98	164.52	180.46	600
2011年	295.50	347.18	166.11	181.07	603
2012年	296.90	347.16	166.86	180.30	610
2013年	298.62	352.53	169.03	183.50	614
2014年	300.66	359.09	172.53	186.56	618
2015年	302.16	358.96	172.39	186.56	621
2016年	303.66	361.89	173.07	188.82	624

注：从2003年起非农业人口按公安部规定的新口径统计，人口密度数为常住人口的人口密度。

1-7 国民经济和社会发展总量与速度指标

指　标	单　位	总量指标							
		1987	1988	1990	2000	2010	2014	2015	2016
一、人口与劳动力									
年末户籍总人口	万人	207.63	212.79	225.54	296.01	344.98	359.09	358.96	361.89
#农业人口	万人	41.64	43.38	46.38	73.04	174.42	184.92	188.05	185.01
非农业人口	万人	165.99	169.41	179.16	222.97	170.56	174.17	170.91	176.88
#男性人口	万人	110.29	112.98	118.90	154.19	180.46	186.56	186.56	188.82
女性人口	万人	97.34	99.81	106.64	141.82	164.52	172.53	172.39	173.07
单位从业人员	万人	11.61	13.24	14.05	12.89	15.72	24.05	24.01	23.76
#职工人数	万人	11.60	13.24	14.05	12.30	14.92	23.43	23.42	23.15
二、经济总量指标									
本市生产总值	亿元	13.02	18.71	22.52	128.49	454.56	716.99	762.06	828.49
#第一产业	亿元	6.61	9.15	11.10	46.71	77.59	109.86	118.04	129.75
第二产业	亿元	2.97	4.13	4.68	37.31	202.65	333.18	348.70	368.69
第三产业	亿元	3.44	5.43	6.74	44.48	174.32	273.95	295.33	330.05
人均生产总值	元	639	899	1038	5262	15487	23928	25283	27351
三、农业									
乡镇从业人员	万人		74.06	80.38	102.56	134.06	144.42	145.62	146.76
农业总产值	亿元	9.50	12.91	16.01	79.39	126.83	183.68	197.20	216.58
主要农产品产量									
粮食	万吨	47.78	47.62	55.06	63.13	44.64	44.88	45.29	43.44
花生	万吨	1.51	1.34	1.77	2.00	2.01	2.69	2.76	2.86
水果	万吨	2.67	2.95	3.08	8.06	20.68	27.30	29.94	31.75
肉类总产量	万吨		4.33	4.67	7.63	10.36	10.53	10.49	10.37
水 产 品	万吨	13.35	14.58	16.71	51.27	56.27	61.47	63.20	65.22
四、工业									
规模以上工业增加值	亿元		1.10	1.42	8.74	112.34	231.47	245.10	246.70
工业财务指标									
资产总额	亿元	2.80	4.79	6.19	35.45	311.01	497.60	605.58	708.35

注： 从1998年开始，职工人数为在岗职工年末人数，发电量和工业财务指标统计范围为规模以上工业；从2003年开始主要粮食、水果、肉类产量为抽样调查推算数，2006、2007年第一产业统计数据为农业普查数据，本年鉴2004年、2008年、2013年地区生产总值为经济普查年度核算数。2011年起规模以上工业指年主营业务收入2000万元及以上工业企业。

1–7 国民经济和社会发展总量与速度指标

1–7 续表1

指 标	单 位	速度指标（%）								
		指数（2016年为以下各年）						平均增长速度		
		1987	1988	1990	2000	2010	2015	1988–2016	2006–2010	2011–2016
一、人口与劳动力										
年末户籍总人口	万人	174.3	170.1	160.5	122.3	104.9	100.8	1.9	1.8	0.8
#农业人口	万人	444.3	426.5	398.9	253.3	106.1	98.4	5.3	1.9	1.0
非农业人口	万人	106.6	104.4	98.7	79.3	103.7	103.5	0.2	1.7	0.6
#男性人口	万人	171.2	167.1	158.8	122.5	104.6	101.2	1.9	1.9	0.8
女性人口	万人	177.8	173.4	162.3	122.0	105.2	100.4	2.0	1.7	0.8
单位从业人员	万人	204.7	179.5	169.1	184.3	151.1	99.0	2.5	3.9	7.1
#职工人数	万人	199.6	174.8	164.8	188.2	155.2	98.8	2.4	3.5	7.6
二、经济总量指标										
本市生产总值	亿元	3631.8	2900.8	2580.1	698.3	182.3	107.0	13.2	16.4	10.5
#第一产业	亿元	677.9	576.5	497.4	211.3	127.6	102.4	6.8	4.8	4.1
第二产业	亿元	9344.3	7386.8	6982.2	1248.4	213.0	106.3	16.9	20.9	13.4
第三产业	亿元	4377.7	3163.0	2828.8	657.6	170.5	109.7	13.9	16.8	9.3
人均生产总值	元	2451.1	2001.1	1857.0	562.9	176.5	106.5	11.7	15.1	9.9
三、农业										
乡镇从业人员	万人		198.2	182.6	143.1	109.5	100.8		1.9	1.5
农业总产值	亿元	769.9	707.5	592.4	222.7	127.4	102.5	7.3	5.3	4.1
主要农产品产量										
粮食	万吨	90.9	91.2	78.9	68.8	97.3	95.9	–0.3	–2.8	–0.5
花生	万吨	189.4	213.4	161.6	143.0	142.6	103.6	2.2	–2.4	6.1
水果	万吨	1189.1	1076.3	1030.8	393.9	153.5	106.0	8.9	6.9	7.4
肉类总产量	万吨		239.5	222.1	135.9	100.1	98.9		–0.8	0.0
水产品	万吨	488.5	447.3	390.3	127.2	115.9	103.2	5.6	–0.2	2.5
四、工业										
规模以上工业增加值	亿元				4242.3	2752.4	106.8		33.2	73.8
工业财务指标										
资产总额	亿元						117.0			

1-7 国民经济和社会发展总量与速度指标

1-7 续表2

指 标	单 位	总量指标							
		1987	1988	1990	2000	2010	2014	2015	2016
主营业务收入	亿元				28.17	415.83	1064.44	1129.00	1202.68
利税总额	亿元	0.27	0.24	0.17	1.19	24.69	33.92	52.23	51.85
五、运输邮电、用电量									
货物周转量	万吨公里	24400	29506	32383	83309	134431	257663	292959	296690
公路	万吨公里		26396	29944	78482	134431	255922	290215	294619
水运	万吨公里		3110	2439	4827		1741	2744	2071
旅客周转量	万人公里	51562	117740	115387	225362	529792	123866	140464	133375
公路	万人公里		117177	114282	225123	529792	123866	140464	133375
水运	万人公里		563	1105	239				
港口货物吞吐量	万吨		34	45	25	489	646	858	896
邮电业务总量	万元	385	892	3306	83872	480052	307423	380471	643572
全社会用电量	万千瓦时				93501	351908	438049	470450	503662
工业用电量	万千瓦时					124701	186706	198013	212893
六、固定资产投资									
固定资产投资总额	亿元	3.37	4.45	5.37	36.22	366.99	500.97	585.20	652.45
房地产	亿元					17.72	11.61	26.10	56.77
新增固定资产	亿元		0.74	1.92	8.99	39.64	452.33	466.68	395.59
七、国内贸易与物价									
社会消费品零售总额	亿元	9.33	11.48	14.63	69.84	352.06	440.11	489.61	533.11
城镇	亿元				47.36	188.76	313.10	358.28	391.51
农村	亿元				35.35	163.30	127.02	131.33	141.60
居民消费价格总指数			134.9	100.4	100.6	103.1	102.7	101.3	102.9
八、外贸、外经									
进出口总额	亿美元				6.08	20.50	39.47	32.00	32.34
出口	亿美元				3.64	11.12	18.32	15.80	13.92
进口	亿美元				2.44	9.38	21.15	16.20	18.23
合同利用外商直接投资	万美元	375	1021	842	7141	52688	15700	19130	12916

注：2009年开始货物、旅客周转量为专项调查数据，与历年不可比；邮电业务总量2003年以前按90年不变价计算，2004年开始按2000年不变价计算。2011年起固定资产投资指计划总投资500万元以上项目投资和房地产开发投资。

1-7 国民经济和社会发展总量与速度指标

1-7 续表3

指 标	单 位	速度指标（%）								
		指数（2016年为以下各年）						平均增长速度		
		1987	1988	1990	2000	2010	2015	1988-2016	2006-2010	2011-2016
主营业务收入	亿元						106.5			
利税总额	亿元						99.3			
五、运输邮电、用电量										
货物周转量	万吨公里						110.4			
公路	万吨公里						110.8			
水运	万吨公里									
旅客周转量	万人公里						109.1			
公路	万人公里						109.1			
水运	万人公里									
港口货物吞吐量	万吨		2635.3	1991.1	3584.0	183.1	104.4		35.5	10.6
邮电业务总量	万元	167161.6	72149.3	19466.8	767.3	134.1	169.2	29.2	18.3	5.0
全社会用电量	万千瓦时				503.1	133.7	107.1			5.0
工业用电量	万千瓦时					158.8	107.5			8.0
六、固定资产投资										
固定资产投资总额	亿元	30775.3	23306.3	19313.4	2863.4	254.3	111.5	21.8	29.0	16.8
房地产	亿元					320.4	217.5		61.2	21.4
新增固定资产	亿元		53581.2	20628.4	4401.2	998.0	84.8		18.1	46.7
七、国内贸易与物价										
社会消费品零售总额	亿元	7418.7	6029.4	4731.2	991.1	197.0	108.9	16.0	22.0	12.0
城镇	亿元				1251.9	246.4	109.3		21.9	16.2
农村	亿元				310.4	102.8	107.8		22.1	0.5
居民消费价格总指数										
八、外贸、外经										
进出口总额	亿美元				531.9	157.8	101.1		11.2	7.9
出口	亿美元				382.4	125.2	88.1		11.6	3.8
进口	亿美元				747.1	194.3	112.5		10.6	11.7
合同利用外商直接投资	万美元	3444.3	1265.0	1534.0	180.9	24.5	67.5	13.0	15.8	-20.9

1–7 国民经济和社会发展总量与速度指标

1–7 续表 4

指 标	单 位	总量指标							
		1987	1988	1990	2000	2010	2014	2015	2016
实际利用外商直接投资	万美元	210	320	613	7394	25300	16282	9958	4443
全年接待过夜人数	万人	17.28	20.95	16.73	143.01	332.57	646.62	731.91	784.64
#国际游客、港澳台同胞	万人	1.74	1.47	0.88	1.69	3.97	3.41	7.95	4.93
旅游总收入	亿元		0.31	0.34	14.51	42.36	96.44	106.32	120.07
九、财政金融									
一般预算财政收入	亿元	0.42	0.60	0.97	4.16	26.23	49.23	28.83	30.78
一般预算财政支出	亿元	0.94	1.15	1.91	9.55	56.51	124.85	212.95	206.88
银行贷款余额	亿元	6.17	8.17	12.08	63.95	130.20	260.27	300.00	349.87
银行存款余额	亿元	3.18	4.65	8.14	73.05	326.96	540.50	625.86	739.56
十、人民生活									
职工工资总额	亿元	1.24	1.72	2.43	10.17	38.15	102.40	112.96	123.33
平均货币工资	元	1168	1441	1827	8341	25501	44811	48004	54425
城镇居民人均可支配收入	元				6348	13915	19036	20616	22389
城镇居民人均消费支出	元				5880	10013	14829	15875	17374
农村居民人均可支配收入	元	582	701	916	3292	6315	10415	11290	12442
农村居民人均消费支出	元		666	902	2359	5752	7965	8931	10294
住户存款余额	亿元	2.17	2.80	4.97	54.17	229.73	373.14	385.72	428.34
十一、教育									
专任教师数									
普通中学	人		2695	2949	7261	12748	14741	14479	14378
小学	人		8275	8336	14485	15241	15536	15907	16134
在校学生数									
普通中学	万人	6.09	5.33	4.67	18.23	29.83	22.28	19.88	18.64
小学	万人	23.94	24.82	28.52	37.88	35.41	24.04	24.48	25.02
十二、卫生									
医院、卫生院床位数	张	566	1348	1434	2577	5575	6755	7207	7763
卫生技术人员	人	3369	3249	3498	5922	7752	9394	9942	10628
#医生	人	406	746	632	2799	3404	4701	4533	4783

注：从1998年开始，职工工资按在岗职工统计；2014年城乡居民收支数据按城乡一体化调查新口径统计，与历年数据不可比；2005年城镇居民收入和支出速度按同比口径计算；2004年开始卫生技术人员统计范围不包括乡村医疗点，与历年不可比。

1-7　国民经济和社会发展总量与速度指标

1-7 续表5

指　标	单　位	速度指标（%）								
		指数（2016年为以下各年）						平均增长速度		
		1987	1988	1990	2000	2010	2015	1988-2016	2006-2010	2011-2016
实际利用外商直接投资	万美元	2115.7	1388.4	724.8	60.1	17.6	44.6	11.1	15.9	-25.2
全年接待过夜人数	万人	4540.7	3745.3	4690.0	548.7	235.9	107.2	14.1	17.1	15.4
#国际游客、港澳台同胞	万人	283.5	335.9	559.6	292.1	124.2	62.0	3.7	12.1	3.7
旅游总收入	亿元		38732.3	35314.7	827.5	283.5	112.9		25.6	19.0
九、财政金融										
一般预算财政收入	亿元	7292.1	5131.7	3161.5	740.1	117.3	106.8	15.9	29.9	2.7
一般预算财政支出	亿元	22015.5	17959.9	10824.0	2165.8	366.1	97.1	20.4	23.0	24.1
银行贷款余额	亿元	5670.5	4282.4	2896.3	547.1	268.7	116.6	14.9	17.9	17.9
银行存款余额	亿元	23256.6	15904.5	9085.5	1012.4	226.2	118.2	20.7	18.4	14.6
十、人民生活										
职工工资总额	亿元	9946.0	7170.3	5075.3	1212.7	323.3	109.2	17.2	18.1	21.6
平均货币工资	元	4659.7	3776.9	2978.9	652.5	213.4	113.4	14.2	13.7	13.5
城镇居民人均可支配收入	元						108.6		10.9	11.2
城镇居民人均消费支出	元						109.4		6.9	
农村居民人均可支配收入	元						110.2		10.4	12.1
农村居民人均消费支出	元						115.3		12.4	
住户存款余额	亿元	19739.2	15297.9	8618.5	790.7	186.5	111.0	20.0	16.2	10.9
十一、教育										
专任教师数										
普通中学	人		533.5	487.6	198.0	112.8	99.3		6.5	2.0
小学	人		195.0	193.5	111.4	105.9	101.4		-1.9	1.0
在校学生数										
普通中学	万人	306.1	349.7	399.1	102.2	62.5	93.8	3.9	6.3	-7.5
小学	万人	104.5	100.8	87.7	66.1	70.7	102.2	0.2	-6.7	-5.6
十二、卫生										
医院、卫生院床位数	张	1371.6	575.9	541.4	301.2	139.2	107.7	9.4	8.6	5.7
卫生技术人员	人	315.5	327.1	303.8	179.5	137.1	106.9	4.0	5.0	5.4
#医生	人	1178.1	641.2	756.8	170.9	140.5	105.5	8.9	6.0	5.8

注：财政收入速度按自然口径计算。

1-8 各地生产总值及其构成

指 标	全 市			城区（含市直）		红海湾		华 侨	
	2016年	2015年	2016年比2015年增长（%）	2016年	2016年比2015年增长（%）	2016年	2016年比2015年增长（%）	2016年	2016年比2015年增长（%）
一、生产总值（万元）	**8284882**	**7620631**	**7.0**	**1850326**	**7.5**	**313152**	**-9.4**	**26218**	**6.9**
第一产业	1297467	1180374	2.4	178481	-0.6	53452	0.5	7101	4.4
第二产业	3686880	3487004	6.3	920407	6.2	158231	-20.9	2220	5.3
#工 业	3386699	3202355	6.4	862883	4.9	148832	-22.0	1255	7.8
第三产业	3300535	2953253	9.7	751438	11.4	101469	11.2	16897	8.3
#交通运输、仓储和邮政业	323227	209255	20.1	66596	14.0	12320	11.8	860	7.3
批发和零售业	799394	774405	4.5	200956	3.8	20497	9.0	4943	6.1
住宿和餐饮业	133033	157071	6.0	47509.0	5.3	11305	9.5	774	12.1
二、地区生产总值构成（%）	**100**	**100**	**百分点**	**100**	**百分点**	**100**	**百分点**	**100**	**百分点**
第一产业	15.7	15.5	0.2	9.6	-0.2	17.1	2.1	27.1	2.2
第二产业	44.5	45.8	-1.3	49.7	-3.0	50.5	-8.6	8.5	-3.2
#工 业	40.9	42.0	-1.1	46.6	-3.6	47.5	-8.9	4.8	-2.9
第三产业	39.8	38.7	1.1	40.6	3.2	32.4	6.5	64.4	1.0
#交通运输、仓储和邮政业	3.9	2.7	1.2	3.6	0.8	3.9	1.4	3.3	0.0
批发和零售业	9.6	10.2	-0.6	10.9	-0.2	6.5	1.0	18.9	-0.1
住宿和餐饮业	1.6	2.1	-0.5	2.6	-0.1	3.6	0.6	3.0	0.2
三、人均地区生产总值（元）	**27351**	**23928**	**6.5**	**44383**	**7.0**	**35325**	**-9.9**	**13763**	**6.1**

注：各县区生产总值为各县区核算数，全市生产总值不等于各县区之和；海丰县数据不包含深汕特别合作区；地区生产总值构成为各行业增加值占地区生产总值的比重。

1-8 各地生产总值及其构成

1-8 续表

指 标	海 丰		陆 丰		陆 河		深汕特别合作区	
	2016年	2016年比2015年增长（%）	2016年	2016年比2015年增长（%）	2016年	2016年比2015年增长（%）	2016年	2016年比2015年增长（%）
一、生产总值（万元）	**2450365**	**7.3**	**2490346**	**6.3**	**523675**	**11.0**	**407226**	**4.4**
第一产业	318725	3.3	553234	3.5	116289	3.8	70192	0.1
第二产业	1039739	7.7	1054848	5.9	83228	26.9	239001	7.5
#工 业	946554	7.8	967187	6.3	49955	42.3	217153	10.6
第三产业	1091901	8.0	882264	8.7	324158	8.7	98033	0.5
#交通运输、仓储和邮政业	89279	11.2	60284	8.0	24637	9.3	1541	11.2
批发和零售业	288142	4.3	216867	3.9	99052	7.1	21522	2.2
住宿和餐饮业	71083	6.8	36420	6.4	21989	7.2	13461	-21.3
二、地区生产总值构成（%）	**100**	**百分点**	**100**	**百分点**	**100**	**百分点**	**100**	**百分点**
第一产业	13.0	0.2	22.2	1.0	22.2	0.6	17.2	-0.5
第二产业	42.4	-1.7	42.4	-2.9	15.9	-2.6	58.7	1.6
#工 业	38.6	-1.7	38.8	-2.7	9.5	-2.1	53.3	2.9
第三产业	44.6	1.6	35.4	1.9	61.9	2.0	24.1	-1.1
#交通运输、仓储和邮政业	3.6	0.8	2.4	0.4	4.7	0.8	0.4	0.0
批发和零售业	11.8	-0.4	8.7	-0.2	18.9	0.0	5.3	-0.2
住宿和餐饮业	2.9	-0.1	1.5	0.0	4.2	-0.3	3.3	-1.3
三、人均地区生产总值（元）	**32606**	**6.9**	**17842**	**5.8**	**18123**	**10.5**	**59623**	**2.9**

1–9 汕尾市生产总值历史资料

年 份	汕尾市生产总值（万元）	第一产业	第二产业	工 业	第三产业	人均生产总值（元）
1978年	46669	22050	11966	8918	12653	286
1979年	44754	21264	10629	7301	12861	267
1980年	47884	21989	11261	7077	14634	278
1981年	52981	24786	12894	8267	15301	300
1982年	55729	29098	10305	7833	16326	308
1983年	54978	29866	10139	7721	14973	296
1984年	61795	34647	12197	8062	14951	325
1985年	85722	45671	16920	11518	23131	441
1986年	105894	54042	22085	16430	29767	532
1987年	130164	66116	29711	24023	34337	639
1988年	187059	91453	41290	30970	54316	899
1989年	204129	101651	39969	32665	62509	960
1990年	225226	111044	46819	33134	67363	1038
1991年	256950	121696	55601	39293	79653	1162
1992年	308610	134347	70331	50820	103932	1380
1993年	378087	136999	115223	80384	125865	1672
1994年	549427	199594	156444	105786	193389	2404
1995年	692669	261646	198558	124931	232465	2998
1996年	821008	322129	220422	145892	278457	3515
1997年	906981	354633	234179	170261	318169	3841
1998年	1034416	394111	282136	212235	358169	4333
1999年	1164407	429900	329493	252159	405014	4825
2000年	1284943	467078	373110	288257	444755	5262
2001年	1398570	492935	425407	337200	480228	5588
2002年	1508941	522651	461474	375860	524816	5852
2003年	1647400	526212	529450	432197	591738	6241
2004年	1901613	575317	672988	548954	653308	7019
2005年	2057511	461184	831046	694246	765281	7419
2006年	2398619	495106	1035008	892023	868505	8489
2007年	2887136	539033	1318584	1146956	1029519	10062
2008年	3465793	630816	1566176	1360336	1268801	11938
2009年	3850959	675671	1690859	1483372	1484429	13167
2010年	4545579	775904	2026452	1807554	1743223	15487
2011年	5381424	899883	2469277	2233961	2012264	18261
2012年	6094592	992780	2843451	2605364	2258361	20576
2013年	6717548	1038737	3156598	2911337	2522213	22560
2014年	7169931	1098566	3331837	3065720	2739528	23928
2015年	7620631	1180374	3487004	3202355	2953253	25283
2016年	8284882	1297467	3686880	3386699	3300535	27351

注：2004年、2008年、2013年生产总值为经济普查年度核算数，其他年份根据普查普查结果进行调整；人均生产总值按年平均常住人口计算。2013年起，三次产业分类依据国家统计局2012年制定的《三次产业划分规定》（下同）。

1–10 汕尾市生产总值构成

单位：%

年 份	汕尾市生产总值	第一产业	第二产业	工 业	第三产业
1978年	100	47.2	25.7	19.1	27.1
1979年	100	47.5	23.8	16.3	28.7
1980年	100	45.9	23.5	14.8	30.6
1981年	100	46.8	24.3	15.6	28.9
1982年	100	52.2	18.5	14.1	29.3
1983年	100	54.3	18.5	14.0	27.2
1984年	100	56.1	19.7	13.0	24.2
1985年	100	53.3	19.7	13.4	27.0
1986年	100	51.0	20.9	15.5	28.1
1987年	100	50.8	22.8	18.5	26.4
1988年	100	48.9	22.1	16.6	29.0
1989年	100	49.8	19.6	16.0	30.6
1990年	100	49.3	20.8	14.7	29.9
1991年	100	47.4	21.6	15.3	31.0
1992年	100	43.5	22.8	16.5	33.7
1993年	100	36.2	30.5	21.3	33.3
1994年	100	36.3	28.5	19.3	35.2
1995年	100	37.8	28.7	18.0	33.5
1996年	100	39.2	26.9	17.8	33.9
1997年	100	39.1	25.8	18.8	35.1
1998年	100	38.1	27.3	20.5	34.6
1999年	100	36.9	28.3	21.7	34.8
2000年	100	36.4	29.0	22.4	34.6
2001年	100	35.3	30.4	24.1	34.3
2002年	100	34.6	30.6	24.9	34.8
2003年	100	32.0	32.1	26.2	35.9
2004年	100	30.2	35.4	28.9	34.4
2005年	100	24.0	39.7	33.2	36.3
2006年	100	20.6	43.2	37.2	36.2
2007年	100	18.7	45.7	39.7	35.6
2008年	100	18.2	45.2	39.3	36.6
2009年	100	17.5	43.9	38.5	38.5
2010年	100	17.1	44.6	39.8	38.3
2011年	100	16.7	45.9	41.5	37.4
2012年	100	16.3	46.7	42.7	37.1
2013年	100	15.5	47.0	43.3	37.5
2014年	100	15.3	46.5	42.8	38.2
2015年	100	15.5	45.8	42.0	38.7
2016年	100	15.7	44.5	40.9	39.8

注：汕尾市产总值构成为各行业增加值占汕尾市生产总值的比重。

1-11 汕尾市生产总值指数（上年=100）

单位：%

	汕尾市生产总值	第一产业	第二产业	工 业	第三产业	人均生产总值
环比指数（上年=100）						
1988年	125.2	117.6	126.5	120.7	138.4	122.5
1989年	102.1	106.1	92.6	100.2	102.6	99.9
1990年	110.1	109.2	114.2	100.3	109.0	107.8
1991年	111.1	108.5	117.5	136.3	111.0	109.7
1992年	112.9	105.3	112.7	156.5	125.4	111.5
1993年	111.8	88.4	138.0	136.2	121.6	110.6
1994年	124.0	113.5	127.4	127.6	130.6	122.6
1995年	119.9	133.8	122.3	118.5	106.9	118.6
1996年	113.3	115.3	111.1	115.3	113.3	112.1
1997年	110.5	108.1	110.2	113.7	113.3	109.3
1998年	113.0	108.5	119.0	119.1	111.8	111.8
1999年	112.3	107.0	116.6	116.2	113.2	111.1
2000年	111.5	106.1	115.7	116.2	112.0	110.2
2001年	108.9	106.6	113.0	114.7	107.2	106.2
2002年	109.3	106.5	110.8	112.6	110.1	106.1
2003年	112.9	106.0	117.0	117.3	114.3	110.3
2004年	115.2	106.0	125.4	127.0	112.3	112.3
2005年	116.0	102.5	123.7	126.8	117.1	113.3
2006年	115.7	104.1	124.6	129.0	113.1	113.6
2007年	118.5	101.8	127.2	128.9	117.3	116.7
2008年	115.8	105.9	117.4	118.0	118.5	114.5
2009年	114.9	106.3	113.0	114.1	120.9	114.0
2010年	117.0	106.1	122.6	125.3	114.3	116.6
2011年	113.7	105.5	120.8	123.4	109.1	113.3
2012年	113.3	105.9	119.2	121.1	109.0	112.8
2013年	112.2	103.0	117.8	119.1	108.2	111.6
2014年	108.9	103.8	110.2	110.5	109.0	108.3
2015年	108.1	104.4	107.2	107.3	110.8	107.4
2016年	107.0	102.4	106.3	106.4	109.7	106.5

注：2009-2012年指数根据2013年经济普查结果进行了调整。

1–12 汕尾市生产总值指数（1987年=100）

单位：%

	汕尾市生产总值	第一产业	第二产业	工 业	第三产业	人均生产总值
定基指数（1987年=100）						
1988年	125.2	117.6	126.5	120.7	138.4	122.5
1989年	127.8	124.8	117.2	120.9	142.0	122.4
1990年	140.8	136.3	133.8	121.3	154.8	132.0
1991年	156.4	147.9	157.2	165.3	171.8	144.9
1992年	176.6	155.6	177.1	258.7	215.5	161.5
1993年	197.5	137.6	244.4	352.4	262.1	178.7
1994年	244.9	156.2	311.4	449.7	342.3	219.1
1995年	293.6	208.9	380.8	532.9	365.9	259.8
1996年	332.6	240.9	423.1	614.4	414.5	291.2
1997年	367.6	260.4	466.3	698.6	469.7	318.3
1998年	415.3	282.6	554.8	832.0	525.1	355.7
1999年	466.4	302.3	646.9	966.8	594.4	395.2
2000年	520.1	320.8	748.5	1123.4	665.7	435.4
2001年	566.4	342.0	845.8	1288.5	713.7	462.6
2002年	619.0	364.2	937.2	1450.8	785.8	490.8
2003年	698.9	386.0	1096.5	1701.8	898.1	541.3
2004年	805.1	409.2	1375.0	2161.3	1008.6	607.7
2005年	933.7	419.4	1700.6	2740.6	1181.3	688.5
2006年	1080.7	436.7	2119.6	3535.4	1335.6	782.1
2007年	1280.6	444.7	2696.8	4557.1	1566.7	912.4
2008年	1483.2	471.0	3166.3	5377.3	1856.9	1044.7
2009年	1703.6	500.8	3578.2	6134.6	2245.3	1191.1
2010年	1992.7	531.1	4386.9	7685.5	2567.1	1388.4
2011年	2266.3	560.3	5301.1	9486.2	2801.8	1572.6
2012年	2568.5	593.5	6318.6	11487.4	3053.4	1773.3
2013年	2882.3	611.1	7441.2	13677.3	3304.0	1979.5
2014年	3139.9	634.1	8200.1	15112.2	3601.6	2142.9
2015年	3394.2	662.0	8790.5	16215.4	3990.6	2301.5
2016年	3631.8	677.9	9344.3	17253.2	4377.7	2451.1

第二篇 农 业

NONGYE

2016年汕尾农业农村经济保持稳定发展

2016年，汕尾各地深入贯彻中央一号文件、中央、省和市的农村工作会议精神，强化落实市委、市政府“三农”决策部署，加快转变农业发展方式，着力推进农业供给侧结构性改革，适时应对农业生产中出现的新情况、新问题，积极克服海马强台风，强降雨等特大自然灾害不利影响，奋力抗灾，及时复产，努力把损失降到最低，全年农业农村经济基本保持稳定，但增幅显著回落，粮食生产能力稳步提升。

一、农业经济运行总体情况

全年汕尾农业经济平稳增长，粮食生产稳定，农产品种植结构不断优化，水果、蔬菜产量稳步增长，林业发展速度加快，畜牧业产能有所回落。

（一）农林牧渔业生产稳步增长

2016年，汕尾克服海马强台风和畜牧生产持续回落等不利因素影响，农业生产呈现平稳增长态势。全年我市农林牧渔业总产值216.58亿元，农林牧渔业增加值133.93亿元，分别比上年增长2.5%和2.6%，增幅比上年分别回落1.8个和1.9个百分点。

农业产业结构持续调整。林业和农林牧渔服务业发展加快，种植业、渔业，牧业生产回落。2016年，种植业产值96.54亿元，比上年增长3.5%，增幅比上年回落1.9个百分点；林业产值4.88亿元，增长8.4%，增幅提升5.3个百分点；牧业产值29.90亿元，下降0.9%，降幅扩大1个百分点；渔业75.12亿元，增长1.6%，增幅回落2.9个百分点；农林牧渔服务业10.14亿元，增长9.3%，增幅上升2.8个百分点。

（二）农作物生产稳定

1. 粮食产量减少幅度较大。全年粮食播种面积142.67万亩，比上年增长0.01%；粮食产量43.44万吨，下降4.1%。其中，谷物产量和薯类产量大幅减少，豆类产量略增长。

早稻生产好于预期，晚稻产量下降明显。2016年，全市早稻产量17.41万吨，比上年减少0.01万吨，下降0.1%。10月下旬，受到强台风“海马”正面袭击汕尾，适逢晚稻灌浆期间，造成我市部分晚稻产区受灾严重。晚稻产量15.61万吨，减产1.3万吨，下降7.8%。受年初低温天气影响，薯类减产明显，薯类产量44.86万吨，下降6.7%。大豆产量0.38万吨，增长0.5%。

2. 经济作物稳定增产。与粮食作物相比，经济作物比较效应高，种植效益好，播种面积和产量均呈现逐年上升的势头。2016年，全市油料作物面积20.53万亩，产量3.04万吨，分别比上年增长1.2%和3.9%；蔬菜面积82.98万亩，产量129.09万吨，分别增长3.9%和7.5%；瓜类面积3.93万亩，产量8.05万吨，分别增长15.1%和7.9%。近年来，随着中药材需求量的不断增加，中草药材发展提速，种植规模不断扩大。2016年，全市中草药材播种面积0.13万亩，比上年增长3倍。甘蔗价格稳定，但种植成本不断上升，甘蔗种植效益走低，一定程度上影响蔗农的种植热情。全年全市甘蔗播种面积0.46万亩，下降1.8%，甘蔗产量1.90万吨，下降3.9%。

（三）水果产量增长较快

全市各地深入推进农业供给侧结构性改革，坚持面向市场，优化水果产品结构，提升果类品质。各地大力发展特色水果种植，良种水果种植面积不断扩大，产量不断提高。2016年末，全年全市园林水果实有面积58.31万亩，水果产量31.75万吨，分别比上年增长1.1%和6.1%。主要品种中，柑桔橙产量4.22万吨，增长4.9%；香蕉产量4.92万吨，增长6.7%；荔枝产量11.10万吨，增长3.7%；芒果产量1.38万吨，增长11.8%；龙眼产量2.93万吨，增长11.5%；李子产量1.67万吨，增长5.7%。茶叶产量0.2万吨，增长15.0%。

（四）畜牧业生产持续回落

2016年，全市生猪产能回落明显。全年全市生猪出栏79.77万头，比上年下降2.4%；猪肉产量10.37万吨，同比下降1.1%。生猪产能下降的原因：一是环评因素影响。全市各地对生猪养殖的环保要求逐年提高，有计划的关停或者迁出不达标猪场，生猪养殖门槛提高，规模萎缩。二是上一轮猪肉价格低位时间较长，对养殖户的养殖热情打击较大。面对新一轮猪价上涨行情，生猪养殖户补栏意愿仍显谨慎，全市年末生猪存栏40.76万头，下降2.4%。

禽类养殖基本稳定。禽类养殖经过几年调整，基本已达到新的供需平衡状态。全年全市出售和自宰的肉用家禽2517.95万只，同比增长0.7%，禽肉产量3.53万吨，增长0.5%。三鸟价格与上年相比有所下降，但分化明显。国家统计局广东调查总队农产品价格监测数据显示，2016年，家禽价格下降0.5%。其中活鸡价格下降2.6%，活鸭、活鹅价格同比上升1.3%和4.5%。家禽存栏稳定增长，年末活家禽存栏755.36万只，增长1.6%。

（五）渔业生产稳定发展

2016年，全市各级渔业部门积极采取多项措施，继续调整渔业品种结构，加快发展优势产品养殖，捕捞强度得到有效控制，确保渔业生产继续保持平稳发展态势。据市海洋与渔业局统计，全年全市水产品总产量65.22万吨，比上年增长3.2%。其中，海洋捕捞产量25.91万吨，下降0.2%；海水养殖产量33.48万吨，增长5.8%；淡水捕捞产量0.34万吨，增长0.3%；淡水养殖产量5.83万吨，增长4.3%。水产品养殖比重继续提升，占全部59.77%，比上年提高1.4个百分点。

二、农业经济运行中值得关注的问题

（一）自然灾害对农业生产造成一定影响

2016年，汕尾气象在厄尔尼诺和拉尼娜的先后影响下，极端天气气候事件频发，自然灾害时有发生，对局部地区农业生产造成一定影响。较为严重的灾害：一是1月中下旬，我市受强冷空气影响，出现了大范围的极寒天气，影响了部分地区的越冬作物生长，推迟了荔枝、龙眼等热带水果的抽花期，影响了水果产量；二是4–6月的华南前汛期，连续的强降雨导致部分地区农作物受损；三是台风带来的暴雨影响。10月下旬，强台风“海马”从我市正面登陆，对农业生产造成较大影响，局部地区受灾严重。全年全市农作物受灾面积146.52万亩，成灾61.77万亩，绝收4.53万亩。其中粮食作物受灾面积83.31万亩，成灾37.33万亩，绝收2.95万亩。

（二）畜牧生产不乐观。生猪养殖规模萎缩

2016年上半年，生猪价格持续走高，饲料成本下降，养殖利润增长，但新一轮的猪价上涨并未提升养殖户的信心，补栏热情不高。进入下半年，生猪价格有所回落，但仔猪价格依然高企，养殖户补栏幅度放缓，生猪养殖规模持续走低，年末生猪存栏40.76万头，同比下降2.4%；能繁殖母猪存栏2.40万头，下降1.5%。2015年新的《环境保护法》实施后，养猪行业的门槛进一步提高，高规格的环评标准加速了部分中小型生猪养殖户的退出，生猪养殖能否有所恢复，前景仍不明朗。

禽类养殖稳中趋降。经过多年的深度调整，禽类养殖基本已达到新的动态平衡，供需相对稳定，禽肉、禽蛋价格平稳，禽类生产短期内出现较大幅增长的可能性较小。

（三）种粮效益低，稳定粮食生产压力大

长期以来，种粮比较效益偏低，加上近年来农资和农业生产用工成本上涨快，种粮成本节节攀升，种粮比较效益更加低下。一方面导致经济作物与粮食作物争地矛盾越来越突出，稳定粮食面积的压力越来越大；另一方面是由于大量农村青壮年进城务工，粮食生产出现了结构性、季节性劳动力紧缺。

（四）农业产业化特色不明显，优势不强

农副产品加工企业规模小、数量少、档次低、增值不高，农副产品抗击市场风险能力较弱，严重制约了农业发展后劲。

三、2017年农业经济走势预测与对策建议

2017年，随着农村改革发展的不断纵深，农业供给侧结构性改革方案的进一步落实，如不出现大的自然灾害和重大动植物疫情，汕尾农业经济可望继续保持稳定发展。针对当前汕尾农业发展形势和存在问题，提出以下对策建议：

（一）加强农业基础设施建设，增强抵御自然灾害的能力

进一步建立完善农业基础设施建设长效投入机制，统筹农田水利、土地综合治理、道路交通和农田开发等项目建设。强化管理，加快高标准基本农田建设，推进农田水利标准化建设，形成功能齐全的农田水利工程体系，夯实农业农村发展基础，提高农业抵御自然灾害的能力。组织力量开展科学规划认证，因地制宜的制定农业防洪、治水的长远规划，科学、统筹、合理地建设排水、抗旱设施。

（二）合理规划养殖区域，积极引导畜禽养殖优化升级

根据地区差异合理利用土地，依照环境承载能力科学编制生猪养殖规划布局。探索新型饲料开发等生态养殖新技术、新模式，加快排泄物资源化利用步伐，促进商品有机肥生产企业发展，鼓励农业生产使用商品有机肥，减少养殖污染。加快推进养殖设施改造，推动养殖自动化、规模化建设。积极发展生态养殖、绿色养殖，从传统养殖方式中探索种养循环新模式，大力培育生态循环型家庭农场，就地就近配套适量的环保设施。加快发展和推广畜禽粪便污染综合利用技术，实现畜禽粪便的资源化利用，减少环境污染，防止疾病蔓延，促进养殖行业科学、环保、健康发展。构建新型养殖产业体系，以养殖为基础，发展畜禽产品精深加工业，延长生产的产业链条，提升养殖的附加价值，分散市场风险，保持养殖行业持续健康发展。

（三）深入推进农业供给侧结构性改革，提升农业综合生产能力

因势利导调整优化农业结构，根据各地实际情况突出发展特色优势农业，有规划的增加绿色优质农产品的供给。统筹抓好土壤污染防治、化肥农药减量等各项工作，大力发展绿色种植、绿色养殖等高效生态循环农业，推动粮食主要生产地区、现代农业园区向绿色发展转型。大力推进农业科技创新，培育优质农作物新品种，把科技成果应用到农产品的加工、储藏、运输及安全检测当中。促进农业纵深延伸，推动一二三产业融合发展，延长农业的产业链，增加农业附加值。培育新型职业农民，提升农业从业人员综合素养，进一步激发农业发展活力。

2-1 农业总产值（生产价）

单位：万元

指标名称	全市		分县（市、区）						
	合计	比上年增长%	城区	红海湾	海丰	陆丰	陆河	华侨	深汕特别合作区
农业总产值									
1988年	129096	–	27967	–	48313	44960	7856	–	
1989年	147825	–	30651	–	55375	51924	9875	–	
1990年	160064	–	35037	–	58742	55951	10334	–	
1991年	171286	–	35582	–	62052	61213	12440	–	
1992年	194044	–	43797	–	67613	68772	13861	–	
1993年	282642	–	93798	11044	72983	86232	18585	–	
1994年	381791	–	81222	13834	184633	130753	27519	–	
1995年	469674	–	94720	16968	157943	163205	34478	2360	
1996年	559323	–	114965	20286	195968	178966	46535	2603	
1997年	614747	–	118569	21642	209881	208964	52129	3562	
1998年	690442	–	137216	23489	236606	230142	59099	3891	
1999年	730696	–	127354	25042	259372	251365	63961	3603	
2000年	793919	–	129815	27241	280086	284033	69081	3663	
2001年	855106	–	134859	29651	301702	309670	75407	3817	
2002年	910323	–	142504	32041	322171	327901	81513	4193	
2003年	920431	–	151250	32409	324219	329148	79147	4258	
2004年	1007642	–	160910	34166	347132	375962	84936	4536	
2005年	897586	–	159663	29789	255209	389179	72066	4056	
2006年	811428	–	111172	35703	256963	330336	73025	4229	
2007年	889962	2.3	119471	37023	275710	370153	82958	4647	
2008年	1044913	6	134615	41241	325747	439645	98142	5523	
2009年	1112246	6.3	147912	43481	344729	469142	101297	5685	
2010年	1268264	5.9	170150	49334	392800	534677	114843	6460	
2011年	1472089	5.4	199648	57804	449799	621156	136379	7307	
2012年	1616360	5.8	220387	63496	495377	681807	147162	8134	
2013年	1736689	2.9	237827	69179	533636	729478	157735	8834	
2014年	1836770	3.9	256733	74969	570133	766162	165237	8938	
2015年	1971973	4.3	273722	80574	608963	823156	176568	9616	
2016年	2165811	2.5	286561	83252	541818	924649	196841	11231	121465

2-1 农业总产值（生产价）

2-1 续表1

单位：万元

指标名称	全市		分县（市、区）						
	合计	比上年增长%	城区	红海湾	海丰	陆丰	陆河	华侨	深汕特别合作区
一、种植业产值									
1988年	45775		4306	–	20983	16731	3755	–	
1989年	54244		5144	–	24310	19936	4854	–	
1990年	59196		5686	–	26398	22195	1917	–	
1991年	66192		6287	–	27255	26405	6245	–	
1992年	68483		7064	–	27341	27521	6556	–	
1993年	85932		8666	3523	31388	32873	9480	–	
1994年	144858		10144	4498	68502	46660	15054	–	
1995年	164806		10541	4975	79602	51925	16315	1448	
1996年	559323		114965	20286	195968	178966	46535	2604	
1997年	197159		15779	5910	86541	63363	23283	2283	
1998年	214911		15888	6054	98488	67185	24975	2321	
1999年	233525		16534	6152	108185	72519	28096	2040	
2000年	237855		16748	6710	109797	72678	29674	2248	
2001年	253124		17307	7484	113749	77259	35053	2272	
2002年	335792		19036	9718	149538	100426	54264	2810	
2003年	298173		18871	7614	130404	88568	49897	2819	
2004年	320476		19315	7148	138993	97884	54172	2964	
2005年	284210		15889	6670	108105	109546	38384	2299	
2006年	313862		14849	6413	119480	127126	43079	2915	
2007年	340540	3.5	15779	6864	128295	138639	47835	3128	
2008年	419492	9.5	19374	8613	159998	172013	55805	3689	
2009年	451563	7.4	21907	8872	169084	188180	59574	3946	
2010年	529465	5.9	25186	10408	195268	229727	64235	4641	
2011年	605943	6.1	27917	11994	219518	265502	75873	5138	
2012年	690208	6.6	31144	13504	249539	305740	84432	5849	
2013年	747544	1.6	32999	14445	270238	331848	91540	6470	
2014年	779466	4.9	33150	15522	287341	346050	96371	6554	
2015年	845576	5.4	35352	16591	308216	374599	103713	7104	
2016年	965426	3.5	42314	18335	313584	436936	115306	8556	30402

注：从2006年开始，年报是按农普口径调整数，总产值发展速度按缩减指数计算（下同）。

2-1 农业总产值（生产价）

2-1 续表2　　　　单位：万元

指标名称	全市		分县（市、区）						
	合计	比上年增长%	城区	红海湾	海丰	陆丰	陆河	华侨	深汕特别合作区
二、林业总产值									
1988年	3883		377	–	1375	1605	526	–	
1989年	6728		603	–	2344	2905	876	–	
1990年	5335		672	–	2361	1793	509	–	
1991年	4279		428	–	1673	1243	935	–	
1992年	4126		478	–	1984	983	682	–	
1993年	7217		2696	145	2621	807	948	–	
1994年	9817		2624	146	3464	1564	2019	–	
1995年	10202		2481	92	4150	2777	702	–	
1996年	9366		2459	91	3699	2141	976		
1997年	8595		1602	124	3327	2552	990	–	
1998年	9960		1910	136	3745	3089	1080	–	
1999年	10268		1229	162	4901	2711	1230	35	
2000年	12031		1222	180	5473	3533	1622	1	
2001年	13246		957	183	6086	4476	1544	–	
2002年	14305		896	211	6494	4772	1932	–	
2003年	17005		891	178	8338	5561	2037	–	
2004年	18288		913	129	8947	6580	1719		
2005年	11631		629	134	5714	3765	1640	–	
2006年	6929		299	36	2932	2512	1150	–	
2007年	5828	–17.7	138	16	2913	1810	951		
2008年	5793	–3.4	134	25	2861	1812	961		
2009年	5667	–2.2	193	41	2136	1579	1718		
2010年	20857	20.8	285	49	7464	3729	9331		
2011年	25864	11.4	404	64	9634	4441	11320		
2012年	30999	17.2	1233	92	11999	5269	12406		
2013年	39080	20.5	1340	285	13792	8101	15562		
2014年	43145	6.2	1463	455	15060	8605	17562		
2015年	44557	3.1	1523	642	15376	8817	18198		
2016年	48848	8.4	1646	288	15367	9804	21135		608

2-1 农业总产值（生产价）

2-1 续表3 单位：万元

指标名称	全市		分县（市、区）						
	合计	比上年增长%	城区	红海湾	海丰	陆丰	陆河	华侨	深汕特别合作区
三、牧业总产值									
1988年	31433		3821	–	12439	12479	2694	–	
1989年	34469		4204	–	14289	12858	3118	–	
1990年	35003		4138	–	14407	13228	3230	–	
1991年	35751		4302	–	14653	3387	13409	–	
1992年	40156		5280	–	16886	13714	4277	–	
1993年	45589		3777	1299	18431	16953	5129	–	
1994年	60932		4047	1262	25864	23397	6362	–	
1995年	72027		5314	1728	30130	24864	9299	692	
1996年	92431		7674	2175	38316	31454	12118	694	
1997年	99238		7453	2494	39946	33901	14721	722	
1998年	107309		9054	2253	43094	36824	15470	614	
1999年	105363		8643	2050	38364	38757	16885	664	
2000年	112366		8101	2214	41191	42233	17902	725	
2001年	117471		7866	2318	44527	44044	17893	823	
2002年	124557		7586	2449	47128	47755	18771	868	
2003年	130907		9264	2143	49343	49222	20030	905	
2004年	148735		11077	2906	53978	57939	21774	1061	
2005年	166855		12250	2911	51459	72690	25233	1333	
2006年	146414		12294	1208	34573	73606	23692	1041	
2007年	183395	3	15535	1307	42218	94247	28974	1114	
2008年	224191	5.9	18829	1555	50912	115710	35697	1486	
2009年	215832	3.7	17994	1491	49936	110994	34021	1396	
2010年	221188	3	18425	1506	52116	113005	34685	1451	
2011年	265561	持平	22448	1772	61818	135826	41933	1768	
2012年	267968	2.2	22918	1840	62391	136338	42609	1875	
2013年	264955	–0.9	22117	1844	63383	133192	42511	1912	
2014年	262730	0.2	21459	1848	63816	131361	42318	1929	
2015年	276555	0.1	22425	1949	66843	138183	45101	2046	
2016年	298987	–0.9	24469	2099	64760	149488	50156	2200	5817

注：2005年开始农业总产值发展速度按缩减指数计算，现价改为按生产价计算（下同）。

2-1 农业总产值（生产价）

2-1 续表4　　　　单位：万元

指标名称	全市		分县（市、区）						
	合计	比上年增长%	城区	红海湾	海丰	陆丰	陆河	华侨	深汕特别合作区
四、渔业总产值									
1988年	33509		18528	–	4786	10155	40	–	
1989年	36400		18660	–	5593	12081	66	–	
1990年	43132		22283	–	6512	14140	197	–	
1991年	47530		22797	–	9104	15441	188	–	
1992年	62742		29620	–	11972	20934	216	–	
1993年	125330		77007	5281	13576	28851	615	–	
1994年	145941		61953	7359	23713	51088	1828	–	
1995年	193189		74227	9105	34181	70273	5188	215	
1996年	247523		86782	10926	57583	80343	11514	375	
1997年	279607		90882	12077	67561	100126	8404	557	
1998年	320063		107793	13913	75445	113369	8881	662	
1999年	328847		100252	15475	82736	122406	7452	526	
2000年	376285		102913	16837	977735	150605	7724	471	
2001年	410846		107901	18266	110389	166618	7225	447	
2002年	435669		114986	19663	119011	174948	6546	515	
2003年	460222		122224	22188	128457	180572	6247	534	
2004年	504608		129355	23647	137142	207697	6257	510	
2005年	416570		130623	19708	80521	196116	5599	424	
2006年	309493		83221	28045	81875	113437	2642	273	
2007年	320185	0.2	87444	28836	81516	119545	2439	405	
2008年	349317	2.5	95657	31048	88967	130782	2515	348	
2009年	390452	6.4	107194	33078	99087	148085	2666	343	
2010年	443029	6.7	125574	37372	110539	166216	2959	368	
2011年	513562	6.6	148113	43974	127263	190621	3191	400	
2012年	559455	5.8	164254	48061	136527	206964	3239	410	
2013年	609510	4.7	180353	52605	146960	225928	3212	452	
2014年	667586	3.7	199569	57144	160212	246516	3568	455	
2015年	714654	4.5	213264	61391	171270	265167	3731	466	
2016年	751186	1.6	216582	62530	106682	287683	3916	476	73317
五、农林牧渔服务业总产值									
2003年	14124		–	286	7677	5225	936	–	
2004年	15535		250	337	8072	5863	1013	–	
2005年	18320		272	366	9410	7062	1210	–	
2006年	34729		510		18102	13655	2463	–	
2007年	40015	11.2	575		20768	15912	2760		
2008年	46120	5.9	620		23010	19327	3163		
2009年	48732	8.4	625		24485	20304	3318		
2010年	53725	7	680		27413	22000	3632		
2011年	61159	8	766		31565	24766	4062		
2012年	67730	7.7	837		34921	27496	4476		
2013年	75600	9	1018		39263	30409	4910		
2014年	83843	8.3	1092		43703	33630	5418		
2015年	90632	6.5	1158		47258	36390	5826		
2016年	101364	9.3	1550		41425	40739	6328		11322

注：2003年起增加农林牧渔服务业。

2-2 年末耕地面积和粮食作物播种面积

单位：亩

指标名称	全市		分县（市、区）						
	合 计	比上年增长%	城 区	红海湾	海 丰	陆 丰	陆 河	华 侨	深汕特别合作区
年末耕地面积									
1988年	1161591		89689	-	404593	552355	114954	-	
1989年	1164621	0.26	96788	-	404335	549412	114086	-	
1990年	1162515	-0.18	96114	-	405515	547766	113120	-	
1991年	1151765	-0.93	92239	-	402777	545056	111693	-	
1992年	1118978	-2.85	60374	28030	390009	530289	110276	-	
1993年	1072096	-4.19	56001	26956	372247	507825	109067	-	
1994年	1065346	-0.63	54244	25801	368440	508560	108301	-	
1995年	1066312	0.09	51528	25526	367526	505481	107600	8651	
1996年	1064153	-0.2	50369	25597	366837	505240	107459	8651	
1997年	1058442	-0.54	50522	25454	366537	499330	107483	9116	
1998年	1059280	0.08	50283	25383	365689	501399	107448	9078	
1999年	1053153	-0.58	49847	25383	360932	500474	92549	7140	
2000年	1050098	-0.3	48752	25383	359369	500213	107313	9068	
2001年	1043881	-0.6	48374	24886	356079	498323	107151	9068	
2002年	1037959	-0.6	47908	24317	350267	498608	107791	9068	
2003年	847209	-18.4	42990	24317	317188	344855	108791	9068	
2004年	895605	5.7	47398	21205	320020	389123	108791	9068	
2005年	900033	0.5	46539	21205	319170	395260	108791	9068	
2006年	896894	-0.35	46117	21205	31870	392843	108791	9068	
2007年	897738	0.1	44583	21205	321248	392843	108791	9068	
2008年	943828	5.1	38514	16861	373677	414677	91031	9068	
2009年	1391384		53166	21566	498846	652780	155959	9068	
2010年	1417745	1.9	53458	24356	505629	663908	164411	5983	
2011年	1432235	1	53815	24360	513227	669675	165181	5977	
2012年	1468292	2.5	53515	24360	517979	684859	181604	5976	
2013年	1473323	0.3	52668	24360	517401	684569	188349	5976	
2014年	1470372	-0.2	52638	24355	516168	683503	187733	5972	
2015年	1465641	-0.3	51773	24351	513945	682091	187511	5970	
2016年	1456377	-0.6	48216	24142	459184	681243	187021	5969	50602

2-2 年末耕地面积和粮食作物播种面积

2-2 续表 单位：亩

指标名称	全市		分县（市、区）						
	合计	比上年增长%	城区	红海湾	海丰	陆丰	陆河	华侨	深汕特别合作区
粮食作物播种面积									
1988年	2016410	-1.87	158927	–	677626	969348	210509	–	
1989年	2044937	1.42	157429	–	677525	993682	216301	–	
1990年	2066105	1.04	157764	–	680061	1009056	219224	–	
1991年	2040020	-1.26	152836	–	672126	999643	215415	–	
1992年	1966532	-3.6	151642	–	637849	966144	210897	–	
1993年	1804601	-8.2	94250	47141	563939	902809	196462	–	
1994年	1857561	2.94	98081	49102	567287	933085	210006	–	
1995年	1881183	1.27	94358	44696	582632	937000	209202	13295	
1996年	1898979	0.88	92780	44507	601889	933952	210779	15072	
1997年	1922458	1.24	93885	44500	610383	945340	213106	15244	
1998年	1935685	0.69	92290	44680	609250	951475	222680	15310	
1999年	1919082	-0.8	92203	45531	612025	946784	217414	15340	
2000年	1828424	-4.7	–	–	–	–	–	–	
2001年	1789926	-2.1	80040	39730	584917	861520	210169	13550	
2002年	1582184	-12.1	78398	32985	525601	734965	197825	12410	
2003年	1400352	-8.7	75677	33695	479772	689795	205598	11880	
2004年	1503051	7.3	74598	34000	517176	712283	207465	12030	
2005年	1561747	3.9	74118	34800	520240	713638	206621	12330	
2006年	1404495	3.6	54690	24882	512690	611755	188934	11544	
2007年	1419313	1.1	54826	25259	512548	622335	192631	11714	
2008年	1425832	0.5	55160	25810	518580	627527	187865	10890	
2009年	1437646	0.8	55208	26200	525037	629362	190489	11350	
2010年	1433617	-0.3	55200	26150	523540	627664	189673	11390	
2011年	1433330	-0.02	55200	26150	523355	627600	189635	11390	
2012年	1438082	0.33	55200	26200	525246	629761	190130	11545	
2013年	1429413	-0.6	54639	26200	518559	627813	190682	11520	
2014年	1429742	0.02	55200	26206	518600	627687	190526	11523	
2015年	1426510	-0.2	55236	26001	518606	627607	187910	11150	
2016年	1426700	0.01	55039	25765	474699	623345	186360	11117	50375

注：从2006年年报开始，粮食作物播种面积是按农普口径调整数。

2-3　粮食总产量和水果总产量

单位：吨

指标名称	全市		分县（市、区）						
	合计	比上年增长%	城区	红海湾	海丰	陆丰	陆河	华侨	深汕特别合作区
粮食总产量									
1988年	476200	-0.33	35686	–	181525	209990	48999	–	
1989年	515081	8.17	35277	–	185983	240644	53177	–	
1990年	550621	6.9	39353	–	200866	255891	54511	–	
1991年	558589	1.45	36901	–	204784	263868	53036	–	
1992年	539384	-3.44	37847	–	194234	254767	52536	–	
1993年	501468	-7.03	25042	10642	168034	248173	49577	–	
1994年	536814	7.05	26559	11968	179639	264143	54505	–	
1995年	559570	4.24	28288	12374	189020	270027	55860	4002	
1996年	601434	7.48	30017	13369	202846	290343	60186	4673	
1997年	639044	6.25	32542	14258	213623	308975	64904	4742	
1998年	660167	3.31	33476	14711	220029	318342	68724	4885	
1999年	655501	-0.7	33664	14725	220249	318723	68449	4850	
2000年	631323	-3.7	30433	14114	221157	293067	68180	4372	
2001年	610511	-3.3	29005	13309	214296	283367	66188	4346	
2002年	533495	-12.6	28108	11118	192280	235495	62417	4077	
2003年	456883	-8.6	27503	11614	186410	204898	65363	3875	
2004年	504951	10.5	26882	11614	188661	228737	63259	3875	
2005年	513200	1.6	26636	13130	174444	230841	63966	4183	
2006年	422627		16457	7487	154274	184083	56852	3474	
2007年	433907	2.7	17012	7893	158140	189752	57637	3473	
2008年	423644	-2.4	17287	8372	161318	178152	54952	3563	
2009年	445988	5.3	17474	8693	168094	189233	58476	4018	
2010年	446391	0.1	17494	8700	168152	189456	58567	4022	
2011年	468375	4.9	18322	9050	176433	198789	61631	4150	
2012年	484760	3.5	18494	9200	183285	206723	62866	4192	
2013年	417222	-13.9	16245	8377	152948	180833	55206	3613	
2014年	448824	7.6	17185	8756	182800	194012	59246	3887	
2015年	452864	0.9	17405	8810	169103	194172	59278	4096	
2016年	434410	-4.1	16432	8281	146338	191689	55373	3696	12602

2-3 粮食总产量和水果总产量

2-3 续表 单位：吨

指标名称	全市		分县（市、区）						
	合 计	比上年增长%	城 区	红海湾	海 丰	陆 丰	陆 河	华 侨	深汕特别合作区
水果总产量									
1988年	29500	10.36	1167	–	11975	10840	5518	–	
1989年	30331	2.82	861	–	9918	15081	4471	–	
1990年	30779	1.48	1027	–	11190	13662	4900	–	
1991年	34952	13.56	1335	–	14390	13637	5590	–	
1992年	38860	11.18	1425	–	16277	13909	7249	–	
1993年	38770	–0.23	1198	65	18569	11386	7552	–	
1994年	52439	35.2	1913	81	28887	11425	10133	–	
1995年	52855	0.8	2900	111	28873	14072	11288	611	
1996年	56122	6.18	2888	132	23752	15217	13862	271	
1997年	67695	20.6	3228	175	28615	16443	18582	652	
1998年	73181	8.1	3215	190	31123	18685	19040	928	
1999年	85053	16.2	4927	204	31739	26975	20180	1028	
2000年	80609	–5.2	5211	224	32750	27791	21991	1692	
2001年	88276	9.5	5296	218	29638	28492	22684	1948	
2002年	91816	4	5847	199	31514	27713	24653	1890	
2003年	155817	7.6	5540	237	38284	41278	26446	1107	
2004年	127241	–12.7	7392	1268	47948	37713	31267	1431	
2005年	147844	16.2	12679	1687	57585	39780	34595	1518	
2006年	146834		5242	511	31644	60274	47170	1993	
2007年	158983	8.3	4395	499	42262	60860	49161	1806	
2008年	171576	7.9	4601	420	49633	64079	51230	1613	
2009年	190155	10.8	7910	446	55570	68023	56264	1942	
2010年	206803	8.8	8486	468	60152	74723	60794	2180	
2011年	221921	7.3	8922	480	67378	77208	65618	2315	
2012年	242319	9.2	9479	488	72970	83107	73710	2565	
2013年	256352	5.8	9690	524	77145	90301	75719	2973	
2014年	272959	6.5	10198	562	83426	93774	82014	2985	
2015年	299388	9.7	10764	585	90481	97391	96804	3363	
2016年	317529	6.1	11276	615	70463	103496	101988	4002	25689

注：从2006年年报开始，全市的粮食、水果总产量是按农普口径调整数。

2-4 水产品总产量和蔬菜总产量

单位：吨、万吨

指标名称	全市								
	合 计	比上年增长%	城 区	红海湾	海 丰	陆 丰	陆 河	华 侨	深汕特别合作区
水产品总产量									
1988年	145834	9.25	81745	–	13948	49958	183	–	
1989年	155934	6.93	85863	–	14697	55123	251	–	
1990年	167106	7.17	91479	–	15945	59256	426	–	
1991年	174539	4.45	93971	–	18317	61801	450	–	
1992年	181726	4.12	95723	–	23785	61676	542	–	
1993年	208610	14.8	83582	9052	26946	88427	603	–	
1994年	235728	13	91494	9895	32873	100773	693	–	
1995年	266831	13.2	99738	10484	36884	118644	774	307	
1996年	302491	13.36	100993	14343	44740	140652	1401	362	
1997年	504616	5.9	180358	30673	86387	204210	1630	556	
1998年	519049	2.98	181558	30316	90530	213896	1839	595	
1999年	524982	1.1	182725	31915	90686	216807	1934	600	
2000年	512654	–2.3	183679	32455	91710	202108	2082	600	
2001年	521158	1.6	184314	33428	94583	206137	2131	610	
2002年	528819	1.5	185348	33901	98304	208580	2036	650	
2003年	533373	0.9	186726	33056	103300	207621	2010	660	
2004年	556673	4.4	187551	33160	121202	211987	2110	663	
2005年	567309	1.9	188635	30708	138459	206609	2230	668	
2006年	533459		172430	27810	128020	201271	3478	450	
2007年	525936	–1.4	170200	27474	125895	198595	3326	446	
2008年	538080	2.3	175088	27519	129226	202444	3339	464	
2009年	549751	2.2	179130	28224	131332	207242	3353	470	
2010年	562728	2.4	183562	28829	134812	211527	3513	485	
2011年	573800	2	185614	29244	138728	216031	3693	490	
2012年	584853	1.9	187354	29800	142793	220508	3893	505	
2013年	598078	2.3	189413	30400	147051	226900	3810	504	
2014年	614654	2.8	196324	31023	151433	231030	4320	524	
2015年	632049	2.8	201685	31767	155910	237617	4520	550	
2016年	652235	3.2	208578	32721	107396	244520	4757	570	53693

2-4　水产品总产量和蔬菜总产量

2-4续表　　　　单位：吨、万吨

指标名称	全市								
	合　计	比上年增长%	城　区	红海湾	海　丰	陆　丰	陆　河	华　侨	深汕特别合作区
蔬菜总产量									
1988年									
1989年	18.92								
1990年	20.02	5.8							
1991年	21.93	9.5							
1992年	22.17	1.1							
1993年	26.38	19							
1994年	29.87	13.2							
1995年	32.87	10.7							
1996年	36.39	10.7							
1997年	38.3	5.2							
1998年	40.94	6.88	2.76	1.48	18.5	14.07	3.91	0.23	
1999年	43.68	6.6	2.97	1.54	19.24	15.63	4.07	0.24	
2000年	48.38	10.8							
2001年	52.45	8.4	3.46	2.22	22.58	19.51	4.42	0.26	
2002年	59.94	14.2	3.67	2.67	28.26	19.87	5.09	0.37	
2003年	56.9	-5.1	3.87	2.7	30.2	27.9	5.1	0.21	
2004年	63.4	11.4	3.92	2.08	32.21	27.42	3.8	0.59	
2005年	70.2	10.7	3.97	2.2	31.32	27.81	4.3	0.57	
2006年	65.36		3.33	1.71	25.76	29.38	4.65	0.53	
2007年	67.44	3.2	3.43	1.77	26.58	30.31	4.79	0.54	
2008年	71.57	6.1	3.42	1.87	32.53	28.6	4.53	0.62	
2009年	79.75	11.4	3.98	1.96	35.39	32.89	4.9	0.63	
2010年	88.47	10.9	4.07	2.06	37.49	38.55	5.46	0.84	
2011年	91.94	3.9	4.23	2.12	38.75	40.42	5.54	0.87	
2012年	100.52	9.3	4.37	2.35	41.54	45.28	6.06	0.92	
2013年	108.44	7.9	4.49	2.4	44.56	49.52	6.53	0.94	
2014年	112.78	4	4.65	2.55	45.26	52.32	7.02	0.98	
2015年	120.04	6.4	4.83	2.71	48.17	55.59	7.71	1.02	
2016年	129.09	7.5	4.99	2.84	47.35	61.03	8.78	1.1	2.99

注：从2006年年报开始，全市水产品总产量和蔬菜总产量是按农普口径调整数。

2-5 肉类总产量和猪肉总产量

单位：吨

指标名称	全市		分县（市、区）						
	合计	比上年增长%	城区	红海湾	海丰	陆丰	陆河	华侨	深汕特别合作区
肉类总产量									
1988年	43287		5224	–	17737	16001	4325	–	
1989年	43559	0.63	5328	–	18073	15787	4371	–	
1990年	46679	7.16	3976	1438	18156	17998	4676	435	
1991年	45865	–1.74	3570	1217	16009	19090	5533	446	
1992年	45603	–0.57	3205	1029	14116	20249	6547	457	
1993年	45887	0.62	2877	871	12446	21478	7747	468	
1994年	46722	1.82	2583	737	10974	22781	9167	480	
1995年	48122	2.99	2319	623	9677	24164	10847	491	
1996年	50111	4.13	2082	527	8532	25631	12835	504	
1997年	55389	10.53	4819	1076	11369	27947	9830	348	
1998年	64662	16.7	5408	1490	17044	29954	10179	587	
1999年	71413	18.1	6567	1572	19715	32262	10699	388	
2000年	76335	6.9	–	–	–	–	–	–	
2001年	89767	17.6	6157	1776	25212	43139	12866	617	
2002年	91296	1.7	6417	1839	27588	42311	12708	433	
2003年	117370	5.9	7049	1816	29055	64366	14283	801	
2004年	103346	–11.9	7079	1772	31170	48225	14242	817	
2005年	107981	4.5	7733	1934	32621	48597	16226	870	
2006年	89201		7439	628	19202	46339	14950	643	
2007年	91378	2.4	7510	610	19482	48404	14806	566	
2008年	96765	5.9	7813	625	20970	51085	15610	662	
2009年	100600	4	8158	649	21702	52619	16795	677	
2010年	103639	3	8464	657	22671	53752	17385	710	
2011年	103178	–0.4	8392	650	22686	53563	17174	713	
2012年	106491	3.2	8901	690	23503	54741	17888	768	
2013年	104793	–1.6	8762	683	23055	53748	17782	763	
2014年	105276	0.5	8683	692	23065	53842	18207	787	
2015年	104923	–0.3	8624	685	23091	53616	18118	789	
2016年	103749	–1.1	8518	683	21256	52990	17906	780	1616

2-5 肉类总产量和猪肉总产量

2-5续表

单位：吨

指标名称	全市		分县（市、区）						
	合计	比上年增长%	城区	红海湾	海丰	陆丰	陆河	华侨	深汕特别合作区
猪肉总产量									
1988年	37256		4749	–	14295	14228	3984	–	
1989年	37439	0.49	4527	–	14583	14310	4019	–	
1990年	40233	7.46	3486	1162	15397	15673	4216	299	
1991年	38589	–4.08	2750	913	13533	16226	4841	325	
1992年	36251	–6.06	2301	855	10914	16494	5362	325	
1993年	32167	–11.3	1938	768	9291	14799	5073	298	
1994年	28595	–11.1	1941	667	7874	12329	5513	272	
1995年	30866	7.9	1744	852	7245	14856	5896	273	
1996年	31432	1.8	1786	755	6315	15650	6661	265	
1997年	35813	13.9	2840	844	7453	17500	6886	290	
1998年	42672	19.2	3950	1161	11899	18309	6966	387	
1999年	48536	13.7	5057	1250	14009	19730	8120	388	
2000年	49912	2.8	–	–	–	–	–	–	
2001年	53769	7.7	4901	1409	18132	21269	7670	388	
2002年	57845	1.9	5110	1443	19308	24152	7443	389	
2003年	58622	1.3	5932	812	19964	28587	8557	526	
2004年	68781	17	4809	1471	21093	31042	9380	493	
2005年	70077	1.8	5224	1626	22190	29689	10823	525	
2006年	54322		5045	240	10061	28367	10251	358	
2007年	51055	–6	4742	224	9456	26662	9635	336	
2008年	54352	6.5	4978	313	10241	28243	10192	385	
2009年	55577	2.3	5090	343	10376	28775	10622	371	
2010年	57835	4.1	5379	346	11033	29634	11073	370	
2011年	56934	–1.6	5296	339	10901	29140	10895	363	
2012年	58508	2.8	5623	360	10941	29852	11339	393	
2013年	59376	1.5	5691	364	11072	30328	11520	401	
2014年	62416	5.1	5813	389	11699	31870	12200	445	
2015年	61156	–2	5697	381	11465	31214	11956	443	
2016年	59510	–2.7	5573	371	10522	30374	11604	431	635

注：从2006年年报开始，全市肉类总产量和猪肉总产量是按农普口径调整调整数。

2-6 花生总产量、茶叶总产量

单位：吨

指标名称	全市		分县（市、区）						
	合计	比上年增长%	城区	红海湾	海丰	陆丰	陆河	华侨	深汕特别合作区
花生总产量									
1988年	13409								
1989年	16128	20.3							
1990年	17741	10							
1991年	15483	12.7							
1992年	17599	13.7							
1993年	15823	2.2							
1994年	15474	2.2							
1995年	17417	12.6							
1996年	18429	5.8							
1997年	18017	−2.2							
1998年	18558	3	722	968	4378	11074	1075	341	
1999年	18647	0.4	699	887	3914	11719	1087	341	
2000年	19993	7.2	–	–	–	–	–	–	
2001年	20260	1.3	820	977	4591	12111	1389	372	
2002年	20346	0.4	854	673	5284	11509	1684	342	
2003年	21191	4.2	843	836	5448	11913	1764	387	
2004年	20884	−1.4	637	635	5507	10720	2601	392	
2005年	22650	8.5	717	634	5418	12230	3259	392	
2006年	22057	6	916	726	5763	12257	2121	274	
2007年	21429	−2.8	903	715	5601	11879	2060	271	
2008年	21032	−1.9	909	679	4862	12110	2083	389	
2009年	18910	−10.1	931	710	5310	9331	2238	390	
2010年	20060	6.1	936	732	5318	9677	3002	395	
2011年	23641	17.9	970	760	5405	13012	3094	400	
2012年	26525	12.2	998	809	5590	15053	3669	407	
2013年	26099	−1.6	990	798	5442	14662	3795	412	
2014年	26948	3.3	1015	815	5758	15367	3568	425	
2015年	27612	2.5	1054	823	5931	15862	3509	433	
2016年	28614	3.6	1103	863	5476	16648	3611	456	457

2-6 花生总产量、茶叶总产量

2-6续表　　　　单位：吨

指标名称	全市		分县（市、区）						
	合计	比上年增长%	城区	红海湾	海丰	陆丰	陆河	华侨	深汕特别合作区
茶叶总产量									
1988年	593								
1989年	508.4	14.3							
1990年	533	4.8							
1991年	879	64.9							
1992年	470	-46.5							
1993年	411	-12.7							
1994年	381	-7.3							
1995年	339	11							
1996年	260	-23.3							
1997年	321	23.5							
1998年	537	67.3			40	47	368	82	
1999年	503	-6.3			41	53	369	40	
2000年	545	803							
2001年	564	3.5			69	39	456		
2002年	569	0.9			75	34	460		
2003年	669	17.6	-	-	78	104	487		
2004年	633	-5.4	-	-	89	26	518	-	
2005年	712	12.4	-	-	96	26	590	-	
2006年	670	-5.9	-	-	171	27	472	-	
2007年	849	26.7			243	54	552		
2008年	866	2			256	45	565		
2009年	1037	19.7			465	10	562		
2010年	1214	17.1			512	40	662		
2011年	1249	2.9			543	26	680		
2012年	1279	2.4			576	53	650		
2013年	1379	7.8			642	87	650		
2014年	1567	13.6			693	214	660		
2015年	1770	13			744	226	800		
2016年	2036	15			807	240	950		39

2–7 农村基本情况及农业生产条件

（2016年）

指标名称	计量单位	全市		分县（市、区）						
		合计	比上年增长%	城区	红海湾	海丰	陆丰	陆河	华侨	深汕特别合作区
一、基本情况										
1、乡镇政府个数	个	44		3		12	17	8		4
2、街道办事处	个	10		4	3		3			
3、村委会	个	739		59	22	207	297	117	3	34
4、居委会	个	148		35	6	37	49	10	6	5
二、农村用电量	万千瓦时	**125669**	**2.8**	**8011**	**11453**	**33805**	**64575**	**4810**	**34**	**2981**
三、化肥施用量										
折纯量	吨	80054	9.1	3055	912	20725	39880	8451	524	6507
四、农药使用量	吨	**4050**	**2.1**	**108**	**47**	**964**	**2703**	**43**	**72**	**113**
五、农用地膜使用量	吨	**783**	**1.6**	**40**	**–**	**342**	**263**	**13**	**–**	**125**

2–8 林业生产情况

（2016年）

指标名称	计量单位	数 量	比上年增长%
一、营林情况			
（一）当年造林面积合计	亩	255081	–5.1
其中：竹林面积	亩	0	0
（二）有林地造林面积	亩	99797	1.4
（三）本年封山育林面积	亩	163190	5.5
（四）零星（四旁）义务植树	株	760000	11.4
（五）育苗面积	亩	5323	14.3
（六）成林抚育面积	亩	97864	–8.1
二、主要林产品产量			
1、竹笋干	吨	530	23.3
2、松脂	吨	296	7.2
三、村及村以下竹木采伐量			
1、木材采伐量	立方米	81419	49.5
2、竹材			
其中：毛竹	根	2316834	14.1
小毛竹	根	659094	8.4

2-9 主要牲畜年末存栏情况

（2016年）

项 目	计量单位	汕尾市		市城区	红海湾开发区	海丰县	陆丰市	陆河县	华侨管理区	深汕特别合作区
		合 计	比增%	数 量	数 量	数 量	数 量	数 量	数 量	数 量
一、大牲畜年末存栏数	头	**111708**	**−2.2**	**2230**	**1127**	**19307**	**58550**	**27258**	**568**	**2668**
1、牛	头	111708	−2.2	2230	1127	19307	58550	27258	568	2668
其中：肉用牛	头	81484	−2.1	1474	806	15077	42144	19993	295	1695
奶牛	头									
2、马	头									
3、驴	头									
4、骡	头									
二、山羊年末存栏只数	只	**21099**	**2.5**	**717**		**707**	**16406**	**3269**		
三、猪年末存栏头数	头	**407621**	**−2.4**	**38603**	**1972**	**73349**	**203897**	**78240**	**5242**	**6318**
四、家禽年末存栏只数	万只	**755.36**	**1.6**	**20.25**	**1.5**	**144.33**	**506.66**	**49.63**	**8.53**	**24.44**
五、兔年末存栏只数	只	**4804**	**−56.5**				**1535**	**3269**		

2-10　2016年水果、茶叶和蚕茧生产情况

项　目	汕尾市		市城区		红海湾	开发区	海丰县	
	年末实有面积（亩）	总产量（吨）	年末实有面积（亩）	总产量（吨）	年末实有面积（亩）	总产量（吨）	年末实有面积（亩）	总产量（吨）
一、水果	**583080**	**317529**	**18899**	**11276**	**2245**	**615**	**91901**	**70463**
（1）柑	14948	25331	90				4843	8704
（2）桔	3316	8969					221	251
（3）橙	2715	7936					133	185
（4）香（大）蕉	39918	49211	587	409	244	122	11634	14624
（5）菠萝	23700	10701	15	8			848	676
（6）荔枝	259553	110953	15552	8894	1245	362	38687	17382
（7）龙眼	43160	29323	1994	1473	150	17	7278	5263
（8）梨	3625	1025	23	2			118	36
（9）柿	14904	5518	20	4			371	121
（10）李子	25927	16666	25	24	15	4	11846	9962
（11）番石榴	158	281					103	248
（12）芒果	9057	13818	341	264	135	11	3788	6295
（13）柚子	2313	2112	19	15			695	865
（14）杨桃	4738	3272	38	22			289	300
（15）其他杂果	135048	32413	195	161	456	99	11047	5551
二、茶叶合计	**19600**	**2036**					**8000**	**807**
1. 绿毛茶		599						536
2. 乌龙茶		1323						157
3. 红茶								
4. 黄茶								
5. 其他茶		114						114

2-10 2016年水果、茶叶和蚕茧生产情况

2-10续表

项 目	陆丰市		陆河县		华侨管理区		深汕特别合作区	
	年末实有面积（亩）	总产量（吨）	年末实有面积（亩）	总产量（吨）	年末实有面积（亩）	总产量（吨）	年末实有面积（亩）	总产量（吨）
一、水果	**221201**	**103496**	**215325**	**101988**	**7313**	**4002**	**26196**	**25689**
（1）柑	2859	1076	3580	10210			3576	5341
（2）桔	87	41	2210	7824			798	853
（3）橙	205	192	2014	7213			363	346
（4）香（大）蕉	7974	7910	16050	21520	583	859	2846	3767
（5）菠萝	17245	6092	3950	2050			1642	1875
（6）荔枝	160509	69340	30150	9953	5800	2368	7610	2654
（7）龙眼	20157	13719	11772	7634	180	167	1629	1050
（8）梨	605	72	2247	800			632	115
（9）柿	30	24	14152	5200			331	169
（10）李子	2910	1027	9035	2591			2096	3058
（11）番石榴	42	19					13	14
（12）芒果	687	429	2041	2361			2065	4458
（13）柚子			1345	750			254	482
（14）杨桃	686	669	3110	1762	500	410	115	109
（15）其他杂果	7205	2886	113669	22120	250	198	2226	1398
二、茶叶合计	**3000**	**240**	**7900**	**950**			**700**	**39**
1. 绿毛茶		24						39
2. 乌龙茶		216		950				
3. 红茶								
4. 黄茶								
5. 其他茶								

2-11　2016年畜牧业主要产品产量

项　目	计量单位	汕尾市		市城区	红海湾开发区	海丰县	陆丰市	陆河县	华侨管理区	深汕特别合作区
		合　计	比增%	数　量	数　量	数　量	数　量	数　量	数　量	数　量
一、当年出栏肉猪头数	头	797713	−2.4	76228	4976	140503	410132	149885	5766	10223
二、当年出售和自宰的肉用牛	头	57436	2.6	898	830	11912	28649	13280	591	1276
三、当年出售和自宰的肉用羊	只	33063	−1.4	509		3214	25631	3709		
四、当年出售和自宰的肉用狗	只	76792	3.2	1574		37892	16164	18900		2262
五、当年出售和自宰的家禽只数	万只	2517.95	0.7	215.33	15.97	588.17	1403.16	220.77	18.21	56.34
鸡	万只	1892.96	0.7	156.19	11.41	430.18	1115.21	119.65	18.21	42.11
鸭	万只	470.9	0.6	55.05	3.75	142.53	204.13	54.24		11.21
鹅	万只	135.03	0.6	4.09	0.82	15.46	69	42.64		3.02
鸽	万只	9.65	0.6				7.29	2.36		
其他家禽	万只	9.4	0.5				7.52	1.88		
六、当年出售和自宰的兔只数	只	19637	12.4				2817	16820		
七、肉类产量合计	吨	103749	−1.1	8518	683	21256	52990	17906	780	1616
猪肉产量	吨	59510	−2.7	5573	371	10522	30374	11604	431	635
牛肉产量	吨	6563	2.5	111	91	1232	3248	1646	77	158
羊肉产量	吨	543	−0.9	8		63	398	74		
家禽肉产量	吨	35314	0.5	2800	221	8666	18548	4026	272	781
免肉产量	吨	96	14.3				12	84		
其他肉产量	吨	1723	9	26		773	410	472		42
八、奶类合计	吨									
九、羊毛产量	吨									
十、兔毛产量	吨									
十一、蜂蜜产量	吨	512	−0.2	6		195	140	120		51
蜂蜡产量	吨	68	9.7	3		41	4	10		10
十二、禽蛋产量	吨	15863	−1.2	1911	193	6915	4810	833	28	1173

2-12 2016年农作物播种面积和产量

项 目	汕尾市		市城区		红海湾	开发区	华侨管理区	
	播种面积（亩）	总产量（吨）	播种面积（亩）	总产量（吨）	播种面积（亩）	总产量（吨）	播种面积（亩）	总产量（吨）
农作物总播种面积	**2543078**		**100949**		**50554**		**20260**	
一、粮食作物总计	**1426700**	**434410**	**55039**	**16432**	**25765**	**8281**	**11117**	**3696**
1. 稻谷	1035080	330200	44963	13569	14550	5070	8118	2808
其中：早稻	508100	174090	22332	7373	7314	2681	4080	1418
晚稻	526980	156110	22631	6196	7236	2389	4038	1390
2. 小麦	100	20						
3. 玉米	22020	6780					205	67
4. 薯类	324000	448650	10076	14316	11216	16056	2586	4002
5. 大豆	29452	3830					208	21
二、经济作物	**237422**		**7182**		**6300**		**2185**	
1. 甘蔗	4636	19046						
糖蔗	1000	5000						
2. 油料作物	205325	30416	7182	1103	6300	863	2185	456
花生	185933	28614	7182	1103	6300	863	2185	456
3. 麻类								
4. 木薯	24465	53720						
5. 药材	1300							
6. 其他经济作物	1696							
三、其他作物	**878956**		**38728**		**18488**		**6958**	
1. 蔬菜（含菜用瓜）	829823	1290903	34523	49915	18488	28376	6958	11028
2. 瓜类（果用瓜）	39255	80517	1095	2841				
3. 青饲料	2500	2500						
4. 绿肥	1100		100					
5. 其他	6278		3010					

2-13 水产生产和总产值（生产价）

（2016年）　　单位：吨、万元、公顷

指标名称	全市		分县（市、区）						
	合计	比上年增长%	城区	红海湾	海丰	陆丰	陆河	华侨	深汕特别合作区
一、水产品总产量	**652235**	**3.2**	**208578**	**32688**	**106958**	**244520**	**4757**	**570**	**54164**
（1）海水产品产量	593890	3.1	206340	32656	77485	226373			51036
其中：海养产量	334835	5.8	114808	25449	69880	91172			33526
海捕产量	259055	−0.2	91532	7207	7605	135201			17510
（2）淡水产品产量	58345	4.1	2238	32	29473	18147	4757	570	3128
其中：淡养产量	54984	4.3	2238	32	27179	17165	4744	570	3056
淡捕产量	3361	0.3			2294	982	13		72
二、水产品总产值	**751186**	**1.6**	**216582**	**62530**	**106682**	**287683**	**3916**	**476**	**73317**
（1）海水产品产值	697271	1.4	214683	62480	82627	266918			70563
（2）淡水产品产值	53915	3.3	1899	50	24055	20765	3916	476	2754
三、水产品养殖面积	**27088**	**0.4**	**4942**	**1721**	**8937**	**8765**	**940**	**53**	**1730**
1、海养面积	19908	0.4	4729	1714	5399	6659			1407
2、淡养面积	7180	0.3	213	7	3538.00	2106	940	53	323

第二部分 统计资料

TONGJIZILIAO

第三篇 工 业

GONGYE

2016年汕尾工业经济运行情况分析

2016年是“十三五”的开局之年，我市认真贯彻落实中央和省的重大决策部署，紧紧围绕市委、市政府确定的各项经济发展目标，认真落实各项工作，工业生产实现稳中有进，逆势上扬的态势。

一、工业经济运行基本情况及特点

2016年，全市规模以上工业完成增加值272.72亿元，同比增长6.8%，比一、二、三季度分别提高2.2个、3.9个、2.5个百分点，在全省排名比上年提前5名，位居第12。全市规模以上工业增加值占生产总值比重为32.9%，贡献率为31.4 %，比上年略高0.5个百分点。工业经济运行的主要特点有：

（一）四大主导产业呈现三增一降

从产业看，2016年，我市电子信息、电力、服装和文工艺（文教、工美、体育和娱乐用品制造业）四大主导产业不断壮大，共完成增加值198.50亿元，占全市规模以上工业增加值72.8%，贡献率达50.0%。电子信息产业同比增长12.7%，比规模以上工业增加值平均增速高出5.9个百分点；服装产业同比增长8.9%，比规模以上工业增加值平均增速高出2.1个百分点；电力产业同比增长2.8%，比规模以上工业增加值平均增速低4.0个百分点；而文工艺产业呈下降态势，同比下降6.3%。（详见表1）

表1　2016年汕尾四大主导产业增加值及增速

产业名称	累计增加值（亿元）	同比增速（%）
总　计	272.72	6.8
其中：电子信息产业	58.01	12.7
服装产业	50.29	8.9
电力产业	45.17	2.8
文工艺产业	45.03	–6.3

（二）重工业发展领先于轻工业

从轻重工业看，重工业增幅明显高于轻工业。轻工业完成工业增加值为134.43亿元，同比增长1.9%，增幅同比回落3.6个百分点；而重工业完成工业增加值138.30亿元，同比增长12.1%，增幅比轻工业高10.2个百分点，比全市规模以上工业增加值增速高5.3个百分点。

（三）股份制企业稳占主导地位，外资企业止跌回升

从企业注册类型看，股份制企业稳占主导地位。2016年，股份制企业完成工业增加值144.53亿元，同比增长9.7%，占规模以上工业增加值比重为53.0%；集体企业完成工业增加值17.85亿元，同比增长6.6%；国有企业完成工业增加值5.50亿元，同比增长14.8%；其他经济类型企业完成工业增加值14.87亿元，同比增长5.9%；而外商及港澳台投资企业完成工业增加值89.97亿元，同比增长2.3%，增幅比前三季度提高3.3个百分点，止跌回升。

（四）民营工业保持平稳增长，贡献明显

2016年，全市规模以上民营工业继续保持良好发展态势，累计完成增加值122.11亿元，同比增长

6.9%，民营工业增加值占全市规模以上工业增加值的比重为44.8%，拉动全市规模以上工业增加值增长3.1个百分点，对全市规模以上工业增加值增长的贡献率达45.5%。

（五）现代产业快速发展，产业结构不断优化

2016年，全市规模以上高技术制造业完成工业增加值59.15亿元，同比增长13.1%，增幅比全市规模以上工业增加值平均增速高6.3个百分点，占规模以上工业增加值比重为21.7%，比上年高1.5个百分点。规模以上先进制造业完成增加值80.17亿元，同比增长20.7%，增幅比全市规模以上工业增加值平均增速高13.9个百分点，占规模以上工业增加值比重为29.4%，比上年高4.4个百分点，其中装备制造业完成增加值78.59亿元，同比增长22.7%，增幅比全市规模以上工业增加值平均增速高15.9个百分点，占规模以上工业增加值比重为28.8%，比上年高5.0个百分点。

二、工业经济运行中存在的主要问题

在转方式调结构，去产能、去库存、去杠杆、降成本、补短板的新形势下，我市规模以上工业经济平稳增长，但同时也面临着工业经济效益不佳、出口持续下降、区域发展不平衡等问题。

（一）工业经济效益不佳，成本负担重

2016年，全市规模以上工业实现利润总额39.44亿元，同比下降0.5%，增幅比上年回落22.4个百分点，增幅比全省平均水平低11.5个百分点。利润增长持续放缓，甚至出现负增长，全年增速比一季度、上半年和前三季度分别回落35.8个、10.2个和4.1个百分点，下滑趋势明显。规模以上工业主营业务成本1099.82亿元，同比增长6.5%，增幅比主营业务收入高0.2个百分点；规模以上工业企业百元主营业务收入所耗用的成本91.48元，同比增加0.18元。

（二）外需疲软，出口形势持续严峻

自2015年下半年以来，外需疲软，工业产品出口持续负增长，出口形势严峻。2016年，规模以上工业企业完成产品出口交货值311.75亿元，同比下降4.6%，占规模以上工业销售产值的比重为25.7%，比上年下降2.9个百分点。（详见下图）

2016年1-12月汕尾市规上工业出口交货值增速（%）

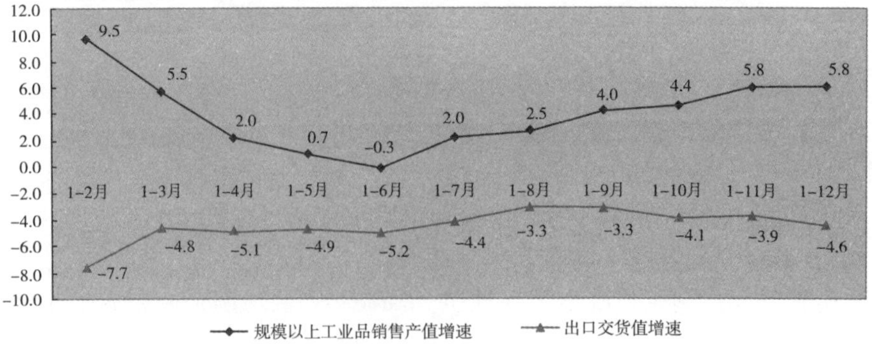

（三）区域发展不平衡，两极分化

2016年，全市各地区规模以上工业发展水平相差较大，除了城区、红海湾和深汕特别合作区外，其他地区增速均达到全市平均水平以上。陆河由于受到新上企业比亚迪新能源汽车公司的拉动，规模以上工业发展增速遥遥领先，全年累计增加值同比增长126.3%，比全市平均水平高出119.5个百分点；而红海湾由于

受到发电厂发电量的大幅下降，规模以上工业发展增速呈下降态势，全年累计增加值同比下降22.4%，比全市平均水平低29.2个百分点，发展最快与最慢的两个地区增速相差148.7个百分点。（详见表2）

表2 2016年汕尾各地区规模以上工业情况表

地 区	累计增加值（亿元）	同比增速（%）	与全市平均水平相差（%）
合 计	272.72	6.8	–
市 直	48.99	7.1	0.3
城 区	38.16	3.6	–3.2
红海湾	14.66	–22.4	–29.2
海 丰	77.15	9.6	2.8
深汕特别合作区	16.56	5.1	–1.7
陆 丰	64.47	7.3	0.5
陆 河	12.72	126.3	119.5

（四）工业园区发展缓慢

工业园区是新型工业化发展的重要载体，近年来，市委市政府加大对工业园业的规划建设，规划了深汕（汕尾）工业转移园、新区产业集聚地、陆河集聚地、海丰工业转移园和陆丰工业转移园等园区，但新投产企业不多，截止2016年12月，园区中新投产规模以上工业企业仅有3家，新增产能不足，发展缓慢。

三、加快工业经济发展的对策建议

（一）继续加强培育工业企业力度，培育新增长点

各地要进一步加大招商引资力度，加大项目的引进和储备力度，建立培育规模以上工业企业机制，积极促进新建项目早开工、早投产、早入库，组织条件成熟的企业申报入库；各地要继续加强小微型企业的培育力度，大力培育规模以下工业企业，切实落实省市出台的促进工业经济发展的各项优惠政策，要切实落实市县党政领导扶持责任制，要继续深入开展“暖企行动”，帮扶规模以下成长型企业做大规模，同时引导符合规模条件的个体户转制为法人企业，纳入“四上”企业统计范围，推动我市规模以上工业在数量和质量上加速发展。

（二）提高产品竞争力，扭转出口负增长局面

出口是拉动经济发展的三驾马车之一。结合目前的产业结构，相关政府部门要制定调整出口产品结构的规划及相关政策，促进出口产品结构的优化，提高出口产品的质量及技术含量，选择重点出口商品和出口优势企业予以扶持，加强出口企业及产品的对外宣传工作力度，以扩大出口，扭转出口持续负增长的局面。

（三）加快工业园区发展，带动区域经济发展

工业园区是区域经济发展的重要载体，保持区域工业持续、健康、快速发展，对全市稳增长至关重要。促进区域经济的发展，要加快县区工业园区和中小工业项目集聚区建设，积极扶持中小企业发展，大力发展民营工业经济。深入推进区域合作，拓展经济发展空间，加大产业调整力度，利用工业园区，地方特色产业带动区域经济的平衡发展。

3-1 历年各县（市、区）工业总产值

（全社会，当年价） 单位：万元

年 份	全 市	分 县（市、区）							
		市 直	城 区	红海湾	海 丰	陆 丰	陆 河	华 侨	深汕合作区
1990年	105686	3043	15412		33668	48554	5009		
1991年	129504	4078	12563	4111	48592	53270	6492	398	
1992年	188567	14766	15511	5599	74071	69201	8913	506	
1993年	307936	20065	18843	6975	159841	90601	10637	974	
1994年	473982	29295	42704	11607	259408	114920	14630	1418	
1995年	635725	39630	84715	11945	344327	137309	16241	1558	
1996年	759452	38512	98532	13541	405886	181798	19849	1334	
1997年	865828	58885	120028	14672	442915	200575	26179	2574	
1998年	1016606	46092	166549	16953	518978	234030	31225	2779	
1999年	1169077	48738	204792	17796	585442	273524	35017	3768	
2000年	1322999	57606	221882	19843	656237	322131	41846	3454	
2001年	1432525	45521	235941	21634	701018	376466	48013	3932	
2002年	1596647	55683	227763	24086	774455	457244	53160	4256	
2003年	1848695	101446	281243	27113	849524	532187	56684	498	
2004年	2378122	317760	354069	30519	963025	651355	65475	812	
2005年	3034471	450574	451442	35336	1180638	821146	93991	1344	
2006年	3782330	587611	560386	41399	1401039	1073723	115283	2887	
2007年	4559646	793007	694497	51804	1621220	1253881	140671	4566	
2008年	5185327	718085	881980	247351	1816342	1379766	137102	4701	
2009年	5792472	702637	1042849	290495	2029812	1577312	143261	6106	
2010年	7115537	842313	1321911	315460	2412675	2038943	175918	8317	
2011年	7856726	1140520	1499148	414299	2540795	2103874	152173	5916	
2012年	9973183	1364532	1834579	641348	3256228	2694044	175406	7045	
2013年	12040383	1954707	2108183	513507	3939293	3323939	193749	7008	
2014年	13565195	2027047	2087588	489052	4807882	3910122	235720	7784	
2015年	14538124	1881618	2049058	407003	5566795	4353852	271229	8569	
2016年	14240566	2205292	2014006	317343	4349903	4216823	592412	5676	539112

注：陆丰、海丰、陆河以及红海湾利用普查资料对历史年份工业总产值进行修正调整。

3-2 历年各县（市、区）规模以上工业企业单位数

单位：个

年 份	全 市	分 县（市、区）							
		市 直	城 区	红海湾	海 丰	陆 丰	陆 河	华 侨	深汕合作区
1988年	474	7	64		185	179	39		
1989年	463	3	69		175	189	27		
1990年	454	6	65		158	193	32		
1991年	442	9	65		156	178	34		
1992年	400	10	60		120	178	32		
1993年	396	31	71	6	78	174	36		
1994年	412	32	60	8	80	189	43		
1995年	429	35	82	11	97	143	56	5	
1996年	399	28	57	4	97	147	60	6	
1997年	346	29	48	4	93	110	56	6	
1998年	116	14	15	6	32	30	15	4	
1999年	123	16	14	15	34	27	11	6	
2000年	94	10	14	7	23	29	8	3	
2001年	105	9	13	9	43	21	7	3	
2002年	123	9	10	10	59	23	8	4	
2003年	145	9	23	10	68	24	8	3	
2004年	145	9	23	10	68	24	8	3	
2005年	180	9	26	10	91	33	8	3	
2006年	206	7	27	10	103	44	10	5	
2007年	242	6	34	8	120	57	13	4	
2008年	277	5	44	8	123	82	12	3	
2009年	347	6	55	8	154	107	14	3	
2010年	452	7	73	10	200	133	24	5	
2011年	243	6	40	3	91	90	13		
2012年	257	6	41	3	95	99	13		
2013年	251	6	42	3	95	88	17		
2014年	246	6	42	3	95	81	19		
2015年	238	6	41	3	88	78	22		
2016年	242	6	36	3	87	79	24		7

注： 规模以上工业企业范围：1997年及以前为乡及乡以上工业企业；1998–2006年为全部国有工业及年销售收入500万元以上非国有工业企业；2007年起为年主营业务收入500万元及以上工业企业；2011年起为年主营业务收入2000万元及以上法人工业企业（下同）。

3–3　2016年全市规模以上工业企业单位数

单位：个

项　目	全　市	分　县（市、区）							
		市　直	城　区	红海湾	海　丰	陆　丰	陆　河	华　侨	深汕合作区
总　计	**242**	**6**	**36**	**3**	**87**	**79**	**24**		**7**
按经济类型分组									
国有企业	7	1			3	2	1		
集体企业	11	0	2	0	3	5	1		
股份制企业	148	2	19	2	57	50	16		2
外商及港澳台投资企业	63	3	15	1	24	9	6		5
其他经济类型企业	13					13			
按轻重工业分组									
轻工业	162	2	23		72	52	10		3
重工业	80	4	13	3	15	27	14		4
按企业规模分组									
大型	83	4	10		22	46	1		
中型	41	2	5	1	16	14	2		1
小型	112		21	2	47	17	21		4
微型	6				2	2			2

3-4　2016年规模以上工业总产值及增长速度

单位：万元

项　目	工业总产值（当年价）	比上年增长（%）
总　计	**12334652**	**4.9**
按县（市、区）分组		
市直	2205292	16.5
城区	1818270	1.7
红海湾	307337	-21.6
海丰	3558489	10.3
陆丰	3477972	7.2
陆河	522016	182.2
深汕合作区	445277	-56.7
按经济类型分组		
国有企业	227887	16.3
集体企业	902279	12.6
股份制企业	6823707	16.2
外商及港澳台投资企业	3755157	-12.6
其他经济类型企业	625622	8.2
按企业规模分组		
大型企业	9288156	8.7
中型企业	1479641	-20.5
小型企业	1382219	32.9
微型企业	184637	-85.9
按轻重工业分组		
轻工业	6430088	1.4
重工业	5904564	9.1

注：增长速度按快报数的可比口径计算。

3–4　2016年规模以上工业总产值及增长速度

3–4 续表　　　　单位：万元

项　目	工业总产值（当年价）	比上年增长（%）
按行业类别分组		
农副食品加工业	306063	–12.4
食品制造业	69274	3.2
酒、饮料和精制茶制造业	51542	5.6
纺织业	234694	2.4
纺织服装、服饰业	1905302	14.2
皮革、毛皮、羽毛及其制品和制鞋业	184501	–43.6
木材加工和木、竹、藤、棕、草制品业	17482	–32.0
造纸和纸制品业	113577	10.2
印刷和记录媒介复制业	49447	1.1
文教、工美、体育和娱乐用品制造业	2301396	–4.7
化学原料和化学制品制造业	109558	–79.3
医药制造业	2528	23.3
橡胶和塑料制品业	1332428	11.2
非金属矿物制品业	540337	1.3
金属制品业	716034	14.7
通用设备制造业	15700	0.7
汽车制造业	354895	–
铁路、船舶、航空航天和其他运输设备制造业	4439	–3.4
电气机械和器材制造业	100903	9.8
计算机、通信和其他电子设备制造业	2579042	18.2
其他制造业	3471	1.0
废弃资源综合利用业	73017	–11.5
金属制品、机械和设备修理业	13013	12.3
电力、热力生产和供应业	1230533	4.6
水的生产和供应业	25479	7.0

3-5 2016年规模以上工业增加值及增长速度

单位：万元

项 目	工业增加值（当年价）	比上年增长（%）
总 计	**2467039**	**6.8**
按县（市、区）分组		
市直	441633	7.1
城区	377962	3.6
红海湾	118122	–22.4
海丰	685610	9.6
陆丰	612923	7.3
陆河	34387	126.3
深汕合作区	196401	5.1
按经济类型分组		
国有企业	56587	14.8
集体企业	167415	6.6
股份制企业	1242770	9.7
外商及港澳台投资企业	868865	2.3
其他经济类型企业	131402	5.9
按企业规模分组		
大型企业	1775931	6.0
中型企业	318979	–4.9
小型企业	334973	32.0
微型企业	37156	–54.9
按轻重工业分组		
轻工业	1242317	1.9
重工业	1224722	12.1

注：增长速度按快报数的可比口径计算。

3–5 2016年规模以上工业增加值及增长速度

3–5 续表 单位：万元

项 目	工业增加值（当年价）	比上年增长（%）
按行业类别分组		
农副食品加工业	50267	4.3
食品制造业	22442	–4.3
酒、饮料和精制茶制造业	8531	1.9
纺织业	63864	0.7
纺织服装、服饰业	387444	9.9
皮革、毛皮、羽毛及其制品和制鞋业	37048	–14.8
木材加工和木、竹、藤、棕、草制品业	3872	–21.3
造纸和纸制品业	21249	7.3
印刷和记录媒介复制业	5644	–2.1
文教、工美、体育和娱乐用品制造业	413798	–6.3
化学原料和化学制品制造业	14024	–26.2
医药制造业	592	10.3
橡胶和塑料制品业	269870	8.2
非金属矿物制品业	58919	2.9
金属制品业	105923	9.9
通用设备制造业	3831	1.9
汽车制造业	1848	–
铁路、船舶、航空航天和其他运输设备制造业	927	–4.6
电气机械和器材制造业	19629	16.3
计算机、通信和其他电子设备制造业	501491	12.7
其他制造业	827	–1.2
废弃资源综合利用业	4917	–4.3
金属制品、机械和设备修理业	2885	–1.3
电力、热力生产和供应业	458024	2.8
水的生产和供应业	9173	3.1

3–6 2016年规模以上主要工业产品产量

产品名称	计量单位	产 量	比上年增长（%）
大米	吨	9982	44.2
鲜、冷藏肉	吨	5818	–42.2
冷冻水产品	吨	1524586	16.3
罐头	吨	4356	4.0
食品添加剂	吨	461	–12.0
软饮料	吨	256766	27.2
布	万米	704	7.6
服装	万件	15619	–1.9
鞋	万双	90	–74.0
人造板	立方米	102967	–1.8
机制纸及纸板（外购原纸加工除外）	吨	8706	24.6
纸制品	吨	34025	11.7
涂料	吨	17518	20.6
塑料制品	吨	31840	10.9
商品混凝土	立方米	2850505	20.4
预应力混凝土桩	米	1941487	–7.5
耐火材料制品	吨	22236	28.7
半导体分立器件	万只	7000038	6.3
光电子器件	万只（片、套）	36413	3.8
印制电路板	平方米	894563	30.2
船舶修理	载重吨	27041	4.5
自来水生产量	万立方米	5148	5.5

注：本表数据按快报数。

3-7　2016年规模以上主要行业工业品销售率

单位：%

指　标	本　年	比上年增减（百分点）
总　计	**97.5**	**0.3**
农副食品加工业	96.8	-0.7
食品制造业	97.3	0.1
酒、饮料和精制茶制造业	94.7	0.2
纺织业	96.8	0.7
纺织服装、服饰业	99.0	-0.2
皮革、毛皮、羽毛及其制品和制鞋业	95.5	8.1
木材加工和木、竹、藤、棕、草制品业	96.3	-0.4
造纸和纸制品业	98.2	-0.2
印刷和记录媒介复制业	94.7	0.6
文教、工美、体育和娱乐用品制造业	98.2	1.5
化学原料和化学制品制造业	97.2	-2.0
医药制造业	87.8	-12.2
橡胶和塑料制品业	97.1	0.3
非金属矿物制品业	96.6	2.4
金属制品业	98.5	0.6
通用设备制造业	98.5	4.5
铁路、船舶、航空航天和其他运输设备制造业	100.0	-
电气机械和器材制造业	99.3	-0.2
计算机、通信和其他电子设备制造业	98.3	0.5
其他制造业	97.8	-0.9
废弃资源综合利用业	98.0	39.5
金属制品、机械和设备修理业	100.0	0.0
电力、热力生产和供应业	93.0	-7.0
水的生产和供应业	85.4	-17.9

3-8　2016年规模以上工业企业主要经济指标（一）

单位：万元

项　目	企业单位数	工业总产值（当年价）	工业增加值（当年价）	工业销售产值	出口交货值
总　计	**242**	**12334652**	**2467039**	**12030323**	**3082791**
按经济类型分组					
国有企业	7	227887	56587	142715	
集体企业	11	902279	167415	899308	770131
股份制企业	148	6823707	1242770	6722292	601911
外商及港澳台投资企业	63	3755157	868865	3656667	1710749
其他经济类型企业	13	625622	131402	609341	
按企业规模分组					
大型企业	83	9288156	1775931	9142859	2662535
中型企业	41	1479641	318979	1347526	232603
小型企业	112	1382219	334973	1361467	82543
微型企业	6	184637	37156	178471	105109
按轻重工业分组					
轻工业	162	6430088	1242317	6295358	1791729
重工业	80	5904564	1224722	5734965	1291062

3-8　2016年规模以上工业企业主要经济指标（一）

3-8 续表1　　单位：万元

项　目	年末资产总计	流动资产合计	固定资产合计	负债总计	所有者权益合计
总　计	**7083509**	**2762730**	**3343388**	**3635853**	**3407649**
按经济类型分组					
国有企业	275991	71917	156955	201007	74983
集体企业	124868	24256	98687	21487	98803
股份制企业	3934675	1670747	1747870	2118364	1813752
外商及港澳台投资企业	2619154	941729	1270434	1278035	1308299
其他经济类型企业	128821	54082	69442	16959	111812
按企业规模分组					
大型企业	3684312	1731286	1593925	1845029	1832538
中型企业	1714658	561131	836051	826331	886338
小型企业	1528023	440324	867660	853864	662606
微型企业	156515	29991	45752	110629	26167
按轻重工业分组					
轻工业	1422130	770834	571406	586402	827154
重工业	5661378	1991896	2771981	3049452	2580495

3-8 2016年规模以上工业企业主要经济指标（一）

3-8 续表2　　　　单位：万元

项 目	企业单位数	工业总产值（当年价）	工业增加值（当年价）	工业销售产值	出口交货值
按行业类别分组					
农副食品加工业	14	306063	50267	296281	40831
食品制造业	9	69274	22442	67368	26505
酒、饮料和精制茶制造业	4	51542	8531	48827	
纺织业	11	234694	63864	227121	192264
纺织服装、服饰业	34	1905302	387444	1886648	664564
皮革、毛皮、羽毛及其制品和制鞋业	9	184501	37048	176274	30621
木材加工和木、竹、藤、棕、草制品业	3	17482	3872	16835	
造纸和纸制品业	5	113577	21249	111471	1008
印刷和记录媒介复制业	2	49447	5644	46835	
文教、工美、体育和娱乐用品制造业	33	2301396	413798	2259710	793076
化学原料和化学制品制造业	7	109558	14024	106518	2302
医药制造业	1	2528	592	2219	
橡胶和塑料制品业	30	1332428	269870	1293088	68712
非金属矿物制品业	15	540337	58919	522154	12057
金属制品业	15	716034	105923	705597	2325
通用设备制造业	2	15700	3831	15457	
汽车制造业	1	354895	1848	354895	
铁路、船舶、航空航天和其他运输设备制造业	2	4439	927	4439	
电气机械和器材制造业	5	100903	19629	100208	11074
计算机、通信和其他电子设备制造业	11	2579042	501491	2534009	1237453
其他制造业	1	3471	827	3393	
废弃资源综合利用业	4	73017	4917	71548	
金属制品、机械和设备修理业	3	13013	2885	13013	
电力、热力生产和供应业	14	1230533	458024	1144660	
水的生产和供应业	7	25479	9173	21757	

3–8 2016年规模以上工业企业主要经济指标（一）

3–8 续表3

单位：万元

项目	年末资产总计	流动资产合计	固定资产合计	负债合计	所有者权益合计
按行业类别分组					
农副食品加工业	191179	115134	45695	96167	85714
食品制造业	37907	20133	15775	13068	24840
酒、饮料和精制茶制造业	19553	10636	3336	6461	12467
纺织业	182045	107117	67615	88421	93281
纺织服装、服饰业	282186	134644	142194	128355	147001
皮革、毛皮、羽毛及其制品和制鞋业	30877	16607	9443	8709	20166
木材加工和木、竹、藤、棕、草制品业	7889	4893	2106	9427	-1538
造纸和纸制品业	48348	23796	16406	23397	24950
印刷和记录媒介复制业	3821	2718	1103	1793	2029
文教、工美、体育和娱乐用品制造业	296369	170572	115346	99636	196233
化学原料和化学制品制造业	110166	34367	8783	84153	8304
医药制造业	564	554	10	168	366
橡胶和塑料制品业	268492	143770	122281	70755	208790
非金属矿物制品业	129412	47661	67649	69384	59260
金属制品业	152300	61825	90400	14519	136489
通用设备制造业	10892	9055	1022	3448	7445
汽车制造业	222127	174903	12468	212180	9947
铁路、船舶、航空航天和其他运输设备制造业	6733	4579	2143	2901	3086
电气机械和器材制造业	62350	55612	5388	34012	28338
计算机、通信和其他电子设备制造业	2188610	1144359	772761	1159010	1028201
其他制造业	2492	2186	306	1994	498
废弃资源综合利用业	37987	28337	9505	24869	12718
金属制品、机械和设备修理业	10808	6115	4486	3994	6694
电力、热力生产和供应业	2723674	435208	1796489	1445949	1268725
水的生产和供应业	56731	7950	30678	33085	23646

3-9 2016年规模以上工业企业主要经济指标（二）

单位：万元

项 目	实收资本	主营业务收入	主营业务成本	销售费用	管理费用
总 计	**2089569**	**12026838**	**11000191**	**154529**	**359167**
按经济类型分组					
国有企业	109575	213915	201881		4495
集体企业	25901	899308	861090	5011	11743
股份制企业	954960	6659078	6122135	90555	192318
外商及港澳台投资企业	962961	3644893	3241013	50719	136854
其他经济类型企业	36173	609644	574072	8243	13758
按企业规模分组					
大型企业	918043	9185856	8587554	106290	254074
中型企业	783216	1419679	1257852	20906	56652
小型企业	366111	1242922	984823	25092	47049
微型企业	22199	178381	169962	2241	1392
按轻重工业分组					
轻工业	396810	6302921	5901589	97401	163513
重工业	1692759	5723918	5098602	57128	195654

3–9　2016年规模以上工业企业主要经济指标（二）

3–9 续表1　　单位：万元

项　目	财务费用	营业利润	利润总额	平均用工人数（人）
总　计	**76599**	**386954**	**384676**	**242523**
按经济类型分组				
国有企业	2491	4317	4109	3030
集体企业	301	19709	19822	22629
股份制企业	52968	161104	164279	121186
外商及港澳台投资企业	19444	192127	186768	80136
其他经济类型企业	1396	9698	9698	15542
按企业规模分组				
大型企业	31303	184613	183853	195006
中型企业	20866	38653	40811	27745
小型企业	22812	160610	157064	15038
微型企业	1619	3079	2948	4734
按轻重工业分组				
轻工业	19235	106404	108782	164870
重工业	57364	280551	275894	77653

3–9 2016年规模以上工业企业主要经济指标（二）

3–9 续表2

单位：万元

项 目	实收资本	主营业务收入	主营业务成本	销售费用	管理费用
按行业类别分组					
农副食品加工业	49516	280115	253958	7958	9446
食品制造业	15253	66830	59824	1869	2530
酒、饮料和精制茶制造业	9807	38313	33458	1144	2636
纺织业	92976	226994	208344	4707	9840
纺织服装、服饰业	46216	1894290	1780745	27712	37802
皮革、毛皮、羽毛及其制品和制鞋业	9587	178082	172932	952	2534
木材加工和木、竹、藤、棕、草制品业	1600	12402	11154	278	593
造纸和纸制品业	12357	112578	108239	902	2083
印刷和记录媒介复制业	150	47382	42376	1895	2804
文教、工美、体育和娱乐用品制造业	97032	2261885	2121100	33972	59619
化学原料和化学制品制造业	2830	107962	97935	3170	5125
医药制造业	337	2213	1975	3	197
橡胶和塑料制品业	64567	1313288	1236530	17944	32109
非金属矿物制品业	25269	466434	407894	23904	26882
金属制品业	7279	711692	696012	2930	3584
通用设备制造业	1150	12351	8665	1011	1252
汽车制造业	10000	357112	338660	2177	16608
铁路、船舶、航空航天和其他运输设备制造业	2835	4439	3589		170
电气机械和器材制造业	23754	72573	66108	721	2841
计算机、通信和其他电子设备制造业	599188	2539394	2313398	19208	102573
其他制造业	600	3393	3015	34	89
废弃资源综合利用业	5250	68941	63704	1435	2278
金属制品、机械和设备修理业	2245	11734	9365	452	963
电力、热力生产和供应业	999362	1211874	943672	76	30270
水的生产和供应业	10412	24570	17539	76	4341

3-9　2016年规模以上工业企业主要经济指标（二）

3-9 续表3

单位：万元

项　目	财务费用	营业利润	利润总额	平均用工人数（人）
按行业类别分组				
农副食品加工业	3424	5202	6007	457
食品制造业	623	1822	2334	123
酒、饮料和精制茶制造业	139	712	692	78
纺织业	1249	2236	3106	896
纺织服装、服饰业	3667	40394	40506	5333
皮革、毛皮、羽毛及其制品和制鞋业	371	689	704	609
木材加工和木、竹、藤、棕、草制品业	162	186	249	29
造纸和纸制品业	533	558	14	246
印刷和记录媒介复制业	66	147	147	114
文教、工美、体育和娱乐用品制造业	4827	38474	38530	5613
化学原料和化学制品制造业	620	738	739	220
医药制造业	5	30	30	3
橡胶和塑料制品业	3186	17984	17989	3342
非金属矿物制品业	338	6110	6111	706
金属制品业	1736	5896	5913	1434
通用设备制造业	71	1342	1345	31
汽车制造业	-763	-64	-48	148
铁路、船舶、航空航天和其他运输设备制造业	6	669	669	19
电气机械和器材制造业	257	2418	2448	186
计算机、通信和其他电子设备制造业	17677	79261	76994	3910
其他制造业	97	73	73	15
废弃资源综合利用业	432	988	975	102
金属制品、机械和设备修理业	153	768	764	22
电力、热力生产和供应业	35686	180110	177326	491
水的生产和供应业	2039	211	1058	127

3-10 2016年规模以上大中型工业企业主要经济指标（一）

单位：万元

项 目	企业单位数	工业总产值（当年价）	工业增加值（当年价）	工业销售产值	出口交货值
总 计	**124**	**10767797**	**2094910**	**10490385**	**2895138**
按经济类型分组					
国有企业	4	197237	47071	112779	
集体企业	5	869211	161553	866656	770131
股份制企业	71	6016763	1130492	5933043	573329
外商及港澳台投资企业	33	3084309	628909	2992545	1551678
其他经济类型企业	11	600277	126885	585361	
按企业规模分组					
大型企业	83	9288156	1775931	9142859	2662535
中型企业	41	1479641	318979	1347526	232603
按轻重工业分组					
轻工业	88	5777179	1152279	5657188	1672303
重工业	36	4990618	942630	4833196	1222836

3-10 2016年规模以上大中型工业企业主要经济指标（一）

3-10 续表1

单位：万元

项目	年末资产总计	流动资产合计	固定资产合计	负债总计	所有者权益合计
总计	**5398970**	**2292416**	**2429976**	**2671360**	**2718876**
按经济类型分组					
国有企业	195088	57036	132234	144819	50269
集体企业	113009	22776	90230	14519	93913
股份制企业	3377941	1440984	1547871	1849617	1526294
外商及港澳台投资企业	1594763	721993	591100	646603	946034
其他经济类型企业	118170	49628	68542	15802	102367
按企业规模分组					
大型企业	3684312	1731286	1593925	1845029	1832538
中型企业	1714658	561131	836051	826331	886338
按轻重工业分组					
轻工业	1094668	558580	499957	410591	676736
重工业	4304302	1733837	1930019	2260769	2042141

3-10 2016年规模以上大中型工业企业主要经济指标（一）

3-10续表2

单位：万元

项 目	企业单位数	工业总产值（当年价）	工业增加值（当年价）	工业销售产值	出口交货值
按行业类别分组					
农副食品加工业	3	183775	43014	176592	
食品制造业	1	26026	6293	25297	24815
酒、饮料和精制茶制造业	1	27380	3763	25677	
纺织业	7	200916	54999	193450	167301
纺织服装、服饰业	20	1845342	373473	1826896	662281
皮革、毛皮、羽毛及其制品和制鞋业	4	136677	29442	135032	2799
造纸和纸制品业	2	95219	17766	93632	
印刷和记录媒介复制业	2	49447	5644	46835	
文教、工美、体育和娱乐用品制造业	21	2068584	402731	2027413	778631
化学原料和化学制品制造业	2	61227	6803	57805	
橡胶和塑料制品业	24	1281725	259293	1243267	64428
非金属矿物制品业	3	328208	40948	316393	
金属制品业	13	710626	104750	700143	
汽车制造业	1	354895	1848	354895	
电气机械和器材制造业	3	40770	10564	40766	11074
计算机、通信和其他电子设备制造业	8	2484556	482436	2439518	1183810
废弃资源综合利用业	2	29474	2567	28281	
电力、热力生产和供应业	5	833056	244997	748772	
水的生产和供应业	2	9894	3577	9721	

3-10　2016年规模以上大中型工业企业主要经济指标（一）

3-10续表3　　　　单位：万元

项　目	年末资产总计	流动资产合计	固定资产合计	负债合计	所有者权益合计
按行业类别分组					
农副食品加工业	87345	38556	32282	30940	56405
食品制造业	8121	3563	4558	3022	5099
酒、饮料和精制茶制造业	1822	1323	499	1152	670
纺织业	174081	100908	66982	81816	92111
纺织服装、服饰业	262960	117527	140341	117480	138662
皮革、毛皮、羽毛及其制品和制鞋业	17834	9829	7617	1888	16074
造纸和纸制品业	15785	6151	9634	1896	13889
印刷和记录媒介复制业	3821	2718	1103	1793	2029
文教、工美、体育和娱乐用品制造业	251641	142646	104545	81236	169906
化学原料和化学制品制造业	6434	2927	3496	5918	516
橡胶和塑料制品业	248588	126694	120992	59895	188693
非金属矿物制品业	37356	11207	26150	14801	22555
金属制品业	149324	59760	89564	12866	135166
汽车制造业	222127	174903	12468	212180	9947
电气机械和器材制造业	26528	21021	4158	18371	8157
计算机、通信和其他电子设备制造业	2184643	1140957	772566	1157402	1027140
废弃资源综合利用业	3520	2827	693	1777	1743
电力、热力生产和供应业	1678473	326629	1017372	849716	828757
水的生产和供应业	18568	2269	14957	17212	1356

3-11 2016年规模以上大中型工业企业主要经济指标（二）

单位：万元

项 目	实收资本	主营业务收入	主营业务成本	销售费用	管理费用
总 计	**1701258**	**10605535**	**9845406**	**127196**	**310726**
按经济类型分组					
国有企业	84197	187142	180583		2495
集体企业	25103	866656	833127	3448	9340
股份制企业	843908	5949636	5493191	69084	163594
外商及港澳台投资企业	717506	3010177	2780825	46845	121795
其他经济类型企业	30545	591924	557681	7819	13503
按企业规模分组					
大型企业	918043	9185856	8587554	106290	254074
中型企业	783216	1419679	1257852	20906	56652
按轻重工业分组					
轻工业	312015	5681036	5320091	87245	146485
重工业	1389243	4924499	4525316	39951	164241

3-11 2016年规模以上大中型工业企业主要经济指标（二）

3-11 续表1

单位：万元

项 目	财务费用	营业利润	利润总额	平均用工人数（人）
总 计	**52168**	**223266**	**224664**	**222751**
按经济类型分组				
国有企业	1274	2098	1708	2388
集体企业	231	19659	19772	21888
股份制企业	46204	139717	142760	110889
外商及港澳台投资企业	3167	52570	51202	72389
其他经济类型企业	1293	9222	9222	15197
按企业规模分组				
大型企业	31303	184613	183853	195006
中型企业	20866	38653	40811	27745
按轻重工业分组				
轻工业	14839	98906	100139	154254
重工业	37329	124360	124525	68497

3-11 2016年规模以上大中型工业企业主要经济指标（二）

3-11 续表2

单位：万元

项 目	实收资本	主营业务收入	主营业务成本	销售费用	管理费用
按行业类别分组					
农副食品加工业	31224	168071	149770	6461	6603
食品制造业	4974	25379	23097	619	1129
酒、饮料和精制茶制造业	500	25677	23020	519	1713
纺织业	91924	193402	177562	2890	9222
纺织服装、服饰业	41063	1834537	1723738	26907	36724
皮革、毛皮、羽毛及其制品和制鞋业	4751	136233	132595	619	1437
造纸和纸制品业	461	94739	91754	600	971
印刷和记录媒介复制业	150	47382	42376	1895	2804
文教、工美、体育和娱乐用品制造业	80157	2029413	1898397	31764	55199
化学原料和化学制品制造业	400	57973	51666	2319	3459
橡胶和塑料制品业	58440	1262937	1190665	16460	30481
非金属矿物制品业	5000	316393	285508	10879	15602
金属制品业	5738	707100	691957	2779	3378
汽车制造业	10000	357112	338660	2177	16608
电气机械和器材制造业	3604	40766	35639	446	2136
计算机、通信和其他电子设备制造业	598150	2445556	2222656	18573	101614
废弃资源综合利用业	200	28281	25058	1278	1684
电力、热力生产和供应业	759274	824864	734626	13	17467
水的生产和供应业	5249	9721	6665		2495

3-11 2016年规模以上大中型工业企业主要经济指标（二）

3-11 续表3

单位：万元

项 目	财务费用	营业利润	利润总额	平均用工人数（人）
按行业类别分组				
农副食品加工业	1339	3806	3828	3374
食品制造业	175	255	256	352
酒、饮料和精制茶制造业	125	254	254	452
纺织业	1184	1963	2833	8105
纺织服装、服饰业	3452	39831	39928	51079
皮革、毛皮、羽毛及其制品和制鞋业	266	758	758	4848
造纸和纸制品业	159	1053	1053	1938
印刷和记录媒介复制业	66	147	147	1141
文教、工美、体育和娱乐用品制造业	4583	36003	36023	54494
化学原料和化学制品制造业	335	77	77	1367
橡胶和塑料制品业	2705	17744	17749	32614
非金属矿物制品业	278	3621	3621	4535
金属制品业	1650	5813	5823	14184
汽车制造业	-763	-64	-48	1475
电气机械和器材制造业	-145	2491	2509	1524
计算机、通信和其他电子设备制造业	17448	78185	75918	35958
废弃资源综合利用业	77	117	117	796
电力、热力生产和供应业	18068	32176	34582	3818
水的生产和供应业	1168	-962	-763	697

3-12 2016年规模以上民营工业企业主要经济指标（一）

单位：万元

项 目	企业单位数	工业总产值（当年价）	工业增加值（当年价）	工业销售产值	出口交货值
总 计	**165**	**6234502**	**1094106**	**6120146**	**819165**
按注册类型分组					
集体企业	11	902279	167415	899308	770131
股份制企业	140	4679080	792078	4583976	49034
外商及港澳台投资企业	1	27521	3212	27521	
其他经济类型企业	13	625622	131402	609341	
按企业规模分组					
大型企业	59	4624010	876971	4553246	785281
中型企业	24	742149	102826	713624	5302
小型企业	79	813269	103366	798202	3992
微型企业	3	55074	10942	55074	24590
按轻重工业分组					
轻工业	113	4584766	850124	4507903	819165
重工业	52	1649736	243982	1612242	

3-12　2016年规模以上民营工业企业主要经济指标（一）

3-12 续表1

单位：万元

项　目	年末资产总计	流动资产合计	固定资产合计	负债合计	所有者权益合计
总　计	**1814031**	**817651**	**620423**	**686097**	**1103039**
按注册类型分组					
集体企业	124868	24256	98687	21487	98803
股份制企业	1477091	723069	452294	582108	892424
外商及港澳台投资企业	83251	16245		65543	
其他经济类型企业	128821	54082	69442	16959	111812
按企业规模分组					
大型企业	712145	291021	405733	165786	541781
中型企业	643134	284388	121282	249815	391290
小型企业	369322	220357	93168	200056	168877
微型企业	89431	21885	240	70441	1091
按轻重工业分组					
轻工业	844294	444272	355166	305183	534694
重工业	969738	373379	265258	380915	568345

3-12　2016年规模以上民营工业企业主要经济指标（一）

3-12 续表2　　单位：万元

项　目	企业单位数	工业总产值（当年价）	工业增加值（当年价）	工业销售产值	出口交货值
按行业类别分组					
农副食品加工业	10	233657	47881	223874	
食品制造业	8	43248	16149	42071	1690
酒、饮料和精制茶制造业	4	51542	8531	48827	
纺织业	4	50196	11040	50110	24590
纺织服装、服饰业	30	1643979	326868	1630217	409298
皮革、毛皮、羽毛及其制品和制鞋业	4	75619	13708	73592	2799
木材加工和木、竹、藤、棕、草制品业	3	17482	3872	16835	
造纸和纸制品业	2	95219	17766	93632	
印刷和记录媒介复制业	2	49447	5644	46835	
文教、工美、体育和娱乐用品制造业	16	1233233	192693	1217470	366135
化学原料和化学制品制造业	7	109558	14024	106518	2302
医药制造业	1	2528	592	2219	
橡胶和塑料制品业	24	1119722	219756	1093615	12351
非金属矿物制品业	14	515007	55305	496278	
金属制品业	13	710626	104750	700143	
通用设备制造业	2	15700	3831	15457	
铁路、船舶、航空航天和其他运输设备制造业	1	2010	420	2010	
电气机械和器材制造业	3	62817	11473	62122	
计算机、通信和其他电子设备制造业	4	94546	22832	91514	
其他制造业	1	3471	827	3393	
废弃资源综合利用业	4	73017	4917	71548	
金属制品、机械和设备修理业	3	13013	2885	13013	
电力、热力生产和供应业	2	11798	5767	11798	
水的生产和供应业	3	7070	2575	7055	

3-12　2016年规模以上民营工业企业主要经济指标（一）

3-12 续表3　　　　单位：万元

项　目	年末资产总计	流动资产合计	固定资产合计	负债总计	所有者权益合计
按行业类别分组					
农副食品加工业	128439	64760	36631	50176	68965
食品制造业	29787	16571	11216	10046	19741
酒、饮料和精制茶制造业	19553	10636	3336	6461	12467
纺织业	6836	5486	228	6108	472
纺织服装、服饰业	243635	120688	121469	111220	127653
皮革、毛皮、羽毛及其制品和制鞋业	11637	5130	6367	1273	10363
木材加工和木、竹、藤、棕、草制品业	7889	4893	2106	9427	-1538
造纸和纸制品业	15785	6151	9634	1896	13889
印刷和记录媒介复制业	3821	2718	1103	1793	2029
文教、工美、体育和娱乐用品制造业	152340	107411	39496	66111	85730
化学原料和化学制品制造业	110166	34367	8783	84153	8304
医药制造业	564	554	10	168	366
橡胶和塑料制品业	207545	92310	114994	26755	191844
非金属矿物制品业	120302	43043	64425	62752	56783
金属制品业	149324	59760	89564	12866	135166
通用设备制造业	10892	9055	1022	3448	7445
铁路、船舶、航空航天和其他运输设备制造业	2502	708	1783	537	1775
电气机械和器材制造业	36456	34941	1516	15992	20464
计算机、通信和其他电子设备制造业	12816	8523	4293	4947	7869
其他制造业	2492	2186	306	1994	498
废弃资源综合利用业	37987	28337	9505	24869	12718
金属制品、机械和设备修理业	10808	6115	4486	3994	6694
电力、热力生产和供应业	481755	152307	80313	172538	309217
水的生产和供应业	10701	1001	7838	6576	4125

3-13 2016年规模以上民营工业企业主要经济指标（二）

单位：万元

项 目	实收资本	主营业务收入	主营业务成本	销售费用	管理费用
总 计	**611293**	**6045166**	**5670880**	**96562**	**148504**
按注册类型分组					
集体企业	25901	899308	861090	5011	11743
股份制企业	549219	4508693	4208527	83283	122925
外商及港澳台投资企业		27521	27191	24	78
其他经济类型企业	36173	609644	574072	8243	13758
按企业规模分组					
大型企业	138478	4580639	4333975	61097	89823
中型企业	385153	701620	647125	12030	30931
小型企业	86462	707912	637542	21535	27342
微型企业	1200	54995	52238	1899	409
按轻重工业分组					
轻工业	194378	4506200	4244968	61449	93690
重工业	416914	1538966	1425912	35113	54814

3-13　2016年规模以上民营工业企业主要经济指标（二）

3-13 续表1　　单位：万元

项　目	财务费用	营业利润	利润总额	平均用工人数（人）
总　计	**13841**	**99343**	**99367**	**140910**
按注册类型分组				
集体企业	301	19709	19822	22629
股份制企业	12119	69734	69644	102359
外商及港澳台投资企业	26	201	201	380
其他经济类型企业	1396	9698	9698	15542
按企业规模分组				
大型企业	7265	76422	76556	113568
中型企业	2227	8000	8043	16008
小型企业	4323	14531	14377	10321
微型企业	26	390	390	1013
按轻重工业分组				
轻工业	9946	84470	85100	110218
重工业	3895	14873	14267	30692

3-13　2016年规模以上民营工业企业主要经济指标（二）

3-13 续表2　　　　单位：万元

项　目	实收资本	主营业务收入	主营业务成本	销售费用	管理费用
按行业类别分组					
农副食品加工业	35331	213881	191940	6979	7730
食品制造业	10279	41450	36728	1250	1401
酒、饮料和精制茶制造业	9807	38313	33458	1144	2636
纺织业	516	50031	46884	1888	871
纺织服装、服饰业	35142	1634237	1541951	21450	26957
皮革、毛皮、羽毛及其制品和制鞋业	807	75387	72572	773	1075
木材加工和木、竹、藤、棕、草制品业	1600	12402	11154	278	593
造纸和纸制品业	461	94739	91754	600	971
印刷和记录媒介复制业	150	47382	42376	1895	2804
文教、工美、体育和娱乐用品制造业	51667	1217627	1158151	9824	22061
化学原料和化学制品制造业	2830	107962	97935	3170	5125
医药制造业	337	2213	1975	3	197
橡胶和塑料制品业	55928	1104055	1037769	15891	27157
非金属矿物制品业	19581	458433	400379	23411	26142
金属制品业	5738	707100	691957	2779	3378
通用设备制造业	1150	12351	8665	1011	1252
铁路、船舶、航空航天和其他运输设备制造业	1775	2010	1664		38
电气机械和器材制造业	20650	34487	32912	275	947
计算机、通信和其他电子设备制造业	7821	90862	82889	1944	3174
其他制造业	600	3393	3015	34	89
废弃资源综合利用业	5250	68941	63704	1435	2278
金属制品、机械和设备修理业	2245	11734	9365	452	963
电力、热力生产和供应业	341502	9121	5494		10013
水的生产和供应业	129	7055	6191	76	653

3-13 2016年规模以上民营工业企业主要经济指标（二）

3-13 续表3 单位：万元

项目	财务费用	营业利润	利润总额	平均用工人数（人）
按行业类别分组				
农副食品加工业	2012	5080	5044	3930
食品制造业	448	1568	2079	881
酒、饮料和精制茶制造业	139	712	692	775
纺织业	81	266	266	1212
纺织服装、服饰业	2483	37844	37957	43990
皮革、毛皮、羽毛及其制品和制鞋业	221	589	604	1805
木材加工和木、竹、藤、棕、草制品业	162	186	249	289
造纸和纸制品业	159	1053	1053	1938
印刷和记录媒介复制业	66	147	147	1141
文教、工美、体育和娱乐用品制造业	1299	23266	23311	27958
化学原料和化学制品制造业	620	738	739	2200
医药制造业	5	30	30	32
橡胶和塑料制品业	2473	15882	15882	27063
非金属矿物制品业	417	7033	7112	6794
金属制品业	1650	5813	5823	14184
通用设备制造业	71	1342	1345	313
铁路、船舶、航空航天和其他运输设备制造业	4	303	303	53
电气机械和器材制造业	401	-111	-99	946
计算机、通信和其他电子设备制造业	118	1950	1950	3252
其他制造业	97	73	73	149
废弃资源综合利用业	432	988	975	1015
金属制品、机械和设备修理业	153	768	764	222
电力、热力生产和供应业	269	-6193	-6946	517
水的生产和供应业	63	15	15	251

3-14　2016年规模以上先进制造业主要指标

单位：万元

主要行业	总产值（当年价）	比上年增长（%）	增加值（当年价）	比上年增长（%）
总　计	**3849691**	**12.4**	**638993**	**20.7**
一、装备制造业	**3740133**	**29.1**	**624969**	**22.7**
其中：汽车制造	354895		1848	
其中：船舶制造及修理	17451	7.8	3812	-2.0
#金属船舶制造	4439	-6.3	927	-4.6
飞机制造及修理业				
环境保护专用设备制造				
二、钢铁冶炼及加工				
其中：炼铁				
炼钢				
钢压延加工				
铁合金冶炼				
三、石油及化学	**109558**	**-79.3**	**14024**	**-26.2**
石油和天然气开采业				
石油加工、炼焦及核燃料加工业				
化学原料和化学制品制造业	109558	-79.3	14024	-26.2
橡胶制品业				

注：增长速度按快报数的可比口径计算。

3-15 2016年规模以上高技术制造业主要指标

单位：万元

主要行业	总产值（当年价）	比上年增长（%）	增加值（当年价）	比上年增长（%）
总 计	**2581570**	**18.4**	**502083**	**13.1**
一、医药制造业	**2528**	**23.3**	**592**	**10.3**
（一）化学药品制造				
（二）中药饮片加工	2528	23.3	592	10.3
（三）中成药生产				
（四）兽用药品制造				
（五）生物药品制造				
（六）卫生材料及医药用品制造				
二、航空、航天器及设备制造业				
（一）飞机制造				
（二）航天器制造				
（三）航空、航天相关设备制造				
（四）其他航空航天器制造				
（五）航空航天器修理				
三、电子及通信设备制造业	**2579042**	**18.4**	**501491**	**13.2**
（一）电子工业专用设备制造				
（二）光纤、光缆制造				
（三）锂离子电池制造				
（四）通信设备制造				
通信系统设备制造				
通信终端设备制造				
（五）广播电视设备制造				
（六）雷达及配套设备制造				
（七）视听设备制造				
（八）电子器件制造	2319728	17.5	427281	12.1
电子真空器件制造				
半导体分立器件制造	509103	-9.3	88885	-6.5
集成电路制造				
光电子器件及其他电子器件制造	1810625	45.1	338396	31.2
（九）电子元件制造	256929	23.4	73677	17.0
（十）其他电子设备制造	2385	-	533	-
四、计算机及办公设备制造业				
（一）计算机整机制造				
（二）计算机零部件制造				
（三）计算机外围设备制造				
（四）其他计算机制造				
（五）办公设备制造				
五、医疗仪器设备及仪器仪表制造业				
（一）医疗仪器设备及器械制造				
（二）仪器仪表制造				
六、信息化学品制造业				
（一）信息化学品制造				

注：增长速度按快报数的可比口径计算。

3–16　2016年规模以上优势传统制造业主要指标

单位：万元

主要行业	总产值（当年价）	比上年增长（%）	增加值（当年价）	比上年增长（%）
合　计	**3832796**	**8.9**	**699717**	**7.6**
1、纺织服装	**2139996**	**13.0**	**451307**	**8.9**
纺织业	234694	2.6	63864	0.7
纺织服装、服饰业	1905302	14.2	387444	9.9
化学纤维制造业				
2、食品饮料	**426879**	**−8.3**	**81239**	**1.5**
农副食品加工业	306063	−12.6	50267	4.3
食品制造业	69274	2.7	22442	−4.3
酒、饮料和精制茶制造业	51542	5.6	8531	1.9
烟草制品业				
3、家具制造业				
4、建筑材料	**1185979**	**9.0**	**150913**	**7.0**
非金属矿采选业				
非金属矿物制品业	540337	1.7	58919	2.9
建筑、安全用金属制品制造	645643	15.6	91994	10.7
5、金属制品业	**716034**	**14.7**	**105923**	**9.9**
6、家用电力器具制造业	**9551**	**14.5**	**2328**	**10.1**

注：增长速度按快报数的可比口径计算。

第四篇 交通运输、邮电

JIAOTONGYUNSHUYOUDIAN

汕尾运输邮电业运行情况分析

2016年，汕尾市邮电业务量持续较快增长，网络购物的快速发展促使快递业同步快速增长；交通运输业各项主要指标增长幅度平缓增长，交通经济也实现了平稳较快的发展。

一、总体情况

（一）公路货物周转量缓慢增长

2016年全市完成公路货物周转量296690万吨公里，同比增长1.3%。

（二）邮电业服务水平大幅提升

2016年，全市邮政、快递企业强化质量管理，不断提高服务水平，扩大市场规模，深入推进邮政普遍服务体系建设。全年邮电业务总量完成64.4亿元，同比增长69.2%。其中，电信业务总量59亿元，同比增长68.1%；邮政业务总量5.4亿元，同比增长81.6%。

（三）电信互联网业务保持稳步增长

随着互联网业务市场需求日益旺盛，互联网用户与移动电话互联网用户保持较快增长。2016年末，全市固定互联网用户40万户，同比增长21.2%；移动互联网用户159万户，同比增长8.2%。

（四）邮政业务出现较快增长

我市邮政业在稳步推进信函、报刊发行、邮政储蓄、汇兑和集邮等业务的同时，积极开拓快递、广告信函等一些新型业务。2016年末，全市邮政特快专递2310万件，同比增长126.2%；邮政营业网点70处，同比增长16.7%，邮运汽车86辆，同比增长11.7%。

（五）汽车拥有量快速增长

随着汽车改革的推广，民用汽车拥有量增长速度加快，购置私家车已逐渐成为居民的消费热点。2016年，全市民用车辆拥有量为151108辆，同比增长5.9%。其中民用汽车拥有量达110188辆，同比增长54.7%，占民用车辆总数的72.9%；其中轿车65524辆，同比增长66.9%。全市民用载客汽车拥有量97172辆，同比增长64.8%；载货汽车12239辆，同比增长6.2%。

二、存在问题

（一）公路货物运输发展缓慢

今年以来，公路运输虽然同比小幅增长，但货运量同比下降0.8%，货源仍然存在不足，增长后劲乏力。货物运输第三方物流生产或制造业企业的产品等货源减少。

（二）运输方式相对较单一

虽然新增了高铁旅客运输方式，但铁路客运量占全市客运量比重较低，货物运输新增了水路方式，但水路货运量很少。因此，旅客运输和货物运输都仅靠公路运输方式，相对较单一。

三、建议

（一）加大旅游宣传力度和提供优惠政策

加大对各旅游景点的宣传力度，给旅游企业出台多种优费政策促销带动旅游，提供优费的价格，带动高铁、公路旅游的客流量。高铁开通后对短途来旅游出行方式影响显著，促进旅游发展，同时改变旅游方式，由传统的团体游向家庭休闲、自助游转型带动客流量增加。

（二）强化货物运输企业管理和扶持

一是强化对货物运输的管理，出台相关的优费政策，服务于货物运输企业，扶助企业实现规模化发展；二是规范经营市场，完善货运的收费标准，合理降低运输行业增值税，减少企业税费负担；三是政府引导，建立现代物流公共信息资源平台，运输企业共享信息资源，合理调配物流。

4–1　2016年民用车辆拥有量

指标名称	计量单位	总　计	总计中					
			营　运	非营运	校　车	进　口	个　人	新注册
合　计	辆	**151108**	**10600**	**140275**	**233**	**4085**	**139358**	**29194**
一、汽车	辆	**110188**	**6830**	**103125**	**233**	**4071**	**99754**	**23213**
1、载客汽车	辆	97172	3379	93560	233	4034	89428	21958
其中：大型	辆	1994	1637	202	155	6	94	536
中型	辆	547	93	376	78	8	233	36
小型	辆	93969	1645	92324	0	4003	88450	21381
微型	辆	662	4	658	0	17	651	5
其中：轿车	辆	65524	1051	64473	0	2077	62558	13421
2、载货汽车	辆	12239	3318	8921	0	8	9819	1141
其中：重型	辆	1949	1155	794	0	4	1358	176
中型	辆	1813	849	964	0	1	1673	34
轻型	辆	8188	1302	6886	0	3	6505	930
微型	辆	289	12	277	0	0	283	1
其中：普通载货	辆	3652	229	3423	0	3	2670	374
3、其他汽车	辆	777	133	644	0	29	507	114
其中：三轮汽车	辆	1	0	1	0	0	1	0
低速货车	辆	269	87	182	0	0	254	81
二、摩托车	辆	**40731**	**3663**	**37068**	**0**	**14**	**39467**	**5963**
1、普通	辆	40710	3663	37047	0	14	39446	5963
2、轻便	辆	21	0	21	0	0	21	0
三、拖拉机	辆	**13665**						
四、挂车	辆	**189**	**107**	**82**	**0**	**0**	**137**	**18**
五、其他类型车	辆	**0**						

注：民用车辆拥有量由市公安局车辆管理所提供。

4-2 2006—2016年运输邮电业主要指标

年 度	客运量（万人）	旅客周转量（万人公里）	货运量（万吨）	货物周转量（万吨公里）	港口货物吞吐量（万吨）	邮电业务量（万元）
2006年	4784	354054	1570	151886	111	268141
2007年	5201	431901	1682	185165	110	328313
2008年	5391	464976	1898	206911	387	409364
2009年	5014	334300	860	90068	460	474195
2010年	7250	529792	1232	134431	489	480052
2011年	9524	717981	1596	175580	564	175902
2012年	11883	933375	1765	229698	772	207296
2013年	12636	1069633	1934	260685	628	230524
2014年	1280	123866	2432	257663	646	307423
2015年	1426	140464	2536	292959	858	380471
2016年	1196	133375	2515	296690	896	643572

注： 1、2009年市交通部门开始以专项调查数据为准。
2、2000年的邮电业务总量按1990年不变价格计算，2011年起按2010年不变价格计算，其余年份按2000年不变价格计算。
3、2011年-2012年，本表统计口径为全社会所有从事电信运营企业和国家邮政企业，以及年业务收入200万元以上的快递企业，之前仅为国家邮政业；从2013年起，本表统计范围为辖区内全社会所有从事电信运营企业和邮政企业，以及获得快递业务经营许可的快递服务企业。
4、2014年起使用《2014年公路水路运输量统计试行方案》推算公路水路运输量统计数据。

4-3　2016年邮电通信行业基本情况

指标名称	计量单位	合　计	同比增长（%）
一、邮政业网点及邮递线路			
邮政营业网点	处	70	16.7
邮运汽车	辆	86	11.7
邮路总长度	公里	1234	持平
农村投递线路长度	公里	6432	-1.5
二、邮电业务量			
邮电业务总量	万元	643572	69.2
1、邮政业务总量	万元	53719	81.6
2、通信业务总量	万元	589853	68.1
函件	万件	29	-58
特快专递	万件	2310	126.2
订销报刊累计数	万份	880	-9.5
纪特邮票	万枚	75	-27.2
三、电信及互联网用户			
移动电话年末用户	万户	177	-5.3
本地电话年末用户	万户	35	-5.4
固定互联网用户	万户	40	21.2
移动互联网用户	万户	159	8.2
四、主要通信能力			
移动电话基站数	个	7125	-2.1
移动电话交换机容量	万户	289	持平

注：从2014年1月起，工信部对数据通信不变价作出调整，邮电业务总量按调整后的2010年不变价计算，同期数已作相应调整。

汕尾统计年鉴 2017
SHANWEITONGJINIANJIAN

第五篇 固定资产投资及建筑业

GUDINGZICHANTOUZIJIJIANZHUYE

2016年我市固定资产投资稳步增长

今年以来，我市各地积极应对挑战，克服国内外经济发展环境和条件的不利影响，抓项目、促投资，充分发挥投资在稳增长中的积极作用，实现固定资产投资稳步增长。

一、固定资产投资运行的主要特点

（一）固定资产投资稳步增长

2016年，全市完成固定资产投资652.4亿元，同比增长11.5%，增速比全省高出1.5个百分点；完成项目投资595.7亿元，同比增长6.5%；完成房地产投资56.7亿元，同比增长117.4%，增幅全省排名第一。

（二）5000万元以上项目个数增长较快

1-12月，我市纳入联网直报平台的5000万元以上项目共有87个，比前三季度增加23个，比上半年增加44个，分别增长35.9%和102.3%；其中：计划总投资亿元以上项目72个，同比增长125%。

（三）工业投资和工业技术改造投资继续保持高速增长

1-12月，我市完成工业投资203.4亿元，增长40.8%，比全省增速高1.1个百分点；完成工业技术改造投资66.7亿元，同比增长35.5亿元，比全省增速高31.2个百分点。

（四）基础设施投资增速逐月好转

1-12月，汕尾市基础设施投资223.4亿元，同比增长46.8%，增速比第三季度加快62个百分点，增速连续6个月回升，其中城市建设投资47.4亿元，增长94%，增速分别比第三季度和上半年加快71个和35.4个百分点。潮惠高速于12月28日正式通车，2016年累计完成投资额43亿元。

（五）房地产开发投资高歌猛进，三项重要指标雄踞全省第一

2016年，汕尾市宜居环境进一步优化，全市房地产业取得跨越式发展，房地产三项重要指标雄踞全省第一：一是商品房销售面积高达194.7万平方米，同比增长102.9%，增幅排名全省第一；二是商品房销售额93.9亿元，同比增长104.9%，增幅排名全省第一；三是完成房地产开发投资56.8亿元，同比增长117.5%，增速全省排名第一，高出全省平均水平96.8个百分点。

二、投资运行中存在的主要问题

（一）第一产业投资仍显不足

2016年， 第一产业完成投资23.7亿元，同比下降20.9%，仅占固定资产投资的3.6%，投资比重比上年同期下降1.5个百分点，投资比重偏低，造成农村基础设施建设滞后，不利于农村的稳步发展，影响农业产业化进程，一定程度上制约着我市农村经济发展。

（二）国有投资和外资持续下行

今年1-12月，政府投资发挥稳增长的引导带动作用较去年大为减弱，国有投资和外商投资从年初增长后持续下跌。1-12月，我市国有投资、港澳台及外商投资分别完成122.1、42.2亿元，同比分别下降26.2%和0.7%，今年以来国有投资持续下降，降幅较二季度和三季度分别扩大25.7和缩小10.4个百分点；港澳台外商投资同比降幅较二季度和三季度分别扩大11.3和缩小9.8个百分点。

（三）5000万元以上项目投资比重仍然偏低

1–12月，我市纳入联网直报平台的5000万元以上投资项目共有87个，完成投资 203.3亿元，仅占固定资产投资的31.1%。5000万元以上项目投资比重偏低，对增强我市投资发展后劲有一定影响。

三、对策建议

（一）加快推进交通基础设施建设

启动广汕高铁建设，开通厦深铁路深圳至汕尾城际捷运，加快深汕高铁公路（深圳至汕尾段）改扩建和天汕高速汕尾段建设，谋划建设深汕高速霞湖出口至潮莞高速陆河段连接线，加快品清湖至红海湾等沿海旅游观光大道工程前期工程，推动国道324线，省道等主干道公路升级改造。

（二）着力抓好招商引资、增强发展后劲

围绕振兴粤东西北经济发展精神，加大招商引资工作力度，明确产业发展定位，结合现有产业基础、城市配套环境、环境承载能力等实际制定出台一系列招商引资优惠政策和奖励措施，吸引一大批大项目、好项目落户，形成投产一批、在建一批、开工一批、储备一批、谋划一批的良好格局，增强投资和经济发展后劲。

（三）积极优化投资结构，提高投资质量

加大"创新驱动"投资。现阶段，我市创新型投资还不够多，应进一步加强产业创新投入，扩大高新技术产业投入，鼓励传统产业技术更新、升级改造投入，形成新动能培育和传统动能双轮驱动。

加大"产业升级"投资。围绕"工业立市、产业强市"战略，找准突破口、抓住关键点。一是鼓励产业项目投入，尤其是加大制造业等传统优势产业和新兴产业投入，努力构建以优势产业为主体、战略性新兴产业为先导的现代工业，着力打造以世界级产业为龙头、国家和省级产业基地为两翼的先进制造业产业集群。二是加快现代服务业项目建设，重点发展生产性服务业，统筹推进生活性服务业，加快布局新兴服务业态，从资金、供地、集聚发展等多方面为现代服务业的发展提供全方位支持，各城区要进行适当的功能分工，重点培育，打造特色，实现错位发展。

（四）加大对各地的督查力度

8月23日，我市印发《2016年全市经济运行、重点项目和园区建设督查督办工作方案》的通知，成立四个督查小组赴全市各地区开展督查督办工作，投资增长取得一定效果。接下来，市发改和市统计局将组成督查小组，到全市各地督查重点项目进展情况，将符合要求的计划总投资5000万元以上投资项目尽可能纳入统计联网直报平台。我市投资基数较大，要保持投资相对较快增长，在建项目是有力保障。应继续加大对各地区的督查，确保在建项目推进力度和及时纳入统计，从而对投资形成强有力支撑。

撰稿人：黄惠珍

5-1 2016年固定资产投资完成情况

单位：万元/平方米

指标名称	固定资产投资	项目投资		房地产
		5000万元以上项目	5000万元以下项目	
计划总投资	**17109761**	**10999708**	**4280202**	**1829851**
其中：本年新开工项目	1829851	0	0	1829851
自开始建设至本年底累计完成投资（或自开始建设累计完成投资）	11074824	5420093	4087321	1567410
本年完成投资（或自年初累计完成投资）	6524487	2032527	3924304	567656
其中：本月完成投资	521844	271358	228128	22358
其中：住宅	596076	9536	131673	454867
按登记注册类型分组	**6524187**	**2032527**	**3924304**	**567356**
内源性经济投资	6102361	1711190	3878702	512469
外源性经济投资	421826	321337	45602	54887
内资	6102361	1711190	3878702	512469
民间投资	4623458	556383	3622349	444726
国有经济	1221155	987378	233777	
集体经济	332825		332825	
私营个体经济	1915049	204213	1608466	102370
港澳台商投资	343818	246837	42094	54887
外商投资	78008	74500	3508	
按建设性质分：新建	**4203619**	**1841017**	**1795246**	**567356**
扩建	1018178	43096	975082	
改建	1214226	126514	1087712	
按构成分：建筑工程	**3905603**	**1058475**	**2421818**	**425310**
安装工程	485368	142168	265456	77744
设备工器具购置	1057212	438431	608435	10346
其他费用	1076004	393453	628595	53956
其中：土地购置费	300796	70227	211230	19339
本年新增固定资产	3955939	406219	3477021	72699
本年施工房屋面积	11824939	1168164	5899802	4756973
其中：住宅	4234690	11019	527570	3696101
本年竣工房屋面积	3969433	7126	3740568	221739
其中：住宅	458320	1250	257570	199500

5-2　2016主要行业固定资产投资情况

单位：万元

指标名称	按国民经济行业分	第一产业	第二产业	第三产业	基础设施	基础产业	城市建设
按登记注册类型分组	**5956831**	**236857**	**2050150**	**3669824**	**2100974**	**2425198**	**736027**
内源性经济投资	5589892	236857	1725968	3627067	2040890	2365114	736027
外源性经济投资	366939		324182	42757	60084	60084	0
民间投资	4178732	236857	1307016	2634859	929003	1253227	523644
内资	5589892	236857	1725968	3627067	2040890	2365114	736027
国有经济	1221155		337196	883959	974355	974355	151120
集体经济	332825	25350	34804	272671	216020	245704	193376
私营个体经济	1812679	129406	724778	958495	86430	249941	13700
国有	333387		71937	261450	178482	178482	60895
集体	326255	25350	34804	266101	211030	240714	188386
股份合作	6570	0		6570	4990	4990	4990
国有独资公司	887768		265259	622509	795873	795873	90225
其他有限责任公司	584592	17797	261845	304950	421372	444506	214920
股份有限公司	58036		47321	10715	4965	4965	
私营	943436	39118	549406	354912	82098	155321	13700
其他	1580605	64304	320024	1196277	337748	445643	162911
个体经营：个体户	854463	90288	175372	588803	4332	94620	
个人合伙	14780			14780			
港澳台商投资	288931		259174	29757	60084	60084	0
合资经营	9600		0	9600	0	0	0
合作经营	1000		1000				
独资	278331		258174	20157	60084	60084	
外商投资	78008		65008	13000			
独资	16508		3508	13000			
股份有限公司	61500		61500				
按建设性质分							
新建	3636263	124034	1333789	2178440	1362200	1525722	391806
扩建	1018178	25857	341142	651179	174366	215595	81584
改建和技术改造	1214226	86966	332968	794292	533466	652939	262037
单纯建造生活设施	3800		800	3000	3800	3800	600
恢复	5242			5242	5242	5242	
单纯购置	79122		41451	37671	21900	21900	0
按控股情况分							
国有控股	1397625		369605	1028020	1128282	1128282	212383
集体控股	332825	25350	34804	272671	216020	245704	193376
私人控股	1912562	129406	756765	1026391	100864	264375	23169
港澳台商控股	313682		293525	20157	60084	60084	
外商控股	93004		80004	13000			
其他	1907133	82101	515447	1309585	595724	726753	307099

5-3　2016固定资产投资按登记注册类型分之一

单位：万元

指标名称	按登记注册类型分组	内源性经济投资	外源性经济投资	民间投资
按国民经济行业分	**5956831**	**5589892**	**366939**	**4178732**
第一产业	236857	236857		236857
第二产业	2050150	1725968	324182	1307016
第三产业	3669824	3627067	42757	2634859
基础设施	2100974	2040890	60084	929003
基础产业	2425198	2365114	60084	1253227
城市建设	736027	736027	0	523644
原材料	141399	136418	4981	130312
能源	565567	505483	60084	199498
工业合计	2034306	1710124	324182	1311256
工业九大产业	764357	515856	248501	436516
文化产业	581711	578911	2800	573899
高耗能工业	696984	628919	68065	317760
装备工业	423398	216474	206924	137810
信息产业	373060	197479	175581	55300
农、林、牧、渔业	279293	279293		279293
制造业	1427374	1163276	264098	1077771
电力、热力、燃气及水生产和供应业	606932	546848	60084	233485
建筑业	25839	25839		5755
批发和零售业	404737	404737		399780
交通运输、仓储和邮政业	584539	584539		85733
住宿和餐饮业	170170	160570	9600	170170
信息传输、软件和信息技术服务业	139185	106028	33157	1250
金融业	1000	1000		1000
房地产业	979781	979781		968679
租赁和商务服务业	91692	91692		27900
科学研究和技术服务业	45992	45992		7588
水利、环境和公共设施管理业	835823	835823	0	608535
居民服务、修理和其他服务业	39285	39285		35155
教育	181043	181043		147845
卫生和社会工作	21563	21563		17687
文化、体育和娱乐业	57017	57017		55592
公共管理、社会保障和社会组织	65566	65566		55514

5-4 2016固定资产投资按登记注册类型分之二

单位：万元

指标名称	内资企业	国有企业	集体企业	港、澳、台商投资企业	外商投资企业
按国民经济行业分	**4720649**	**333387**	**326255**	**288931**	**78008**
第一产业	146569		25350		
第二产业	1550596	71937	34804	259174	65008
第三产业	3023484	261450	266101	29757	13000
基础设施	2036558	178482	211030	60084	
基础产业	2270494	178482	240714	60084	
城市建设	736027	60895	188386	0	
原材料	127568			4981	
能源	505483	31633	10150	60084	
工业合计	1534752	51853	34804	259174	65008
工业九大产业	486175	12842	760	185493	63008
文化产业	426304	5012	6992	800	2000
高耗能工业	620069	30701	10150	68065	
装备工业	212174	12842		143916	63008
信息产业	197479	20102	2000	161073	14508
农、林、牧、渔业	189005		29684		
采矿业					
制造业	987904	12842	9550	199090	65008
电力、热力、燃气及水生产和供应业	546848	39011	25254	60084	
建筑业	25839	20084			
批发和零售业	366642	4957	17671		
交通运输、仓储和邮政业	580207	67347	586		
住宿和餐饮业	117055			9600	
信息传输、软件和信息技术服务业	106028	17052		20157	13000
金融业	1000				
房地产业	493296	1417			
租赁和商务服务业	91692	37851			
科学研究和技术服务业	45992	4345			
水利、环境和公共设施管理业	835823	75800	185190	0	
居民服务、修理和其他服务业	30545	4130	8886		
教育	165543	33198	31174		
卫生和社会工作	21563	3876	9400		
文化、体育和娱乐业	50101	1425	2000		
公共管理、社会保障和社会组织	65566	10052	6860		

5-5 2016固定资产投资按建设性质分

单位：万元

指标名称	总 计	新 建	扩 建	改建和技术改造	单纯建造生活设施	恢 复	单纯购置
按登记注册类型分组	**5956831**	**3636263**	**1018178**	**1214226**	**3800**	**5242**	**79122**
内源性经济投资	5589892	3330206	983488	1199686	3800	5242	67470
外源性经济投资	366939	306057	34690	14540			11652
民间投资	4178732	2167811	947169	1015968	3800	5242	38742
内资	5589892	3330206	983488	1199686	3800	5242	67470
国有经济	1221155	1049080	35038	108309			28728
集体经济	332825	109953	39107	179565			4200
私营个体经济	1812679	1129341	200614	448182			34542
国有	333387	187047	31203	108309			6828
集体	326255	104963	39107	177985			4200
股份合作	6570	4990		1580			
国有独资公司	887768	862033	3835				21900
其他有限责任公司	584592	452425	46425	85742			
股份有限公司	58036	39746	4890	13400			
私营	943436	533282	195714	192738			21702
其他	1580605	549661	657414	364488	3800	5242	0
个体经营：个体户	854463	581279	4900	255444			12840
个人合伙	14780	14780					
港澳台商投资	288931	231557	34690	11032			11652
合资经营	9600	9600	0				
合作经营	1000			1000			
独资	278331	221957	34690	10032			11652
外商投资	78008	74500		3508			
独资	16508	13000		3508			
股份有限公司	61500	61500					
按国民经济行业分	**5956831**	**3636263**	**1018178**	**1214226**	**3800**	**5242**	**79122**
第一产业	236857	124034	25857	86966			
第二产业	2050150	1333789	341142	332968	800		41451
第三产业	3669824	2178440	651179	794292	3000	5242	37671
基础设施	2100974	1362200	174366	533466	3800	5242	21900
基础产业	2425198	1525722	215595	652939	3800	5242	21900
城市建设	736027	391806	81584	262037	600		0
原材料	141399	80465	45584	15350			0
能源	565567	515839	9630	39298	800		0
工业合计	2034306	1313920	336797	341338	800		41451
工业九大产业	764357	521956	124894	89850	0	0	27657

5-6 2016固定资产投资按构成分

单位：万元

指标名称	本年完成投资	建筑工程	安装工程	设备工器具购置	其他费用	土地购置费
按登记注册类型分组	**5956831**	**3480293**	**407624**	**1046866**	**1022048**	**281457**
内源性经济投资	5589892	3409655	332544	875768	971925	258600
外源性经济投资	366939	70638	75080	171098	50123	22857
民间投资	4178732	2639556	284520	650181	604475	192357
内资	5589892	3409655	332544	875768	971925	258600
国有经济	1221155	691024	27586	159828	342717	42019
集体经济	332825	235108	21979	55300	20438	5890
私营个体经济	1812679	1262261	107820	331985	110613	45936
国有	333387	215157	22667	35728	59835	30790
集体	326255	229673	21979	54255	20348	5800
股份合作	6570	5435	0	1045	90	90
国有独资公司	887768	475867	4919	124100	282882	11229
其他有限责任公司	584592	318232	54943	151546	59871	47243
股份有限公司	58036	26200	1221	28299	2316	0
私营	943436	575527	69094	194389	104426	42269
其他	1580605	876830	118995	148810	435970	117512
个体经营：个体户	854463	671954	38726	137596	6187	3667
个人合伙	14780	14780	0	0	0	0
港澳台商投资	288931	51999	70878	137773	28281	9467
合资经营	9600	8200	1400	0	0	0
合作经营	1000	0	250	750	0	0
独资	278331	43799	69228	137023	28281	9467
外商投资	78008	18639	4202	33325	21842	13390
独资	16508	639	150	15364	355	0
股份有限公司	61500	18000	4052	17961	21487	13390
按国民经济行业分	**5956831**	**3480293**	**407624**	**1046866**	**1022048**	**281457**
第一产业	236857	169806	11813	35000	20238	7493
第二产业	2050150	833475	185975	622483	408217	124580
第三产业	3669824	2477012	209836	389383	593593	149384
基础设施	2100974	1249182	142916	321570	387306	15353
基础产业	2425198	1471215	159870	373006	421107	28187
城市建设	736027	580038	51869	45319	58801	2725
原材料	141399	63300	8084	33693	36322	22124
能源	565567	135162	67854	204674	157877	9128
工业合计	2034306	823048	179965	625951	405342	123270
工业九大产业	764357	273362	72949	262294	155752	86244

5-7　2016固定资产投资房屋施工面积

单位：万元/平方米

指标名称	本年施工房屋面积	其中：住宅	本年竣工房屋面积	其中：住宅
按登记注册类型分组	**7067966**	**538589**	**3747694**	**258820**
内源性经济投资	6113660	538589	3722194	258820
外源性经济投资	954306	0	25500	0
民间投资	3110806	531189	2281005	251420
内资	6113660	538589	3722194	258820
国有经济	2905854	7400	1441189	7400
集体经济	92414	0	68414	0
私营个体经济	1810668	252300	1117427	9600
国有	2858999	7400	1434013	7400
集体	92414	0	68414	0
国有独资公司	46855	0	7176	0
其他有限责任公司	174620	11019	50371	1250
股份有限公司	10330	0	10330	0
私营	829358	15800	487177	9600
其他	1119774	267870	1034463	240570
个体经营：个体户	981310	236500	630250	0
港澳台商投资	33500	0	25500	0
合资经营	8000	0	0	0
独资	25500	0	25500	0
外商投资	920806	0	0	0
独资	2568	0	0	0
股份有限公司	918238	0	0	0
按国民经济行业分	**7067966**	**538589**	**3747694**	**258820**
第一产业	37460	12300	21860	0
第二产业	3845276	9600	1660992	9600
第三产业	3185230	516689	2064842	249220
基础设施	475274	0	43924	0
基础产业	522814	12300	75864	0
城市建设	66751	0	41736	0
原材料	156133	0	67781	0
能源	16532	0	0	0
工业合计	3766307	9600	1650575	9600
工业九大产业	3384705	0	1414480	0

5–8　2016年房地产开发投资情况（一）

单位：万元

项　目	本年完成投资	建筑工程	安装工程	设备工器具购置	其他费用	土地购置费
总　计	**567656**	**425610**	**77744**	**10346**	**53956**	**19339**
登记注册类型	–	–	–	–	–	–
内资企业	512769	382917	75650	7246	46956	16139
有限责任公司	381391	322905	30077	6297	22112	3401
股份有限公司	28708	15596	4348	500	8264	0
私营企业	102670	44416	41225	449	16580	12738
港、澳、台商投资企业	54887	42693	2094	3100	7000	3200
与港澳台商合资经营企业	35800	28106	2094	2100	3500	3200
与港澳台商合作经营企业	4000	4000	0	0	0	0
港澳台商独资经营企业	10587	10587	0	0	0	0
港澳台商投资股份有限公司	4500	0	0	1000	3500	0
企业控股情况	–	–	–	–	–	–
国有控股	67743	53868	13875	0	0	0
私人控股	293983	181619	61775	5246	45343	14947
港澳台商控股	54887	42693	2094	3100	7000	3200
其他	151043	147430	0	2000	1613	1192
房地产开发经营业企业资质等级	–	–	–	–	–	–
三级	59700	59700	0	0	0	0
四级	204299	125390	42804	9954	26151	15788
暂定	250317	187255	34940	392	27730	3476
其他	53340	53265	0	0	75	75
隶属关系	–	–	–	–	–	–
地区	79420	71726	2094	2100	3500	3200
县（市、区）	261822	200307	31825	4797	24893	2947
其他	226414	153577	43825	3449	25563	13192

5-9 2016年房地产开发投资情况（二）

单位：万元

项 目	住 宅	其中：90平方米及以下	90-144平方米	其 他	商业营业用房	144平方米以上	本年新增固定资产本年实际
总 计	**455167**	**48057**	**132521**	**58274**	**52551**	**274589**	**72699**
登记注册类型	–	–	–	–	–	–	–
内资企业	414310	39871	132521	46574	50821	241918	46489
有限责任公司	317237	31000	101457	33255	30135	184780	46489
股份有限公司	18104	0	13104	4042	6262	5000	0
私营企业	78969	8871	17960	9277	14424	52138	0
港、澳、台商投资企业	40857	8186	0	11700	1730	32671	26210
与港澳台商合资经营企业	30270	0	0	3200	1730	30270	19913
与港澳台商合作经营企业	0	0	0	4000	0	0	4000
港澳台商独资经营企业	10587	8186	0	0	0	2401	2297
港澳台商投资股份有限公司	0	0	0	4500	0	0	0
企业控股情况	–	–	–	–	–	–	–
国有控股	55868	25000	10000	1875	10000	20868	0
私人控股	229937	14871	105910	26486	36897	109156	40489
港澳台商控股	40857	8186	0	11700	1730	32671	26210
其他	128505	0	16611	18213	3924	111894	6000
企业资质等级	–	–	–	–	–	–	–
三级	49064	300	12681	10362	274	36083	0
四级	155269	9120	52854	30386	17744	93295	54102
暂定	201550	30451	66336	13906	34097	104763	18597
其他	49284	8186	650	3620	436	40448	0
隶属关系	–	–	–	–	–	–	–
地区	70270	0	0	6820	1730	70270	19913
县（市、区）	206317	31300	88245	21725	32716	86772	44489
其他	178580	16757	44276	29729	18105	117547	8297

5-10 2016年房地产开发投资情况（三）

单位：平方米

项 目	项目规划建筑面积	项目规划占地面积	项目规划建筑面积_住宅	商业营业用房	办公楼	其 他
总 计	**6873464**	**3312723**	**5737685**	**354534**	**17025**	**764220**
登记注册类型	–	–	–	–	–	–
内资企业	5873184	3052556	4904724	307021	17025	644414
有限责任公司	4311814	2056478	3500170	253705	2996	554943
股份有限公司	229716	70343	190456	11230	12029	16001
私营企业	1331654	925735	1214098	42086	2000	73470
港、澳、台商投资企业	1000280	260167	832961	47513	0	119806
与港澳台商合资经营企业	404640	114047	306648	21362	0	76630
与港澳台商合作经营企业	232801	23149	218684	14117	0	0
港澳台商独资经营企业	159285	90086	152489	6796	0	0
港澳台商投资股份有限公司	203554	32885	155140	5238	0	43176
企业控股情况	–	–	–	–	–	–
国有控股	793599	422510	718093	68182	0	7324
私人控股	2895854	1374673	2473476	132560	16886	272932
港澳台商控股	1000280	260167	832961	47513	0	119806
其他	2183731	1255373	1713155	106279	139	364158
企业资质等级	–	–	–	–	–	–
三级	1427904	797905	1184379	25910	0	217615
四级	2566567	1486731	2180587	106022	12029	267929
暂定	2716370	982339	2258107	174591	4996	278676
其他	162623	45748	114612	48011	0	0
隶属关系	–	–	–	–	–	–
地区	404640	114047	306648	21362	0	76630
县（市、区）	2297902	838212	2012245	139718	14428	131511
其他	4170922	2360464	3418792	193454	2597	556079

5–11 2016年房地产开发投资情况（四）

单位：平方米

项 目	规划住宅套数	#90平方米及以下	144平方米以上	别墅、高档公寓
总 计	**35136**	**4851**	**16908**	**4006**
登记注册类型	–	–	–	–
内资企业	29781	4289	13157	3903
有限责任公司	22968	4161	9863	3827
股份有限公司	1339	0	550	0
私营企业	5474	128	2744	76
港、澳、台商投资企业	5355	562	3751	103
与港澳台商合资经营企业	1912	0	1912	53
与港澳台商合作经营企业	1355	0	933	0
港澳台商独资经营企业	978	562	366	50
港澳台商投资股份有限公司	1110	0	540	0
企业控股情况	–	–	–	–
国有控股	7160	3500	1280	2380
私人控股	13783	544	6931	158
港澳台商控股	5355	562	3751	103
其他	8838	245	4946	1365
企业资质等级	–	–	–	–
三级	6009	103	2569	927
四级	11642	650	6639	567
暂定	16643	3536	7464	2512
其他	842	562	236	0
隶属关系	–	–	–	–
地区	1912	0	1912	53
县（市、区）	15400	3948	6086	2462
其他	17824	903	8910	1491

5-12 2016年房地产开发财务表（一）

单位：千元

项　目	年初存货	流动资产	应收账款	存　货	固定资产合计	固定资产原价
总　计	**7222726**	**14570774**	**553790**	**7911846**	**53185**	**78760**
登记注册类型	–	–	–	–	–	–
内资企业	5128725	10225526	408160	5404307	37726	51126
国有企业	0	44920	1015	504	1633	3630
股份合作企业	20688	58707	12205	20219	177	439
有限责任公司	4466734	7868115	271509	3815704	23534	28159
股份有限公司	75483	140622	33142	95867	47	148
私营企业	565820	2113162	90289	1472013	12335	18750
港、澳、台商投资企业	2094001	4345248	145630	2507539	15459	27634
与港澳台商合资经营企业	622267	838685	0	618500	1927	5169
与港澳台商合作经营企业	145695	493824	127097	343174	10798	17228
港澳台商独资经营企业	838740	1535857	2330	906642	1618	2912
港澳台商投资股份有限公司	487299	1476882	16203	639223	1116	2325
企业控股情况	–	–	–	–	–	–
国有控股	720341	2021111	1015	1343191	2750	4911
私人控股	3219637	6415230	318090	3710483	30240	38254
港澳台商控股	2094001	4345248	145630	2507539	15459	27634
其他	1188747	1789185	89055	350633	4736	7961
企业资质等级	–	–	–	–	–	–
三级	12250	221946	17756	23784	8368	16125
四级	2029596	6585986	279978	3973766	29938	44175
暂定	3846098	5689120	237775	3270892	8558	9624
其他	1334782	2073722	18281	643404	6321	8836
隶属关系	–	–	–	–	–	–
地区	1367207	1626536	0	618500	5843	10060
县（市、区）	3378040	6570832	298833	3671822	29017	38713
镇	0	13554	2502	0	2251	2651
其他	2477479	6359852	252455	3621524	16074	27336

5-13　2016年房地产开发财务表（二）

单位：千元

项　目	固定资产折旧	本年折旧	资产合计	流动负债	应付账款	非流动负债
总　计	**29253**	**4098**	**15564324**	**13065921**	**1460504**	**324023**
登记注册类型	–	–	–	–	–	–
内资企业	17078	2987	10881527	9464282	962121	225074
国有企业	1997	115	47330	22387	0	16319
股份合作企业	262	13	76014	79225	4579	0
有限责任公司	6093	1766	8102801	7171922	631638	81430
股份有限公司	101	101	140669	99095	56971	5709
私营企业	8625	992	2514713	2091653	268933	121616
港、澳、台商投资企业	12175	1111	4682797	3601639	498383	98949
与港澳台商合资经营企业	3242	255	840612	768933	2	0
与港澳台商合作经营企业	6430	765	508603	243181	59419	0
港澳台商独资经营企业	1294	91	1554394	1023886	75915	77456
港澳台商投资股份有限公司	1209	0	1779188	1565639	363047	21493
企业控股情况	–	–	–	–	–	–
国有控股	2161	229	2025494	2034712	23588	16319
私人控股	11499	2217	6966937	6111355	837699	150394
港澳台商控股	12175	1111	4682797	3601639	498383	98949
其他	3418	541	1889096	1318215	100834	58361
企业资质等级	–	–	–	–	–	–
三级	7757	488	438854	328637	70	16319
四级	15219	2150	7100032	5647759	915491	36929
暂定	3211	1215	5879235	5323309	505644	207038
其他	3066	245	2146203	1766216	39299	63737
隶属关系	–	–	–	–	–	–
地区	4217	255	1635275	1565296	2	0
县（市、区）	10858	2002	6724211	6292182	629467	45097
镇	400	100	15805	2006	0	0
其他	13778	1741	7189033	5206437	831035	278926

5-14 2016年房地产开发财务表（三）

单位：千元

项　目	负债	所有者权益	实收资本	营业收入	主营业务收入	商品房屋销售收入
总　计	**13389944**	**2174380**	**1459925**	**3091331**	**3089260**	**2720210**
登记注册类型	–	–	–	–	–	–
内资企业	9689356	1192171	512921	2613745	2613637	2244587
国有企业	38706	8624	8000	930	930	0
股份合作企业	79225	-3211	0	862	862	862
有限责任公司	7253352	849449	379701	1551906	1551798	1551655
股份有限公司	104804	35865	1000	160706	160706	160706
私营企业	2213269	301444	124220	899341	899341	531364
港、澳、台商投资企业	3700588	982209	947004	477586	475623	475623
与港澳台商合资经营企业	768933	71679	82786	0	0	0
与港澳台商合作经营企业	243181	265422	156787	475623	475623	475623
港澳台商独资经营企业	1101342	453052	503425	0	0	0
港澳台商投资股份有限公司	1587132	192056	204006	1963	0	0
企业控股情况	–	–	–	–	–	–
国有控股	2051031	-25537	18000	930	930	0
私人控股	6261749	705188	336920	2054926	2054818	1686820
港澳台商控股	3700588	982209	947004	477586	475623	475623
其他	1376576	512520	158001	557889	557889	557767
企业资质等级	–	–	–	–	–	–
三级	344956	93898	97680	31438	31438	30508
四级	5684688	1415344	692619	1446799	1444797	1444302
暂定	5530347	348888	291772	1600419	1600350	1232727
其他	1829953	316250	377854	12675	12675	12673
隶属关系	–	–	–	–	–	–
地区	1565296	69979	101786	0	0	0
县（市、区）	6337279	386932	280487	1333021	1332913	1331962
镇	2006	13799	10000	7780	7780	7780
其他	5485363	1703670	1067652	1750530	1748567	1380468

5-15 2016年房地产开发财务表（四）

单位：千元

项 目	房屋出租收入	营业成本	主营业务成本	营业税金及附加	主营业务税金及附加	其他业务利润
总 计	**368646**	**2525548**	**2523548**	**171962**	**171962**	**39**
登记注册类型	–	–	–	–	–	–
内资企业	368646	2163712	2161712	136114	136114	39
国有企业	879	298	298	51	51	0
股份合作企业	0	917	917	47	47	0
有限责任公司	114	1318249	1316249	80197	80197	39
股份有限公司	0	115357	115357	6554	6554	0
私营企业	367653	728891	728891	49265	49265	0
港、澳、台商投资企业	0	361836	361836	35848	35848	0
与港澳台商合作经营企业	0	361836	361836	35848	35848	0
企业控股情况	–	–	–	–	–	–
国有控股	879	298	298	51	51	0
私人控股	367656	1709945	1707945	110502	110502	39
港澳台商控股	0	361836	361836	35848	35848	0
其他	111	453469	453469	25561	25561	0
企业资质等级	–	–	–	–	–	–
三级	879	25644	25644	1692	1692	0
四级	162	1166105	1166105	77929	77929	39
暂定	367605	1324573	1322573	91517	91517	0
其他	0	9226	9226	824	824	0
隶属关系	–	–	–	–	–	–
县（市、区）	882	1097956	1095956	89702	89702	39
镇	0	5670	5670	5	5	0
其他	367764	1421922	1421922	82255	82255	0

5-16 2016年房地产开发财务表（五）

单位：千元

项　目	销售费用	管理费用	税　金	财务费用	利息收入	利息支出
总　计	**71082**	**85337**	**7198**	**15323**	**3206**	**9928**
登记注册类型	–	–	–	–	–	–
内资企业	68561	71411	7198	15257	3204	9928
国有企业	1	1751	0	–27	27	0
股份合作企业	0	628	0	–1	0	–1
有限责任公司	60775	45490	6986	11679	2948	6350
股份有限公司	463	931	0	16	8	0
私营企业	7322	22611	212	3590	221	3579
港、澳、台商投资企业	2521	13926	0	66	2	0
与港澳台商合资经营企业	350	210	0	0	0	0
与港澳台商合作经营企业	356	10681	0	9	2	0
港澳台商独资经营企业	1682	1661	0	45	0	0
港澳台商投资股份有限公司	133	1374	0	12	0	0
企业控股情况	–	–	–	–	–	–
国有控股	25127	10179	5995	666	720	1286
私人控股	31881	47555	363	12522	2043	6157
港澳台商控股	2521	13926	0	66	2	0
其他	11553	13677	840	2069	441	2485
企业资质等级	–	–	–	–	–	–
三级	373	5198	70	–47	55	7
四级	11818	35634	959	–261	470	5
暂定	52457	35828	6169	15639	2617	9913
其他	6434	8677	0	–8	64	3
隶属关系	–	–	–	–	–	–
地区	4040	3832	0	–60	64	4
县（市、区）	46585	38783	6015	9530	2533	3806
镇	120	1120	3	2	0	0
其他	20337	41602	1180	5851	609	6118

5-17　2016年房地产开发财务表（六）

单位：千元

项　目	投资收益	营业利润	营业外收入	营业外支出	利润总额	应交所得税	本年应付职工薪酬
总　计	**-2884**	**219194**	**2137**	**10454**	**210877**	**42669**	**54372**
登记注册类型	-	-	-	-	-	-	-
内资企业	-2887	155802	2130	7314	150618	29042	49626
国有企业	0	-1144	0	181	-1325	0	1701
股份合作企业	-3211	-3940	3	0	-3937	0	65
有限责任公司	317	35832	1988	6025	31795	24820	38705
股份有限公司	0	37385	0	0	37385	3214	1011
私营企业	7	87669	139	1108	86700	1008	8144
港、澳、台商投资企业	3	63392	7	3140	60259	13627	4746
与港澳台商合资经营企业	0	-560	0	0	-560	0	135
与港澳台商合作经营企业	0	66893	0	2802	64091	13627	812
港澳台商独资经营企业	0	-3388	7	329	-3710	0	3347
港澳台商投资股份有限公司	3	447	0	9	438	0	452
企业控股情况	-	-	-	-	-	-	-
国有控股	0	-35391	1266	181	-34306	19498	1701
私人控股	-2887	139633	351	6704	133280	7265	34906
港澳台商控股	3	63392	7	3140	60259	13627	4746
其他	0	51560	513	429	51644	2279	13019
企业资质等级	-	-	-	-	-	-	-
三级	0	-1422	0	207	-1629	0	2564
四级	10	155584	613	7889	148308	20756	18316
暂定	317	80721	1517	1996	80242	21913	26735
其他	-3211	-15689	7	362	-16044	0	6757
隶属关系	-	-	-	-	-	-	-
地区	0	-7812	0	0	-7812	0	2652
县（市、区）	-2894	47570	1478	5804	43244	34133	22710
镇	0	863	0	0	863	132	1478
其他	10	178573	659	4650	174582	8404	27532

5-18 2016年建筑业企业生产情况（一）

单位：千元

指标名称	合同情况			承包工程完成情况			
	签订的合同额	上年结转合同额	本年新签合同额	直接从建设单位承揽工程完成的产值	自行完成施工产值	分包出去工程的产值	从建设单位以外承揽工程完成的产值
总　计	**3336408**	**1582208**	**1754200**	**2335978**	**2150205**	**185773**	**15278**
一、按登记注册类型分组							
内资企业	3336408	1582208	1754200	2335978	2150205	185773	15278
集体企业	1662711	1147108	515603	681079	657506	23573	15278
股份合作企业	14117	2117	12000	11500	11500	0	0
有限责任公司	1259820	379956	879864	1321381	1159181	162200	0
国有独资公司	0	0	0	220	220	0	0
其他有限责任公司	1259820	379956	879864	1321161	1158961	162200	0
股份有限公司	199424	45424	154000	136089	136089	0	0
私营企业	200336	7603	192733	185929	185929	0	0
二、按国民经济行业分组							
房屋和土木工程建筑业	2094216	678157	1416059	1779761	1762061	17700	13405
建筑安装业	1143776	870688	273088	308640	308640	0	0
建筑装饰业	97387	33363	64024	246548	78475	168073	1873
其他建筑业	1029	0	1029	1029	1029	0	0
三、按隶属关系分组							
地区	1829618	1071501	758117	1107112	944912	162200	0
县（市、区）	1083812	409116	674696	837292	813719	23573	15278
镇	146566	51162	95404	123794	123794	0	0
其他	276412	50429	225983	267780	267780	0	0
四、按企业资质等级分组							
施工总承包	2877708	1479321	1398387	1797525	1779825	17700	13405
特级							
一级							
二级	1756435	1026766	729669	876149	874149	2000	0
三级及以下	1121273	452555	668718	921376	905676	15700	13405
专业总承包	458700	102887	355813	538453	370380	168073	1873
一级							
二级	392378	80403	311975	319991	314118	5873	1873
三级及以下	66322	22484	43838	218462	56262	162200	0
五、按控股情况分组							
国有控股	4077	674	3403	4297	4297	0	0
集体控股	2195205	1300009	895196	1230419	1206846	23573	15278
私人控股	1137126	281525	855601	1101262	939062	162200	0

5-19 2016年建筑业企业生产情况（二）

单位：千元

指标名称	建筑业总产值					竣工产值
	建筑业总产值	其中：装饰装修产值	建筑工程产值	安装工程产值	其他产值	竣工产值
总 计	**2165483**	**39837**	**1989657**	**143187**	**32639**	**1693278**
一、按登记注册类型分组						
内资企业	2165483	39837	1989657	143187	32639	1693278
集体企业	672784	5065	599832	62082	10870	474203
股份合作企业	11500	0	11500	0	0	11500
有限责任公司	1159181	24612	1072858	80302	6021	977185
国有独资公司	220	0	220	0	0	220
其他有限责任公司	1158961	24612	1072638	80302	6021	976965
股份有限公司	136089	0	136089	0	0	44461
私营企业	185929	10160	169378	803	15748	185929
二、按国民经济行业分组						
房屋和土木工程建筑业	1775466	5065	1709685	54911	10870	1457373
建筑安装业	308640	33743	278612	9288	20740	181043
建筑装饰业	80348	0	1360	78988	0	53833
其他建筑业	1029	1029	0	0	1029	1029
三、按隶属关系分组						
地区	944912	24612	908517	30374	6021	815915
县（市、区）	828997	5065	763815	65182	0	531477
镇	123794	0	112924	0	10870	114264
其他	267780	10160	204401	47631	15748	231622
四、按企业资质等级分组						
施工总承包	1793230	38808	1697421	64199	31610	1347540
特级						
一级						
二级	874149	0	868149	6000	0	689682
三级及以下	919081	38808	829272	58199	31610	657858
专业总承包	372253	1029	292236	78988	1029	345738
一级						
二级	315991	0	290876	25115	0	290876
三级及以下	56262	1029	1360	53873	1029	54862
五、按控股情况分组						
国有控股	4297	0	4297	0	0	4297
集体控股	1222124	5065	1149172	62082	10870	1005303
私人控股	939062	34772	836188	81105	21769	683678

5-20　2016年建筑业企业生产情况（三）

单位：平方米、人

指标名称	房屋建筑施工面积		从业人员情况				房屋建筑竣工面积	
	房屋建筑施工面积	其中：本年新开工面积	从事建筑业活动的平均人数	建筑业企业期末人数	其中：工程技术人员	其中：一级建造师	合　计	住宅房屋
总　计	**1562465**	**548135**	**10740**	**11671**	**2634**	**16**	**1336022**	**1044297**
一、按登记注册类型分组								
内资企业	1562465	548135	10740	11671	2634	16	1336022	1044297
集体企业	503627	275485	4184	4063	555	1	354418	139157
股份合作企业	31200	31200	54	54	15	0	31200	31200
有限责任公司	892622	204629	3804	3793	1738	11	857050	803036
国有独资公司	0	0	75	75	0	0	0	0
其他有限责任公司	892622	204629	3729	3718	1738	11	857050	803036
股份有限公司	61958	34821	815	829	204	0	32651	14201
私营企业	73058	2000	1883	2932	122	4	60703	56703
二、按国民经济行业分组								
房屋和土木工程建筑业	1489407	546135	7340	7193	2391	9	1275319	987594
建筑安装业	73058	2000	2416	3469	144	4	60703	56703
建筑装饰业	0	0	967	993	86	3	0	0
其他建筑业	0	0	17	16	13	0	0	0
三、按隶属关系分组								
地区	711295	65814	3254	3232	1353	9	711295	676681
县（市、区）	649566	395805	4425	4321	957	3	474579	262898
镇	111296	67266	919	909	147	0	80045	48015
其他	90308	19250	2142	3209	177	4	70103	56703
四、按企业资质等级分组								
施工总承包	1326856	548135	9083	9949	2066	10	1100413	808688
特级								
一级								
二级	546123	54169	4152	5204	972	7	478477	474759
三级及以下	780733	493966	4931	4745	1094	3	621936	333929
专业总承包	235609	0	1657	1722	568	6	235609	235609
一级								
二级	235609	0	863	924	504	3	235609	235609
三级及以下	0	0	794	798	64	3	0	0
五、按控股情况分组								
国有控股	0	0	107	95	15	0	0	0
集体控股	998714	342587	5947	5714	1452	4	827639	586246
私人控股	563751	205548	4686	5862	1167	12	508383	458051

5-21　2016年建筑业企业财务汇总表（一）

单位：千元

指标名称	一、年初存货	二、年末资产负债						
		流动资产合计	应收工程款	其中：存货	固定资产合计	固定资产原价	累计折旧	其中：本年折旧
总　计	**307706**	**1933168**	**269580**	**291376**	**157417**	**208367**	**80954**	**3038**
其中：国有及国有控股企业	0	30144	280	6280	3764	3886	122	0
一、按登记注册类型分组								
内资企业	307706	1933168	269580	291376	157417	208367	80954	3038
国有企业								
集体企业	185314	770509	10057	147298	99382	139106	50817	1782
股份合作企业	0	11877	8501	0	10	3670	3660	0
有限责任公司	108439	983688	193367	135862	33908	41787	18835	872
国有独资公司	0	30144	280	6280	3764	3886	122	0
其他有限责任公司	108439	953544	193087	129582	30144	37901	18713	872
股份有限公司	5207	70528	21900	6674	5796	6229	433	187
私营企业	8746	96566	35755	1542	18321	17575	7209	197
二、按国民经济行业分组								
房屋建筑业	221480	1446627	51042	171716	126682	165366	60672	2572
土木工程建筑业	8746	155582	32999	11094	18613	17695	7037	117
建筑安装业	77480	320625	182503	108566	7436	19306	11931	249
建筑装饰和其他建筑业	0	10334	3036	0	4686	6000	1314	100
三、按隶属关系分组								
地区	60309	328247	161452	70538	17587	25941	18661	91
县（市、区）	212997	1359748	30776	169815	107422	145669	49340	2584
镇	9374	33886	4039	9191	13402	18105	4703	80
其他	25026	211287	73313	41832	19006	18652	8250	283
四、按企业资质等级分组								
施工总承包	230226	1602209	84041	182810	145295	183061	67709	2689
特级								
一级								
二级	3211	147472	48457	1678	8840	25532	16692	1302
三级以下	227015	1454737	35584	181132	136455	157529	51017	1387
专业承包	77480	330959	185539	108566	12122	25306	13245	349
一级								
二级	6006	84822	30804	35662	5083	7229	2146	178
三级以下	71474	246137	154735	72904	7039	18077	11099	171
五、按控股情况分								
国有控股	0	30144	280	6280	3764	3886	122	0
集体控股	190521	814103	22543	152505	102946	146596	55392	1888
私人控股	117185	1088921	246757	132591	50707	57885	25440	1150

5–22　2016年建筑业企业财务汇总表（二）

单位：千元

指标名称	在建工程	资产合计	流动负债合计	应付账款	非流动负债合计	负债合计	所有者权益合计
总　计	**24354**	**2209543**	**1442025**	**62588**	**45230**	**1568836**	**640707**
其中：国有及国有控股企业	0	56536	22968	15341	23068	46036	10500
一、按登记注册类型分组							
内资企业	24354	2209543	1442025	62588	45230	1568836	640707
国有企业							
集体企业	9900	907260	583640	12016	7095	647383	259877
股份合作企业	0	11887	532	0	0	532	11355
有限责任公司	7830	1099185	781684	35130	36238	838735	260450
国有独资公司	0	56536	22968	15341	23068	46036	10500
其他有限责任公司	7830	1042649	758716	19789	13170	792699	249950
股份有限公司	0	76324	14273	9868	1897	20290	56034
私营企业	6624	114887	61896	5574	0	61896	52991
二、按国民经济行业分组							
房屋建筑业	17669	1656643	1124496	21841	20492	1226569	430074
土木工程建筑业	6624	207376	95709	23342	23218	118927	88449
建筑安装业	61	330504	211655	17400	1520	213175	117329
建筑装饰和其他建筑业	0	15020	10165	5	0	10165	4855
三、按隶属关系分组							
地区	7830	379916	215939	22082	23218	239157	140759
县（市、区）	9900	1540987	1080427	13513	18595	1161889	379098
镇	0	47288	12354	10209	1897	18371	28917
其他	6624	241352	133305	16784	1520	149419	91933
四、按企业资质等级分组							
施工总承包	24293	1864019	1220205	45183	43710	1345496	518523
特级							
一级							
二级	0	166867	37959	0	0	37959	128908
三级以下	24293	1697152	1182246	45183	43710	1307537	389615
专业承包	61	345524	221820	17405	1520	223340	122184
一级							
二级	0	91447	75574	14422	1520	77094	14353
三级以下	61	254077	146246	2983	0	146246	107831
五、按控股情况分							
国有控股	0	56536	22968	15341	23068	46036	10500
集体控股	9900	965113	594384	21884	8992	678738	286375
私人控股	14454	1187894	824673	25363	13170	844062	343832

5-23 2016年建筑业企业财务汇总表（三）

单位：千元

指标名称	三、损益及分配								
	营业收入	主营业务收入	营业成本	主营业务成本	营业税金及附加	主营业务税金及附加	销售费用	管理费用	其中：税金
总 计	**2306136**	**2293493**	**2080386**	**2053885**	**98493**	**96352**	**3795**	**60153**	**7709**
其中：国有及国有控股企业	1022	1022	860	860	42	42	0	1625	134
一、按登记注册类型分组									
内资企业	2306136	2293493	2080386	2053885	98493	96352	3795	60153	7709
国有企业									
集体企业	769262	768762	689415	674105	35979	34325	1846	22486	5043
股份合作企业	11500	11500	10268	10268	92	92	0	360	8
有限责任公司	1169719	1157576	1057036	1045845	47782	47295	1925	32774	2613
国有独资公司	1022	1022	860	860	42	42	0	1625	134
其他有限责任公司	1168697	1156554	1056176	1044985	47740	47253	1925	31149	2479
股份有限公司	136088	136088	120005	120005	4515	4515	0	1429	6
私营企业	219567	219567	203662	203662	10125	10125	24	3104	39
二、按国民经济行业分组									
房屋建筑业	1623592	1623092	1459005	1443695	69199	67461	3059	36571	4252
土木工程建筑业	346510	346510	318631	318631	18344	18344	0	7821	2385
建筑安装业	335005	322862	301968	290777	10919	10516	712	15551	1070
建筑装饰和其他建筑业	1029	1029	782	782	31	31	24	210	2
三、按隶属关系分组									
地区	944777	944777	873830	873830	28961	28958	712	20620	3856
县（市、区）	937813	937313	818985	803675	49752	48017	2988	29146	2547
镇	119947	119947	107090	107090	6326	6326	65	4476	395
其他	303599	291456	280481	269290	13454	13051	30	5911	911
四、按企业资质等级分组									
施工总承包	1753151	1752651	1575796	1560486	83578	81840	3059	42823	6372
特级									
一级									
二级	683622	683122	630687	615377	23214	21711	20	6919	2514
三级以下	1069529	1069529	945109	945109	60364	60129	3039	35904	3858
专业承包	552985	540842	504590	493399	14915	14512	736	17330	1337
一级									
二级	272139	259996	249259	238068	5651	5248	0	5013	464
三级以下	280846	280846	255331	255331	9264	9264	736	12317	873
五、按控股情况分									
国有控股	1022	1022	860	860	42	42	0	1625	134
集体控股	1156576	1156076	1052126	1036816	47131	45474	1852	26279	5991
私人控股	1148538	1136395	1027400	1016209	51320	50836	1943	32249	1584

5-24 2016年建筑业企业财务汇总表（四）

单位：千元

指标名称	财务费用	利息收入	营业利润	营业外收入	利润总额	应交所得税	应付职工薪酬（本年贷方累计发生额）	应交增值税
总 计	**4935**	**23**	**58393**	**1113**	**56873**	**34161**	**377708**	**11801**
其中：国有及国有控股企业	1	0	-1506	672	-834	0	1416	0
一、按登记注册类型分组								
内资企业	4935	23	58393	1113	56873	34161	377708	11801
国有企业								
集体企业	456	0	19080	116	19014	10871	142863	8447
股份合作企业	0	0	780	0	780	188	1880	0
有限责任公司	4140	17	26081	975	24606	19209	164332	1714
国有独资公司	1	0	-1506	672	-834	0	1416	0
其他有限责任公司	4139	17	27587	303	25440	19209	162916	1714
股份有限公司	45	2	10094	0	10094	2909	25634	1557
私营企业	294	4	2358	22	2379	984	42999	83
二、按国民经济行业分组								
房屋建筑业	3735	13	52023	418	52134	31527	283694	10564
土木工程建筑业	117	4	1616	693	2309	1194	78515	47
建筑安装业	804	6	5051	1	2727	1440	15091	1154
建筑装饰和其他建筑业	279	0	-297	1	-297	0	408	36
三、按隶属关系分组								
地区	450	17	20223	714	20821	13907	183943	1333
县（市、区）	3316	0	33626	376	33805	17601	111660	8315
镇	62	2	1928	0	1928	1514	31506	1760
其他	1107	4	2616	23	319	1139	50599	393
四、按企业资质等级分组								
施工总承包	3836	17	44078	1111	44882	27548	308517	10611
特级								
一级								
二级	227	4	22555	0	22555	11435	169352	1557
三级以下	3609	13	21523	1111	22327	16113	139165	9054
专业承包	1099	6	14315	2	11991	6613	69191	1190
一级								
二级	123	0	12093	1	12094	5898	56694	122
三级以下	976	6	2222	1	-103	715	12497	1068
五、按控股情况分								
国有控股	1	0	-1506	672	-834	0	1416	0
集体控股	636	2	28552	116	28486	18768	229691	8447
私人控股	4298	21	31347	325	29221	15393	146601	3354

第二部分 统计资料
TONGJIZILIAO

第六篇 批发零售和住宿餐饮业
PIFALINGSHOUHEZHUSUCANYINYE

2016年汕尾消费品市场分析

今年以来，我市认真贯彻落实国家、省稳增长、促消费等各项政策措施，大力改善各种消费环境，积极发展商业贸易，充分挖掘企业潜力，努力克服经济下行不利影响，使我市消费品市场整体保持平稳运行态势。

一、消费品市场运行的主要特点

（一）社会消费品零售总额稳中有升

2016年，全市实现社会消费品零售总额533.11亿元，同比增加44.50亿元，增长8.9%。其中限额以上零售额45.32亿元，同比增长6.3%，增幅比去年同期提高2个百分点，占全社会消费品零售总额的8.5%。各地社会消费品零售总额均有所提升，其中城区和海丰发展较好，均增长9.6%，陆丰、陆河、红海湾和深汕特别合作区增长分别为9.3%、9.1%、8.9%和4.3%。

（二）城镇消费品市场相对活跃

随着城镇化的不断发展，越来越多的人群迁居至城镇，城镇个体也雨后春笋般不断涌现，从而进一步开拓城镇市场。2016年，全市城镇消费品市场实现零售总额391.51亿元，占全社会消费品零售总额的73.4%，同比增长9.0%。乡村消费品市场实现零售总额141.59亿元，占全社会消费品零售总额的26.6%，同比增长8.5%。城镇消费品市场相对活跃，增速比乡村高0.5个百分点。

（三）限额以上住宿餐饮企业扭亏为盈

2016年，全市限额以上住宿餐饮企业实现营业额3.89亿元，同比增长9.5%。企业扭亏为盈，增幅比去年同期提高11.4个百分点，其中客房收入、餐费收入和商品销售额分别为0.99亿元、2.67亿元和0.02亿元，同比分别增长5.5%、12.1%和264.6%，增幅比去年同期分别提高17.5个、9.0个和319.7个百分点；其他收入为0.22亿元，同比下降7.1%，增幅同比下降4.3个百分点。

（四）限额以上单位主要大类商品零售形势良好，汽车零售快速增长，石油及制品零售降幅收窄

2016年，全市限额以上批发零售企业实现商品零售额38.52亿元，同比增长8.6%，增幅比去年同期提高5.0个百分点，发展形势良好。

基本生活需求类商品零售平稳增长，增势均比去年有所提高。2016年，全市限额以上企业粮油、食品类，饮料类，烟酒类服装、鞋帽针织品类和日用品类零售额分别为7.85亿元、0.29亿元、0.27亿元、1.18亿元和1.43亿元。增速分别为3.5%、8.3%、5.5%、20.3%和2.4%。增幅比去年分别提高2.5、1.0、0.4、10.0和0.1个百分点。

限额以上企业家用电器和音像器材类、中西药品类和家具类零售额分别为1.43亿元、0.42亿元和0.21亿元，增速分别为-5.2%、29.9%和8.2%。增幅与去年同比分别下降13.5、2.3个百分点和上升14.2个百分点。

汽车类零售快速增长，石油及制品类零售降幅收窄。随经济的发展，社会的进步，人们消费观念、消费层次、消费品质也随着提高，个人汽车拥有量也急速上升。2016年，全市限额以上企业实现汽车零售7.02亿元，同比增长54.3%，增幅比去年同期提高13.9个百分点。在汽车增多的同时，油价也有所回升，限额以上企业石油及制品类实现零售额17.47亿元，同比下降0.3%，降幅收窄3.0个百分点。

表1　主要商品零售额及增幅

类　别	2016年累计（亿元）	同　比（%）
一、总　计	38.52	8.6
其中：粮油、食品类	7.85	3.5
饮料类	0.29	8.3
烟酒类	0.27	5.5
服装、鞋帽、针纺织品类	1.18	20.3
日用品类	1.43	2.4
家用电器和音像器材类	1.43	–5.2
中西药品类	0.42	29.9
家具类	0.21	8.2
汽车类	7.02	54.3
石油及制品类	17.47	–0.3

二、需要关注的几个方面

2016年全市消费品市场整体发展平稳，限额以上企业发展良好，但仍存在个别问题及一些不利因素，需进一步关注。

（一）各县（市、区）发展不平衡

2016年末，全市贸易业限额以上单位共148家，其中企业99家，产业（大个体）49家，分散到各地，特别是红海湾、深汕合作区，地区单位数更少。这些小地方商贸统计受企业（产业、大个体）影响很大，抗变能力差，往往几家大单位就能决定全社会零售总额的统计趋势。2016年，受潮惠高速、深夏铁路影响，深汕特别合作区10家单位，6家同比下降，特别是餐饮业受到严重打击，致使社会零售总额发展缓慢，下降企业直接拉低当地社会零售总额增长4.9个百分点。

（二）网购对部分商品影响较大

随着社会经济的发展，网上购物以其品种的多样性，价格的优越性，选择的方便性等等许多优良特点越来越受广大消费群体的青睐，也对传统实体经营店的部分商品产生一定的不利影响。2016年，全市限额以上企业化妆品、书报杂志、家用电器和音响器材以及通讯器材类这些便于网购的大类商品，在整体零售形势向好的情况下，其增幅同比仍然下跌，分别下降18.1、7.1、13.5和18.7个百分点，网络对这些商品影响较大。

（三）新业态发展缓慢，新手段创收能力较差

汕尾的地理位置，基础设施，文化传承等因素很大程度上影响着人们的经营理念与消费观念。汕尾要像广州、深圳等大城市那样发展仍需一定的年限。我市涵盖超市、百货店、专业店，专卖店等商品零售业态，正餐、快餐等餐饮业态，以及文化、娱乐、健身、游艺、培训等两项及以上主要服务业态的商业综合体发展不够完善，目前尚无一家在统。汕尾新业态发展缓慢，企业通过网络媒体等现代化先进手

段实现创收的能力较差。2016年，我市限上批发零售企业通过公共网络实现的商品销售额为0，限上住宿餐饮企业通过公共网络实现的营业收入仅113.5万元，只占其营业额的0.3%。

（四）日常升级消费动力不足，消费品市场整体不够兴旺

消费品市场的发展必须由消费者来带动，消费行为基于消费能力与消费意愿。随着物价的增长，特别是2016年房价的跃进，大部分工薪阶层都头压房贷，脚顶车贷，中勒裤腰带，手头不够宽裕，日子过得紧实，少有余钱来提升自己的日常消费。另一方面，随着二孩政策的开放，孩子抚养成本的增加，又加重了不少年青夫妇的负担。再一方面，网购这个隐形市场也很大程度上占取了实体经营企业的市场份额，从而进一步分散了实体经济的利润。最后，企业的经营成本不断提高，这些成本最终又是需要消费者为其买单的，所以商品的价格也随着提升。部分品牌商品由于价格相对过高，令大部分消费者望而生畏，商场平时门可罗雀，生意冷清，消费品市场整体不够兴旺。

三、我市消费品市场发展意见及建议

（一）政策规范，政策指导，政策优惠

为促进我市消费品市场的有序、持续发展，一要加强政策规范，防止出现欺行霸市，不良竞争，生产销售假冒伪劣产品，不诚信经营等等恶劣社会经济现象；二要加强政策指导，防止企业盲目跟风，胡乱开发，引导企业走可持续发展道路；三要加强政策优惠，政策扶持力度，对新兴企业，新引入企业，发展潜力较大企业，在土地、税收、资金等多方面给予一定的优惠与扶持，帮助企业快速发展，带动本地经济，繁荣消费市场。

（二）打造热点，升级消费

汕尾贸易企业种类不全，大部分规模微小，结构简单，消费热点稀缺，品质不高。2016年除汽车销售仍为一大热点、亮点外，无与比肩。随着人们生活水平的提高，经济收入的增加，人们对生活品质的要求也越来越高。跟紧时代前进步伐，把握市场转变方向，关注地区消费特点，打造新型消费热点，创造特色消费品牌，提升消费品质结构，最大限度满足人们日常生活、休闲旅游、身心健康等更高层次的不同需求，促进我消费品市场繁荣、健康、持续发展。

（三）加强供给侧改革，释放消费潜力

我市贸易企业多为传统实体经营型，提供的是几乎一成不变的产品，面向的是基本固定的消费人群。面对瞬息万变的市场经济和不断提升的消费需求，企业必须找准定位，顺应市场变化和消费需求；要学会利用先进的科技手段，加大宣传力度，优化产品品质，调整产品结构，推广销售渠道，扩大经营范围，吸引消费者，满足消费需求。与此同时，根据消费者收入，信用及其他相关情况，适度提高信用额度，鼓励消费；提供保障房，廉租房，减免企业税负，降低消费者经济压力；加强城镇基础建设，打造农村旅游项目，鼓励大众创业，万众创新，外出人士返乡创业，增加就业机会，努力提高农民、居民收入，进一步释放消费潜力。

6-1 1988年—2016年社会消费品零售总额

单位：万元

指标名称	全市		分县（市、区）							
	合计	比上年增长%	市直	城区	红海湾	海丰	陆丰	陆河	华侨	深汕特别合作区
1988年	114778			12191		41702	51147	9738		
1989年	131979	15.0		17618		50278	53654	10429		
1990年	146304	10.9		20620		55234	59767	10683		
1991年	167349	14.4		24116		64396	66791	13246		
1992年	201545	20.4		30009		78307	78491	14738		
1993年	259973	29.0	3669	30662	3956	109012	94948	17726		
1994年	351540	35.2	3399	43127	4478	150680	126440	23425		
1995年	373280	23.8	2884	47786	5087	373280	130010	26020	1416	
1996年	435618	16.7	3026	58438	5828	435618	146455	29271	1615	
1997年	492684	13.4	3510	71105	6288	211692	164979	33269	1841	
1998年	553776	12.4	3915	78700	7156	237981	185846	38079	2099	
1999年	624106	12.7	3672	87095	8165	272129	209353	41320	2372	
2000年	698375	11.9	4060	96756	9336	304072	235832	45626	2693	
2001年	780783	11.8	6711	110435	10691	332182	265661	52046	3057	
2002年	868231	11.2	7912	122537	12166	364775	299263	58108	3470	
2003年	983706	13.3	9371	139638	13772	417601	337115	62270	3939	
2004年	1124376	14.3	22761	158320	15611	473968	379755	69489	4472	
2005年	1303152	15.9	26059	184443	17828	550277	438997	80468	5080	
2006年	1539411	18.1	41143	223802	21129	633668	518453	95198	6018	
2007年	1871143	21.5	51394	279237	25124	763998	626519	117764	7107	
2008年	2322114	24.1	65857	348856	30140	949702	774592	143457	9510	
2009年	2812290	21.1	86629	433289	27525	1144764	924363	184090	11628	
2010年	3520563	25.2	107785	540557	34718	1439762	1139793	205720	14419	
2011年	4145932	18.0	118928	650287	39934	1753527	1345126	240251	17879	
2012年	4243194	11.9	132555	662136	39753	1770920	1365104	260182	20740	
2013年	3987198		112207	676245	43175	1544402	1322334	264735	24100	
2014年	4401124	10.4	146460	746380	47468	1714715	1454386	291715		
2015年	4896136	11.0	139877	838805	52966	1921153	1621512	321823		
2016年	5331054	8.9	138880	931007	54421	1877413	1758508	345651		225174

6–2　2016年各地批发零售贸易业销售总额

单位：万元

指标名称	全市	分县（市、区）							
		市直	城区	红海湾	华侨	海丰	陆丰	陆河	深汕特别合作区
商品销售总额	**5911969**	**530198**	**889661**	**116706**		**1749868**	**2013221**	**406537**	**205777**
1、批发	1108816	353838	53011	58063		175234	375321	85103	8247
2、零售	4803153	176360	836650	58644		1574634	1637900	321434	197530

注：从2013年开始，本鉴年报数据是按第三次全国经济普查口径统计。

6–3　社会消费品零售总额

（2001–2016年）　　单位：万元

	2001年	2002年	2003年	2004年	2005年	2006年	2007年	2008年
社会消费品零售总额	**780783**	**868231**	**983706**	**1124376**	**1303152**	**1539411**	**1871143**	**2322114**
一、按城乡分								
城镇	448169	490551	572517	606775	702039	821650	1004097	1282389
农村	332614	377680	411189	517601	601113	717761	867046	1039725
二、按行业分								
批发零售贸易业	591053	646832	818443	924417	1065853	1267175	1554391	1954642
住宿餐饮业	90571	112870	127882	160667	192158	221349	280097	362129
制造业	27327	29520						
其他行业	71832	79009	37381	39292	45141	50887	36655	5344

6-3 社会消费品零售总额

6-3 续表　（2001-2016年）　单位：万元

	2009年	2010年	2011年	2012年	2013年	2014年	2015年	2016年	2016年比2015年增长%
社会消费品零售总额	**2812290**	**3520563**	**4145932**	**4243194**	**3987198**	**4401124**	**4896135**	**5331054**	**8.9**
一、按城乡分									
城镇	1562404	1887601	3424111	3001375	2835755	3130960	3590764	3915135	9.0
农村	1249886	1632962	721821	1241819	1151443	1270164	1305371	1415919	8.5
二、按行业分									
批发零售贸易业	2530202	3132969	3691019	3790761	3561158	3927939	4367244	4743957	8.6
住宿餐饮业	282088	387594	454913	452433	426040	473185	528891	587097	11.0
制造业									
其他行业									

6-4 2016年各地贸易业主要指标

单位：万元

指标名称	全市	分县（市、区）							
		市直	城区	红海湾	华侨	海丰	陆丰	陆河	深汕合作区
社会消费品零售总额	**5331054**	**138880**	**931007**	**54421**		**1877413**	**1758508**	**345651**	**225174**
按行业分组									
批发零售贸易业	4743957	136425	813086	38649		1619683	1608472	323485	204157
住宿餐饮业	587097	2455	117921	15772		257730	150036	22166	21017

6–5 2016年限额以上批发和零售业法人企业财务状况

单位：万元

指标名称	法人企业数（个）	一、年初存货	二、期末资产负债 流动资产合计	应收账款	存 货
总 计	**96**	**47894.1**	**333371.7**	**38849.2**	**62136.6**
一、批发业	29	20466.9	121536.7	22924	20641
1. 按批发行业小类分	–	–	–	–	–
农、林、牧产品批发	1	14.6	188.4	0	9.7
食品、饮料及烟草制品批发	12	5538.2	64844.4	6037.2	10680.5
纺织、服装及家庭用品批发	2	10928	26876.1	2291.1	5112.6
文化、体育用品及器材批发	1	336.6	1162.3	639.9	283
医药及医疗器材批发	3	683.3	12351.9	9742.9	816.3
矿产品、建材及化工产品批发	5	697.9	11236.7	2481.6	1208.5
机械设备、五金产品及电子产品批发	2	339.9	441.6	73.9	356.9
其他批发业	3	1928.4	4435.3	1657.4	2173.5
2. 按登记注册类型分	–	–	–	–	–
内资企业	28	20120	120875.1	22892.5	20538.5
国有企业	7	693.4	14192.6	9896.8	810.2
集体企业	1	14.6	188.4	0	9.7
有限责任公司	13	6893.2	65944.3	5078.7	9153.5
私营企业	6	12469.4	40416.1	7860.5	10487.9
其他企业	1	49.4	133.7	56.5	77.2
港、澳、台商投资企业	1	346.9	661.6	31.5	102.5
二、零售业	67	27427.2	211835	15925.2	41495.6
1. 按零售行业小类分	–	–	–	–	–
综合零售	12	8989	59788.5	2459.8	22215.3
食品、饮料及烟草制品专门零售	12	412.4	2163.5	199.4	266.2
纺织、服装及日用品专门零售	1	72.2	2072.8	8.2	70.4
文化、体育用品及器材专门零售	2	1.8	1379.7	710.6	56.5
医药及医疗器材专门零售	4	627.1	3396.3	1976.2	796
汽车、摩托车、燃料及零配件专门零售	22	11522.1	124601.2	4096.6	11441.7
家用电器及电子产品专门零售	8	5647.5	16794.7	5675.5	6481.2
货摊、无店铺及其他零售业	6	155.1	1638.3	798.9	168.3
2. 按登记注册类型分	–	–	–	–	–
内资企业	63	25557.5	185545.6	14229.1	27728.6
国有企业	10	115.1	3759.5	131.8	85.2
有限责任公司	24	17097.5	41093.8	4039.9	18787.6
股份有限公司	5	3720.3	96338.8	243.7	3324.3
私营企业	23	4582.1	44098.5	9813.7	5531.5
其他企业	1	42.5	255	0	0
港、澳、台商投资企业	3	1592.4	26260.6	1696.1	13767
外商投资企业	1	277.3	28.8	0	0
3. 按控股情况分	–	–	–	–	–
国有控股	17	4985.3	103211.7	1113.5	4107.3
私人控股	37	11754.4	61672.8	10970.5	14161.7
港澳台商控股	4	3370.3	30290	1898.9	15301.3
其他	9	7317.2	16660.5	1942.3	7925.3

6–5 2016年限额以上批发和零售业法人企业财务状况

6–5 续表1

单位：万元

指标名称	二、期末资产负债					
	固定资产合计	固定资产原价	累计折旧	本年折旧	在建工程	资产总计
总 计	**79903**	**122176**	**42372.5**	**6323.8**	**5514.6**	**455860.3**
一、批发业	15308.7	29372.7	14086.9	1578.6	3731.1	145102.6
1. 按批发行业小类分	–	–	–	–	–	–
农、林、牧产品批发	30.5	146	115.5	0	0	218.9
食品、饮料及烟草制品批发	5666.8	12741.7	7073.5	634	3731.1	74975.3
纺织、服装及家庭用品批发	9262.3	15891.6	6629.3	909.9	0	36238.8
文化、体育用品及器材批发	4.1	82	77.9	0.9	0	1166.4
医药及医疗器材批发	66	51.3	9.6	0	0	12493.1
矿产品、建材及化工产品批发	130.1	138	7.9	6.9	0	14938.6
机械设备、五金产品及电子产品批发	2.4	41	38.6	2.1	0	444.2
其他批发业	146.5	281.1	134.6	24.8	0	4627.3
2. 按登记注册类型分	–	–	–	–	–	–
内资企业	15022.2	29030.7	14031.4	1578.6	3731.1	144154.5
国有企业	3290.5	6258	2966.1	231.7	520	18649.5
集体企业	30.5	146	115.5	0	0	218.9
有限责任公司	2195.8	6385.1	4189.3	424	3016.1	74767.2
私营企业	9481.1	16241.6	6760.5	922.9	195	50292.4
其他企业	24.3	0	0	0	0	226.5
港、澳、台商投资企业	286.5	342	55.5	0	0	948.1
二、零售业	64594.3	92803.3	28285.6	4745.2	1783.5	310757.7
1. 按零售行业小类分	–	–	–	–	–	–
综合零售	40924.6	55071	14212.4	2868.5	35.9	107840.5
食品、饮料及烟草制品专门零售	1866.7	3115.2	1248.5	32	972.4	4035.5
纺织、服装及日用品专门零售	177.4	270.7	93.3	0	207.1	3057.6
文化、体育用品及器材专门零售	1187.8	1359.9	172.1	37.3	0	3230.7
医药及医疗器材专门零售	300.6	346.7	56.8	19.9	0	3858.8
汽车、摩托车、燃料及零配件专门零售	19050	30944.5	11894.5	1761.4	568.1	168915.1
家用电器及电子产品专门零售	209.5	435.2	225.7	15.5	0	17191
货摊、无店铺及其他零售业	877.7	1260.1	382.3	10.6	0	2628.5
2. 按登记注册类型分	–	–	–	–	–	–
内资企业	21751.7	41027.2	19352.1	2091.3	1783.5	235769.5
国有企业	1957.1	3290.3	1333.2	25.9	1179.5	6528
有限责任公司	6362.1	13578.4	7216.3	660.3	35.9	52474
股份有限公司	10800.4	20720.5	9920	1327	563.1	129426.5
私营企业	1912.1	2573	671.6	57.5	5	46351.1
其他企业	720	865	211	20.6	0	989.9
港、澳、台商投资企业	37732.6	45776.1	8043.5	2547.1	0	68959.4
外商投资企业	5110	6000	890	106.8	0	6028.8
3. 按控股情况分	–	–	–	–	–	–
国有控股	18911.4	30964.7	12053.3	1547.8	1742.6	147534
私人控股	5258.6	9966.5	4718.5	352.5	39.2	69211.7
港澳台商控股	38939.6	47501.7	8562.1	2685.6	0	74195.9
其他	1484.7	4370.4	2951.7	159.3	1.7	19816.1

6–5　2016年限额以上批发和零售业法人企业财务状况

6–5 续表2　　单位：万元

指标名称	二、期末资产负债					
	流动负债合计	应付账款	非流动负债合计	负债合计	所有者权益合计	实收资本
总　计	**218081.1**	**40433.7**	**23663.3**	**243180.8**	**212679.5**	**80897.9**
一、批发业	52458.1	18833.3	726.4	54363.1	90739.5	19577.4
1. 按批发行业小类分	–	–	–	–	–	–
农、林、牧产品批发	0	0	0	0	218.9	64.1
食品、饮料及烟草制品批发	25572.9	4993.3	726.4	26491.9	48483.4	2931.9
纺织、服装及家庭用品批发	3139.7	1286.9	0	3139.7	33099.1	10108
文化、体育用品及器材批发	913.6	185.3	0	913.6	252.8	50
医药及医疗器材批发	12139.9	9603.9	0	12139.9	353.2	275.6
矿产品、建材及化工产品批发	5901.4	2133.5	0	6887.4	8051.2	5731
机械设备、五金产品及电子产品批发	300.1	28.8	0	300.1	144.1	216.8
其他批发业	4490.5	601.6	0	4490.5	136.8	200
2. 按登记注册类型分	–	–	–	–	–	–
内资企业	52105.5	18813.1	726.4	54010.5	90144	19577.4
国有企业	16239.9	9865.1	400.1	16832.6	1816.9	852.5
集体企业	0	0	0	0	218.9	64.1
有限责任公司	22154.2	6422.4	0	23140.2	51627	7877.8
私营企业	13668.8	2523.1	326.3	13995.1	36297.3	10684.2
其他企业	42.6	2.5	0	42.6	183.9	98.8
港、澳、台商投资企业	352.6	20.2	0	352.6	595.5	0
二、零售业	165623	21600.4	22936.9	188817.7	121940	61320.5
1. 按零售行业小类分	–	–	–	–	–	–
综合零售	62433.8	5661.8	15999.2	78658	29182.5	42822.5
食品、饮料及烟草制品专门零售	3006.8	72.8	608.8	3648.4	387.1	327.5
纺织、服装及日用品专门零售	1343.5	8.2	1219.5	2563	494.6	494.6
文化、体育用品及器材专门零售	2706.3	1634.1	292.2	2998.5	232.2	414.6
医药及医疗器材专门零售	3091.9	402.1	0	3091.9	766.9	809.7
汽车、摩托车、燃料及零配件专门零售	76762	8868	4367.2	81129.2	87785.9	13796.6
家用电器及电子产品专门零售	15371.4	4347.8	0	15371.4	1819.6	1679
货摊、无店铺及其他零售业	907.3	605.6	450	1357.3	1271.2	976
2. 按登记注册类型分	–	–	–	–	–	–
内资企业	127204.5	16365	20310.5	147772.8	87996.7	21186.7
国有企业	3944.4	8.2	1828.3	5805.5	722.5	682.1
有限责任公司	31545.6	5548.8	16066.4	47612	4862	9618
股份有限公司	49239.6	380.3	1391.3	50630.9	78795.6	7568.6
私营企业	42474.9	10427.7	799.5	43274.4	3076.7	3318
其他企业	0	0	225	450	539.9	0
港、澳、台商投资企业	37192	5235.4	0	37192	31767.4	39696.5
外商投资企业	1226.5	0	2626.4	3852.9	2175.9	437.3
3. 按控股情况分	–	–	–	–	–	–
国有控股	58889.2	2015.5	6138.2	65060.2	82473.8	9441.4
私人控股	54137.6	12228.1	7720.2	61857.8	7353.9	9040.6
港澳台商控股	40227.7	5281.8	0	40227.7	33968.2	40696.5
其他	12368.5	2075	9078.5	21672	–1855.9	2142

6-5 2016年限额以上批发和零售业法人企业财务状况

6-5 续表3

单位：万元

指标名称	二、期末资产负债					三、损益及分配
	国家资本	集体资本	法人资本	个人资本	港澳台资本	营业收入
总 计	**8021.8**	**38.3**	**16879.6**	**16261.7**	**39696.5**	**942481.9**
一、批发业	675.7	38.3	6865.4	11998	0	513536.4
1. 按批发行业小类分	–	–	–	–	–	–
农、林、牧产品批发	0	0	64.1	0	0	4782.2
食品、饮料及烟草制品批发	675.7	0	1430	826.2	0	375639.7
纺织、服装及家庭用品批发	0	0	0	10108	0	42634.6
文化、体育用品及器材批发	0	0	50	0	0	2374.3
医药及医疗器材批发	0	38.3	237.3	0	0	24223.2
矿产品、建材及化工产品批发	0	0	4734	997	0	39984.6
机械设备、五金产品及电子产品批发	0	0	200	16.8	0	10672.6
其他批发业	0	0	150	50	0	13225.2
2. 按登记注册类型分	–	–	–	–	–	–
内资企业	675.7	38.3	6865.4	11998	0	504013.4
国有企业	675.7	38.3	138.5	0	0	59984.2
集体企业	0	0	64.1	0	0	4782.2
有限责任公司	0	0	6364	1513.8	0	369925.2
私营企业	0	0	200	10484.2	0	66364.7
其他企业	0	0	98.8	0	0	2957.1
港、澳、台商投资企业	0	0	0	0	0	9523
二、零售业	7346.1	0	10014.2	4263.7	39696.5	428945.5
1. 按零售行业小类分	–	–	–	–	–	–
综合零售	0	0	596	2530	39696.5	58449.2
食品、饮料及烟草制品专门零售	187.5	0	40	100	0	41929.4
纺织、服装及日用品专门零售	494.6	0	0	0	0	4476.9
文化、体育用品及器材专门零售	404.6	0	10	0	0	2450.8
医药及医疗器材专门零售	0	0	409.7	400	0	9606.7
汽车、摩托车、燃料及零配件专门零售	6259.4	0	7036.6	500.6	0	276741.5
家用电器及电子产品专门零售	0	0	1153.9	525.1	0	32355.7
货摊、无店铺及其他零售业	0	0	768	208	0	2935.3
2. 按登记注册类型分	–	–	–	–	–	–
内资企业	7346.1	0	9576.9	4263.7	0	366129.5
国有企业	682.1	0	0	0	0	44508.3
有限责任公司	404.6	0	5855.4	3358	0	125214.9
股份有限公司	6259.4	0	1017.6	291.6	0	152045.6
私营企业	0	0	2703.9	614.1	0	43290.7
其他企业	0	0	0	0	0	1070
港、澳、台商投资企业	0	0	0	0	39696.5	18873.7
外商投资企业	0	0	437.3	0	0	43942.3
3. 按控股情况分	–	–	–	–	–	–
国有控股	7346.1	0	1803.7	291.6	0	250814.8
私人控股	0	0	5176.5	3864.1	0	101198
港澳台商控股	0	0	1000	0	39696.5	38437.7
其他	0	0	2034	108	0	38495

6–5 2016年限额以上批发和零售业法人企业财务状况

6–5 续表4　　　　单位：万元

指标名称	三、损益及分配					
	主营业务收入	营业成本	主营业务成本	营业税金及附加	主营业务税金及附加	其他业务利润
总　计	**926604.4**	**776454.3**	**766053.2**	**44425.6**	**44408.9**	**4104.5**
一、批发业	513086.5	398177.7	397571.4	42213.1	42213.1	36.5
1. 按批发行业小类分	–	–	–	–	–	–
农、林、牧产品批发	4782.2	4532.6	4532.6	3.1	3.1	0
食品、饮料及烟草制品批发	375189.8	279163.3	279157	41983.9	41983.9	36.5
纺织、服装及家庭用品批发	42634.6	30237.6	29637.6	99	99	0
文化、体育用品及器材批发	2374.3	1926.6	1926.6	5.6	5.6	0
医药及医疗器材批发	24223.2	22958.7	22958.7	73.8	73.8	0
矿产品、建材及化工产品批发	39984.6	36958.1	36958.1	13.9	13.9	0
机械设备、五金产品及电子产品批发	10672.6	10519.2	10519.2	10.8	10.8	0
其他批发业	13225.2	11881.6	11881.6	23	23	0
2. 按登记注册类型分	–	–	–	–	–	–
内资企业	503563.5	390577.7	389971.4	42184.6	42184.6	36.5
国有企业	59571.5	54940.8	54935.3	113.7	113.7	0
集体企业	4782.2	4532.6	4532.6	3.1	3.1	0
有限责任公司	369888	276760.2	276759.4	41940.3	41940.3	36.5
私营企业	66364.7	51523.9	50923.9	122.2	122.2	0
其他企业	2957.1	2820.2	2820.2	5.3	5.3	0
港、澳、台商投资企业	9523	7600	7600	28.5	28.5	0
二、零售业	413517.9	378276.6	368481.8	2212.5	2195.8	4068
1. 按零售行业小类分	–	–	–	–	–	–
综合零售	51286.9	45731.7	45377.8	279.1	274.7	3803.7
食品、饮料及烟草制品专门零售	41922.7	40130.3	38536.9	33.7	32.8	70.6
纺织、服装及日用品专门零售	4476.9	4356.7	4356.7	0.1	0.1	0
文化、体育用品及器材专门零售	2353.9	1753	1753	12.3	12.2	14.3
医药及医疗器材专门零售	9485.2	8355	8256.6	45.5	45.5	0
汽车、摩托车、燃料及零配件专门零售	273956.7	246114.1	243280.5	1780.1	1775.1	138.9
家用电器及电子产品专门零售	27100.3	29502.3	24586.8	53.6	47.3	40.5
货摊、无店铺及其他零售业	2935.3	2333.5	2333.5	8.1	8.1	0
2. 按登记注册类型分	–	–	–	–	–	–
内资企业	353654.6	332841.5	323127.3	2100.6	2088.3	2698.6
国有企业	44501.6	42980.7	41387.3	30.5	29.6	70.6
有限责任公司	120889.5	109778.1	109504.8	261.4	261.3	2287.7
股份有限公司	149289.8	141015.2	138214.7	333.1	328.1	48.9
私营企业	37903.7	38025	32978	1453.1	1446.8	21.6
其他企业	1070	1042.5	1042.5	22.5	22.5	269.8
港、澳、台商投资企业	15921	14546.7	14466.1	109.1	104.7	1312.9
外商投资企业	43942.3	30888.4	30888.4	2.8	2.8	56.5
3. 按控股情况分	–	–	–	–	–	–
国有控股	247955.4	224190.5	219796.6	381.3	375.3	190.3
私人控股	93571.1	88531.3	83484.3	1600.4	1594.1	2295
港澳台商控股	35485	32222.1	32141.5	138.5	134.1	1312.9
其他	36506.4	33332.7	33059.4	92.3	92.3	269.8

6–5 2016年限额以上批发和零售业法人企业财务状况

6–5 续表5 单位：万元

指标名称	三、损益及分配					
	销售费用	管理费用	税金	财务费用	利息收入	利息支出
总计	**55433.1**	**30218**	**1271.3**	**1145.9**	**–306.2**	**1110.5**
一、批发业	15198.4	18870	673.1	69.3	–492.4	509.6
1. 按批发行业小类分	–	–	–	–	–	–
农、林、牧产品批发	9.3	239.3	0	0	0	0
食品、饮料及烟草制品批发	10070	13138.2	190.2	–156.4	–570.1	321
纺织、服装及家庭用品批发	2360.6	3487.3	439.3	124.1	77.5	146.4
文化、体育用品及器材批发	156.7	182.1	0	24	0	0
医药及医疗器材批发	794.8	263.8	0	26.3	0	0
矿产品、建材及化工产品批发	585	1384.2	30	19.7	0.2	18.8
机械设备、五金产品及电子产品批发	102.2	20.8	13.6	0.2	0	0
其他批发业	1119.8	154.3	0	31.4	0	23.4
2. 按登记注册类型分	–	–	–	–	–	–
内资企业	13780.1	18863.4	673.1	69.1	–492.4	509.6
国有企业	3074.5	1680.2	0	147.2	0.3	102.7
集体企业	9.3	239.3	0	0	0	0
有限责任公司	7763.3	13167.3	233.8	–484.7	–579.3	18.8
私营企业	2832.4	3776.6	439.3	406.6	86.6	388.1
其他企业	100.6	0	0	0	0	0
港、澳、台商投资企业	1418.3	6.6	0	0.2	0	0
二、零售业	40234.7	11348	598.2	1076.6	186.2	600.9
1. 按零售行业小类分	–	–	–	–	–	–
综合零售	12376.4	2885.8	111.9	185	159.6	16.5
食品、饮料及烟草制品专门零售	1859.4	1184.7	3	37.4	0.5	10.4
纺织、服装及日用品专门零售	0	140.8	0.1	4.1	0	4.1
文化、体育用品及器材专门零售	224.8	462.9	3.6	–0.8	0.9	0.1
医药及医疗器材专门零售	1032.5	192.9	1.1	3.2	0.2	0.8
汽车、摩托车、燃料及零配件专门零售	22496.1	5291.5	470.7	791.3	23.4	567.9
家用电器及电子产品专门零售	2115.7	893.7	0.4	56.2	1.6	1.1
货摊、无店铺及其他零售业	129.8	295.7	7.4	0.2	0	0
2. 按登记注册类型分	–	–	–	–	–	–
内资企业	20839	11300.3	576.9	1186	41.8	603.7
国有企业	1688.1	1147.5	3.1	40.7	0.4	14.4
有限责任公司	9627	5587.5	236.5	520.5	24.8	338.4
股份有限公司	7437.7	3429.8	302.2	186.1	15.8	5.9
私营企业	1999.3	1121.3	35.1	436.1	0.8	243.2
其他企业	86.9	14.2	0	2.6	0	1.8
港、澳、台商投资企业	6470.7	18.2	0	–116	144.4	–2.8
外商投资企业	12925	29.5	21.3	6.6	0	0
3. 按控股情况分	–	–	–	–	–	–
国有控股	22535.5	5219.9	347.6	241.2	21.5	20.4
私人控股	7069.5	2962.4	161.8	639.5	17.7	315.4
港澳台商控股	7082.9	587.2	38.4	94.1	146.3	193.8
其他	3546.8	2578.5	50.4	101.8	0.7	71.3

6–5 2016年限额以上批发和零售业法人企业财务状况

6–5 续表6

单位：万元

指标名称	三、损益及分配					
	资产减值损失	投资收益	营业利润	营业外收入	政府补助	营业外支出
总 计	**21.4**	**0.3**	**36587.5**	**413.6**	**80.4**	**569.1**
一、批发业	13.9	0	38993.8	132.1	26.4	261.1
1. 按批发行业小类分	–	–	–	–	–	–
农、林、牧产品批发	0	0	–2.1	8.4	0	0.0
食品、饮料及烟草制品批发	0	0	31440.5	111.8	26.4	247.0
纺织、服装及家庭用品批发	0	0	6326	3.5	0	13.6
文化、体育用品及器材批发	0	0	79.3	0	0	0.0
医药及医疗器材批发	0	0	105.8	8.4	0	0.5
矿产品、建材及化工产品批发	13.9	0	1009.8	0	0	0.0
机械设备、五金产品及电子产品批发	0	0	19.4	0	0	0.0
其他批发业	0	0	15.1	0	0	0.0
2. 按登记注册类型分	–	–	–	–	–	–
内资企业	13.9	0	38524.4	131.5	26.4	261.1
国有企业	0	0	27.9	110.9	17.8	63.9
集体企业	0	0	–2.1	8.4	0	0.0
有限责任公司	13.9	0	30764.9	8.7	8.6	183.0
私营企业	0	0	7702.7	3.5	0	13.9
其他企业	0	0	31	0	0	0.3
港、澳、台商投资企业	0	0	469.4	0.6	0	0.0
二、零售业	7.5	0.3	–2406.3	281.5	54	308.0
1. 按零售行业小类分	–	–	–	–	–	–
综合零售	0	0	–2739	121.3	18.7	8.6
食品、饮料及烟草制品专门零售	0	0	275.1	19.1	16.6	24.4
纺织、服装及日用品专门零售	0	0	–24.8	19.2	0	2.4
文化、体育用品及器材专门零售	7.1	0.3	–8.2	73.8	18.4	12.7
医药及医疗器材专门零售	0	0	–22.4	8.2	0	0.0
汽车、摩托车、燃料及零配件专门零售	0.4	0	301.5	21.8	0	248.9
家用电器及电子产品专门零售	0	0	–244.2	18.1	0.3	11.0
货摊、无店铺及其他零售业	0	0	55.7	0	0	0.0
2. 按登记注册类型分	–	–	–	–	–	–
内资企业	7.5	0.3	–341.3	265.6	54	307.6
国有企业	0	0	212	38.3	16.6	26.8
有限责任公司	9	0.3	–534.8	208.4	37.4	40.8
股份有限公司	–1.5	0	–467.1	0.5	0	238.4
私营企业	0	0	277.5	18.4	0	1.6
其他企业	0	0	171.1	0	0	0.0
港、澳、台商投资企业	0	0	–2155	15.9	0	0.4
外商投资企业	0	0	90	0	0	0.0
3. 按控股情况分	–	–	–	–	–	–
国有控股	6.7	0.3	–168.8	112.6	35	286.7
私人控股	0	0	337.7	39.7	0.3	19.7
港澳台商控股	0	0	–1687.1	27	0	0.4
其他	0.8	0	–888.1	102.2	18.7	1.2

6-5　2016年限额以上批发和零售业法人企业财务状况

6-5 续表7

单位：万元

指标名称	三、损益及分配		四、工人成本及增值税		五、从事批发和零售业活动的从业人员平均人数（人）
	利润总额	应交所得税	应付职工薪酬（本年贷方累计发生额）	应交增值税	
总　计	**35813.6**	**9733.9**	**35373.1**	**22861.6**	**6264**
一、批发业	38429	9131	16163.8	16369	1941
1. 按批发行业小类分	–	–	–	–	–
农、林、牧产品批发	6.3	0	108	0	28
食品、饮料及烟草制品批发	31278.1	7528.7	12595.2	15178.2	1332
纺织、服装及家庭用品批发	6315.9	1521.6	1132.2	378.7	168
文化、体育用品及器材批发	79.3	19.8	247.5	6.4	67
医药及医疗器材批发	30.3	22.6	403.6	665.8	112
矿产品、建材及化工产品批发	681.9	23.5	710.7	–42.9	98
机械设备、五金产品及电子产品批发	22.1	5.5	76.3	22.9	20
其他批发业	15.1	9.3	890.3	159.9	116
2. 按登记注册类型分	–	–	–	–	–
内资企业	37959	9131	16053.8	16069.1	1919
国有企业	–14.4	20.3	1877.1	630.4	687
集体企业	6.3	0	108	0	28
有限责任公司	30246.2	7584.1	12281.3	14926.7	885
私营企业	7692.2	1524.3	1684.2	476	291
其他企业	28.7	2.3	103.2	36	28
港、澳、台商投资企业	470	0	110	299.9	22
二、零售业	–2615.4	602.9	19209.3	6492.6	4323
1. 按零售行业小类分	–	–	–	–	–
综合零售	–2660.2	46.2	5082.2	724.8	2089
食品、饮料及烟草制品专门零售	297.1	21.3	1316.5	19.9	513
纺织、服装及日用品专门零售	–8	0	157.4	0	47
文化、体育用品及器材专门零售	52.9	0	260.1	16.9	44
医药及医疗器材专门零售	–35.1	2.7	396.8	59	194
汽车、摩托车、燃料及零配件专门零售	–80.5	493.4	5030.1	5333.9	998
家用电器及电子产品专门零售	–237.2	32.3	6570.4	292.1	324
货摊、无店铺及其他零售业	55.6	7	395.8	46	114
2. 按登记注册类型分	–	–	–	–	–
内资企业	–485.8	482.9	18041.9	6433.5	3919
国有企业	251	17.3	1356	0.7	500
有限责任公司	–392.5	435.6	8997.8	1051.1	2297
股份有限公司	–741.6	1.9	2433.3	5033.8	425
私营企业	242.1	28.1	5185.8	338.4	652
其他企业	155.2	0	69	9.5	45
港、澳、台商投资企业	–2129.6	0	847.4	59.1	314
外商投资企业	0	120	320	0	90
3. 按控股情况分	–	–	–	–	–
国有控股	–442	146.2	4493.6	5092	1070
私人控股	277.5	107.6	10648	984.2	1942
港澳台商控股	–1650.6	359.2	1376	273.7	382
其他	–800.3	–10.1	2691.7	142.7	929

6–6　2016年限额以上住宿和餐饮业法人企业财务状况综合表

单位：万元

指标名称	法人企业数（个）	一、年初存货	二、期末资产负债		
			流动资产合计	应收账款	存　货
总　计	**43**	**2045.2**	**27155.1**	**4689**	**2055.7**
一、住宿业	18	882.3	15023	3489.3	852.8
1. 按住宿行业小类分组					
旅游饭店	12	883.6	10019.5	3426.7	829.2
一般旅馆	6	−1.3	5003.5	62.6	23.6
2. 按登记注册类型分组					
国有企业	2	14.6	62.7	26	15.7
股份合作企业	1	2.4	12.5	2.5	3.5
有限责任公司	7	27.4	5914.3	67.6	99.6
私营企业	5	311.6	4015.5	2838.2	248.4
港澳台商独资经营企业	1	384.3	4258.8	64.9	368.2
中外合资经营企业	1	4	154.2	0	2.5
外商投资股份有限公司	1	138	605	490.1	114.9
二、餐饮业	25	1162.9	12132.1	1199.7	1202.9
1. 按餐饮行业小类分组					
正餐服务	25	1162.9	12132.1	1199.7	1202.9
2. 按登记注册类型分组					
有限责任公司	5	385.2	1779.6	428.9	347.3
私营企业	13	444.3	2499.8	377.6	509.4
其他企业	4	48.2	769.9	22.4	33.2
港澳台商独资经营企业	2	231.9	6743.2	91	271.7
其他外商投资企业	1	53.3	339.6	279.8	41.3

6-6　2016年限额以上住宿和餐饮业法人企业财务状况综合表

6-6 续表1

单位：万元

指标名称	二、期末资产负债					
	固定资产合计	固定资产原价	累计折旧	本年折旧	在建工程	资产总计
总　计	**32937.4**	**57973.8**	**26004.6**	**2536.7**	**2963.5**	**102180.8**
一、住宿业	23915.6	43899.5	19983.9	1883.5	2963.3	76734.4
1. 按住宿行业小类分组						
旅游饭店	21350.7	40042.2	18691.5	1756.8	621.6	66086.8
一般旅馆	2564.9	3857.3	1292.4	126.7	2341.7	10647.6
2. 按登记注册类型分组						
国有企业	1328.6	2473.7	1145.1	327.1	0	1598.2
股份合作企业	124.4	149.7	25.3	1.5	0	136.9
有限责任公司	2704.7	3999.7	1295	125.7	2341.7	12719.2
私营企业	2644.5	4113.3	1468.8	57.9	0	6766.6
港澳台商独资经营企业	13257.8	26891.1	13633.3	1343.8	0	45889.2
中外合资经营企业	682.4	916.2	233.8	27.5	0	836.6
外商投资股份有限公司	3173.2	5355.8	2182.6	0	621.6	8787.7
二、餐饮业	9021.8	14074.3	6020.7	653.2	0.2	25446.4
1. 按餐饮行业小类分组						
正餐服务	9021.8	14074.3	6020.7	653.2	0.2	25446.4
2. 按登记注册类型分组						
有限责任公司	1693.7	2610.5	916.8	223	0	3543.9
私营企业	3332.8	3854.4	1354	154.2	0.2	6443.9
其他企业	1351.3	1375.3	113.7	35.6	0	2252.7
港澳台商独资经营企业	2644	6234.1	3636.2	240.4	0	12866.3
其他外商投资企业	0	0	0	0	0	339.6

6-6 2016年限额以上住宿和餐饮业法人企业财务状况综合表

6-6 续表2 单位：万元

指标名称	二、期末资产负债					
	流动负债合计	应付账款	非流动负债合计	负债合计	所有者权益合计	实收资本
总 计	**35589.1**	**2168.3**	**1186.5**	**36775.6**	**65405.2**	**78618.8**
一、住宿业	29681.1	760.7	757	30438.1	46296.3	62513.6
1. 按住宿行业小类分组						
旅游饭店	20886.8	749.1	349.9	21236.7	44850.1	60186
一般旅馆	8794.3	11.6	407.1	9201.4	1446.2	2327.6
2. 按登记注册类型分组						
国有企业	88.2	0	0	88.2	1510	2371.9
股份合作企业	24.4	24.4	0	24.4	112.5	112.1
有限责任公司	10733.3	0	357	11090.3	1628.9	2484.6
私营企业	2653.4	144	400	3053.4	3713.2	3901
港澳台商独资经营企业	15959.3	433.3	0	15959.3	29929.9	44715.3
中外合资经营企业	63.5	0	0	63.5	773.1	300
外商投资股份有限公司	159	159	0	159	8628.7	8628.7
二、餐饮业	5908	1407.6	429.5	6337.5	19108.9	16105.2
1. 按餐饮行业小类分组						
正餐服务	5908	1407.6	429.5	6337.5	19108.9	16105.2
2. 按登记注册类型分组						
有限责任公司	908.3	211	239.8	1148.1	2395.8	1686.4
私营企业	2433.9	738	189.7	2623.6	3820.3	2239.6
其他企业	1239.2	452.5	0	1239.2	1013.5	310
港澳台商独资经营企业	1307.3	6.1	0	1307.3	11559	11548.9
其他外商投资企业	19.3	0	0	19.3	320.3	320.3

6–6 2016年限额以上住宿和餐饮业法人企业财务状况综合表

6–6 续表3

单位：万元

指标名称	二、期末资产负债				三、损益及分配	
	国家资本	法人资本	个人资本	港澳台资本	营业收入	主营业务收入
总　计	**2371.9**	**3260.7**	**7776**	**65210.2**	**40844.3**	**40815.3**
一、住宿业	2371.9	2128.1	4672.6	53341	15926.9	15897.9
1. 按住宿行业小类分组						
旅游饭店	2371.9	2008.1	2465	53341	14257.1	14228.1
一般旅馆	0	120	2207.6	0	1669.8	1669.8
2. 按登记注册类型分组						
国有企业	2371.9	0	0	0	669.8	669.8
股份合作企业	0	112.1	0	0	92.8	92.8
有限责任公司	0	145	2339.6	0	1776.3	1776.3
私营企业	0	1868	2033	0	7527.6	7517.6
港澳台商独资经营企业	0	0	0	44715.3	4251.3	4251.3
中外合资经营企业	0	0	300	0	527.8	527.8
外商投资股份有限公司	0	3	0	8625.7	1081.3	1062.3
二、餐饮业	0	1132.6	3103.4	11869.2	24917.4	24917.4
1. 按餐饮行业小类分组						
正餐服务	0	1132.6	3103.4	11869.2	24917.4	24917.4
2. 按登记注册类型分组						
有限责任公司	0	581.4	1105	0	8015.9	8015.9
私营企业	0	551.2	1688.4	0	9635.5	9635.5
其他企业	0	0	310	0	2815.5	2815.5
港澳台商独资经营企业	0	0	0	11548.9	3440.5	3440.5
其他外商投资企业	0	0	0	320.3	1010	1010

6-6　2016年限额以上住宿和餐饮业法人企业财务状况综合表

6-6 续表4

单位：万元

指标名称	三、损益及分配					
	营业成本	主营业务成本	营业税金及附加	主营业务税金及附加	其他业务利润	销售费用
总　计	**22605.1**	**22575.5**	**1424**	**1422.8**	**320.5**	**10917.6**
一、住宿业	7228.2	7198.6	620.9	619.7	314	5728.5
1. 按住宿行业小类分组						
旅游饭店	6180.3	6168.8	565.2	564	16.4	5346.4
一般旅馆	1047.9	1029.8	55.7	55.7	297.6	382.1
2. 按登记注册类型分组						
国有企业	405.9	405.9	4.3	4.3	0	107.3
股份合作企业	55.9	55.9	3.9	3.9	0	29.4
有限责任公司	1133.3	1133.3	52.7	52.7	297.6	313.4
私营企业	3847.5	3828.9	400.9	399.7	0	1539.6
港澳台商独资经营企业	809.5	809.5	88.1	88.1	0	3642.7
中外合资经营企业	433.1	433.1	11.8	11.8	0	16.1
外商投资股份有限公司	543	532	59.2	59.2	16.4	80
二、餐饮业	15376.9	15376.9	803.1	803.1	6.5	5189.1
1. 按餐饮行业小类分组						
正餐服务	15376.9	15376.9	803.1	803.1	6.5	5189.1
2. 按登记注册类型分组						
有限责任公司	5199.4	5199.4	170.1	170.1	0	1252.8
私营企业	6435.7	6435.7	337.9	337.9	1.5	1651.6
其他企业	1718.4	1718.4	147.8	147.8	5	645.2
港澳台商独资经营企业	1344.1	1344.1	98.3	98.3	0	1423.9
其他外商投资企业	679.3	679.3	49	49	0	215.6

6-6　2016年限额以上住宿和餐饮业法人企业财务状况综合表

6-6 续表5　　单位：万元

指标名称	三、损益及分配					
	管理费用	税　金	财务费用	利息收入	利息支出	资产减值损失
总　计	**6147.6**	**188.6**	**323.9**	**6.5**	**157**	**50**
一、住宿业	3388.5	59.8	170.2	0.4	156	50
1. 按住宿行业小类分组						
旅游饭店	3018.7	42.3	77.7	0.2	66.2	50
一般旅馆	369.8	17.5	92.5	0.2	89.8	0
2. 按登记注册类型分组						
国有企业	561.7	0	3.3	0.2	3.5	0
股份合作企业	3.2	0	0	0	0	0
有限责任公司	439.7	17.4	93	0.1	89.8	0
私营企业	952.4	4.3	1.9	0.1	0	0
港澳台商独资经营企业	1316	0	9.1	0	0	0
中外合资经营企业	35.5	0	0.2	0	0	0
外商投资股份有限公司	80	38.1	62.7	0	62.7	50
二、餐饮业	2759.1	128.8	153.7	6.1	1	0
1. 按餐饮行业小类分组						
正餐服务	2759.1	128.8	153.7	6.1	1	0
2. 按登记注册类型分组						
有限责任公司	1212.6	0	7.6	0.1	0	0
私营企业	858.2	70	133.9	5.1	1	0
其他企业	222.3	12.4	1.7	0	0	0
港澳台商独资经营企业	447.1	46.4	10.5	0.9	0	0
其他外商投资企业	18.9	0	0	0	0	0

6-6 2016年限额以上住宿和餐饮业法人企业财务状况综合表

6-6 续表6　　　　单位：万元

指标名称	三、损益及分配					
	投资收益	营业利润	营业外收入	营业外支出	利润总额	应交所得税
总　计	**2**	**−621.9**	**23.1**	**27.5**	**−352.1**	**338.4**
一、住宿业	2	−1257.4	10.7	26.5	−809.8	290
1. 按住宿行业小类分组						
旅游饭店	2	−979.2	9	26.2	−533.1	280.5
一般旅馆	0	−278.2	1.7	0.3	−276.7	9.5
2. 按登记注册类型分组						
国有企业	0	−412.7	0	0	−418.4	0
股份合作企业	0	0.4	0	0	0.4	0
有限责任公司	0	−255.8	1.7	0	−271.5	4
私营企业	0	785.3	1.6	1.3	785.6	253
港澳台商独资经营企业	0	−1614.1	2.1	20.5	−1632.5	0
中外合资经营企业	0	31.1	2.9	0	34	13.2
外商投资股份有限公司	2	208.4	2.4	4.7	692.6	19.8
二、餐饮业	0	635.5	12.4	1	457.7	48.4
1. 按餐饮行业小类分组						
正餐服务	0	635.5	12.4	1	457.7	48.4
2. 按登记注册类型分组						
有限责任公司	0	173.4	0	0.5	87.8	0
私营企业	0	218.2	7.5	0.2	120.5	32.8
其他企业	0	80.1	2.8	0	83.8	0
港澳台商独资经营企业	0	116.6	2.1	0.3	118.4	15.6
其他外商投资企业	0	47.2	0	0	47.2	0

6–6　2016年限额以上住宿和餐饮业法人企业财务状况综合表

6–6 续表7　　　　单位：万元

指标名称	四、工人成本		五、从事住宿和餐饮业活动的从业人员平均人数（人）
	应付职工薪酬（本年贷方累计发生额）	应交增值税	
总　计	**10013.5**	**852.9**	**3381**
一、住宿业	4417.2	436.9	1459
1. 按住宿行业小类分组			
旅游饭店	4101.6	406.9	1205
一般旅馆	315.6	30	254
2. 按登记注册类型分组			
国有企业	145.6	26.3	63
股份合作企业	13.9	0	35
有限责任公司	642.4	32.1	313
私营企业	1254.2	281.3	464
港澳台商独资经营企业	1740.6	34.1	365
中外合资经营企业	19.6	0.1	68
外商投资股份有限公司	600.9	63	151
二、餐饮业	5596.3	416	1922
1. 按餐饮行业小类分组			
正餐服务	5596.3	416	1922
2. 按登记注册类型分组			
有限责任公司	1589.1	120.1	510
私营企业	2107.4	148.9	739
其他企业	719.9	81.7	230
港澳台商独资经营企业	910.1	65.3	371
其他外商投资企业	269.8	0	72

汕尾统计年鉴 2017
SHANWEITONGJINIANJIAN

第七篇 能 源

NENGYUAN

结构节能成效明显 全社会节能形势良好

——2016年汕尾能源消费情况分析

2016年是实施“十三五”规划的开局之年，今年以来，汕尾在加快经济发展的同时，着力抓好节能降耗工作，紧紧围绕节能降耗目标任务，坚持以供给侧改革为总揽，加快转变经济发展方式，优化产业结构，提高能源利用效率，优化能源使用结构，工业企业增加值能耗得到有效控制。

一、全社会能源消费基本情况

据初步测算，2016年汕尾单位GDP 能耗同比下降3.01%，降幅比上年扩大5.04个百分点，超额完成了下降1%的年度目标任务。综合能源消费总量262.35万吨标准煤（根据第三次经济普查调整数，下同），同比增长3.8%，比GDP增速低3.2个百分点。单位工业增加值能耗同比下降2.24%，降幅较上年扩大28.39个百分点；单位GDP电耗同比上升0.06%，降幅较上年收窄0.71个百分点。

表1 分产业能源消费量情况表

分产业	能源消费量（万吨标准煤）	增长速度（±%）	能耗构成（%）
全社会	262.35	3.8	100
第一产业	21.69	7.38	8.27
第二产业	115.32	1.21	43.95
第三产业	47.61	8.62	18.15
居民生活用能	77.73	3.94	29.63

（一）全社会用电量呈平稳增长态势

2016年汕尾全社会用电量为50.37亿千瓦时，同比增长7.06%，增幅比上年回落0.34个百分点，比全省高1.42个百分点，在全省排名居第六位。从分产业来看：第一产业用电量为1.98亿千瓦时，同比下降1.95%，增长幅度比上年回落10.8个百分点。第二产业用电量为22.25亿千瓦时，同比增长7.49%，增幅比上年有所放缓。工业用电量为21.29亿千瓦时，同比增长7.63%。其中轻工业用电量为4.44亿千瓦时，同比下降12.99%；重工业用电量为16.85亿千瓦时，同比增长14.63%。第三产业用电量为8.49亿千瓦时，同比增长19.49%，增长幅度比上年扩大了0.48个百分点。

居民用电量稳步刚性增长。城乡居民生活用电量为17.64亿千瓦时，同比增长2.47%。其中城镇居民累计用电量为8.26亿千瓦时，同比增长2.25%；乡村居民累计用电量为9.38亿千瓦时，同比增长2.66%。

（二）工业能耗增幅收窄，用能效率逐步提升

2016年汕尾规模以上工业企业综合能源消费量（当量值）327.27万吨标准煤，同比增长4.41%，增幅较上年回落31.07个百分点。能源消费（等价值）78.9万吨标准煤，同比下降0.11%。增幅较上年回落16.38个百分点。

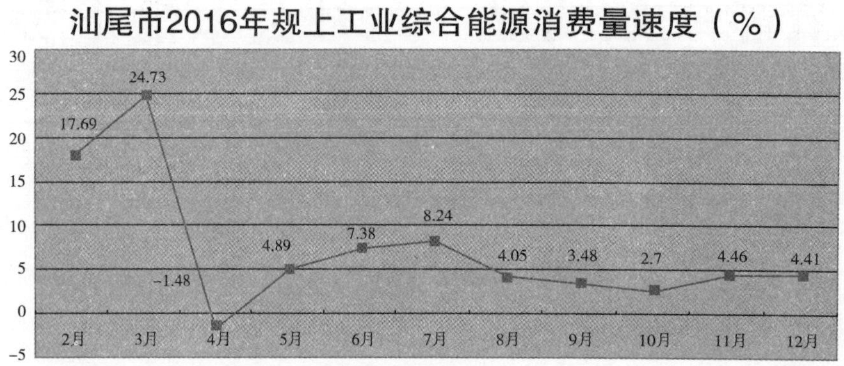

（三）火电行业能源消费比重大且产出呈平稳增长态势

2016年汕尾规模以上工业火力产出175.2亿千瓦时，同比增长6.51%，能源消费量为301万吨标准煤，占全部规模以上工业能源消费量的92%，同比增长4.88%，比全市规上企业能耗平均增速高0.47个百分点。从3月份开始火力产出呈平稳增长态势。

二、当前经济发展中制约节能的不利因素

（一）能耗基数小，下降空间不大

2016年汕尾单位GDP能耗为0.322吨标准煤/万元，基数小，单耗下降空间不大，直接影响到今后的降耗任务。

（二）能源消费总量分布不均，重点企业能耗比重大

2016年汕尾240家规模以上工业企业中，能源消费量在3000吨标准煤以上的只有19家，累计综合能源消费量为315.75万吨标准煤，占全市规模以上工业企业综合能源消费量的96.5%。尤其是华润电力（海丰）有限公司的能耗占全市规上工业总能耗的比重为45%，拉动能耗总量上升1.2个百分点。红海湾发电有限公司等重点用能企业能耗的升降将直接影响全市的节能情况。“十三五”期间，应继续加大对重点耗能企业的监控。

（三）分县区规模以上工业节能降耗成效不一

2016年汕尾七个县区中单位工业增加值能耗升降不一，三升三降（华侨管理区没有规上工业企业），相差悬殊。其中深汕合作区、红海湾开发区和海丰县单位工业增加值能耗分别比上年增长29.51%、8.88%和10.84%；其余县区单位工业增加能耗比上年均有不同程度的下降，陆河、城区和陆丰分别下降56.55%、8.35%和4.37%。

（四）居民能耗刚性增长产生的逆效应

2016年居民能源消费呈稳步上升态势，受经济波动影响较小，2016年居民生活用电增长2.47%，能源消费较快增长，不仅没有为全社会单位GDP能耗的降低做贡献，本身的能源单耗反而在增加，对汕尾市完成节能目标任务产生一定逆效应。

三、节能工作几点建议

“十三五”时期，汕尾经济发展新常态背景下，既面临现代服务业加快发展、制造业优化升级和

经济发展驱动力转变等机遇，也面临能源生产和消费结构加快调整的挑战。与此同时，为有效控制全国能耗增长态势，实现中国对国际社会做出的碳排放总量控制承诺，“十三五”时期国家对各省实施能耗“双控”措施，能耗总量和单位GDP能耗降幅均为约束性指标，因此，需要进一步提高对节能降耗工作重要性、复杂性和艰巨性的认识，在保增长的同时通过调结构、促转型推动能耗“双控”工作，大幅提升能源利用效率。现针对2016年汕尾能源消费现状和存在的主要问题，提出如下建议。

（一）进一步高度重视结构调整对节能降耗工作的影响

产业结构和能源结构对能耗水平起到了决定性作用。积极实施结构调整战略，对于完成节能降耗目标，具有非常重要的意义。从汕尾市实际情况看，在按照国家及省的战略部署，积极建设电力产业的同时，要加快工业结构调整步伐，大力发展低耗能的电子信息产业、大力培育和发展战略性新兴产业；带动铁运、物流、金融等相关行业的繁荣。还要积极有效地调整能源结构，把开发利用新能源作为改变能源结构的战略措施，大力发展清洁能源生产基地。

（二）严格控制非工业电力增长

用电量作为单位GDP能耗核算的重要支撑指标，相关部门应时刻关注其变化趋势，认真分析用电情况所反映出的经济运行中的特点；严格把控，合理谋划用电指标，确保该指标支撑全市节能降耗任务的完成。其中第一产业、第三产业、建筑业和居民生活用能，主要是依据其用电量增长速度进行评估核算，所以控制好非工业电力的增长幅度，不但减少非工业能耗数据的增量，而且也为工业发展提供更多的能耗空间。一是公共机构要积极推广应用节能技术产品，大力推广LED照明，推进既有高耗能机关办公楼和大型公共建筑节能改造。二是服务业领域要积极探索开展服务业领域节能工作的新机制，大力倡导适度、节约的消费理念。三是对建筑业的用电量情况进行监测和调控，推行建筑节能。四是要加大交通运输节能力度。随着我市城镇化建设步伐加快，以城区公共汽车为主的交通工具需求量将越来越大，相关部门应当加强对高铁牵引站和新能源汽车管理和能源消费监测工作，做好预警。五是提倡绿色低碳生活方式。

（三）推进节能长效机制，完善节能监管体系

要综合利用市场、经济、行政等多种手段实现节能降耗。一是严格能耗准入门槛。要加强重点项目的能耗管理，对高耗能项目严格审核把关，严格执行工业重点项目的能耗限额和产品能效标准，加大高能耗、产能过剩项目限制力度。二是健全节能市场化机制。加快推行合同能源管理、电力需求侧管理等创新节能管理模式，充分发挥市场优化配置资源的基础性作用。三是加大用能执法和管理力度。依法依规整改和关闭限制类、淘汰类项目及其他落后产能，对能耗不达标的高耗低效企业及项目，坚决落实调控措施。

7-1　历年能源消费总量和全社会用电量及指数

（全社会）

年 份	能源消费总量		全社会用电量	
	总量（万吨标准煤）	指数（%）上年=100	总量（万千瓦时）	指数（%）上年=100
2010	177.75	108.65	294600	108.62
2011	193.05	108.61	323237	109.72
2012	206.64	107.04	351908	108.87
2013	213.41	103.28	377363	107.23
2014	229.11	107.36	438048	116.08
2015	252.74	110.31	470450	107.4
2016	262.35	103.8	503662	107.06

注：根据第三次经济普查结果自2010年度起对能耗总量进行修正。

7–2 各县（市、区）单位GDP能耗增长速度

地 区	上升或下降（±%）						
	2010	2011	2012	2013	2014	2015	2016
全 市	−2.02	−3.73	−3.63	−5.69	−1.12	2.03	−3.01
城 区	−0.77	−3.9	−3.92	−3.9	−1.43	−6.28	−3.82
红海湾	−9.76	−3.07	−3.8	−6.3	2.38	4.06	1.85
华 侨	−1.23	−3.02	−3.8	−3.74	−2.65	−2.65	−3.18
海 丰	−1.1	−3.91	−3.42	−4.02	−1.43	52.35	1.13
陆 丰	−2.08	−3.89	−3.89	−3.92	−1.18	−6.51	−3.58
陆 河	−8.66	−3.49	−3.89	−3.65	−2.1	−5.15	−3.82
深汕合作区							3.36

7–3 各县（市、区）单位工业增加值能耗增长速度

地区	单位（%）						
	2010	2011	2012	2013	2014	2015	2016
全　市	–2.02	–3.73	6.26	–30.76	–14.92	26.15	–2.24
城　区	–0.77	–3.9	–9.94	–14.9	–14.9	–22.74	–8.35
红海湾	–9.76	–3.07	–1.96	–28.5	1.10	4.61	8.88
华　侨	–1.23	–3.02					
海　丰	–1.1	–3.91	–7.98	–5.72	–16.65	862.67	10.84
陆　丰	–2.08	–3.89	–10.55	–7.56	–25.78	–10.05	–4.37
陆　河	–8.66	–3.49	–11.41	–8.67	25.01	23.77	–56.55
深汕合作区							29.51

7-4 各县（市、区）单位GDP电耗增长速度

地 区	单位（%）						
	2010	2011	2012	2013	2014	2015	2016
全 市	-5.74	-3.75	-4.08	-4.46	6.59	-0.63	-0.63
城 区	-5.79	-4.76	-5.69	-3.73	7.41	2.43	-3.96
红海湾	-4.77	-12.29	-19.22	15.2	13.10	16.72	10.20
华 侨	-19.88	-0.16	10.09	-0.73	1.41	-5.90	-1.22
海 丰	-4.77	-4.01	-4.4	-6.28	6.84	-2.06	-2.56
陆 丰	-6.7	-5.95	2.76	-4.16	7.57	-1.23	-0.86
陆 河	5.71	2.45	0.81	-6.22	3.95	10.39	-2.42
深汕合作区							4.48

7-5 2016年规上工业企业能源购进、消费与库存情况

指标名称	计量单位	企业单位数（个）	年初库存量	购进量	
				1-本月购进量	购自省外
原煤	吨	21	350650	7625040	4137143
其中：无烟煤	吨	3	130	11754	0
炼焦烟煤	吨		0	0	0
一般烟煤	吨	18	350520	7613286	4137143
褐煤	吨				
煤制品	吨	1	0	162	0
汽油	吨	102	1	3320	130
煤油	吨	4	13	383	10
柴油	吨	119	932	8571	184
燃料油	吨	3	91	34	0
液化石油气	吨	3	47	492	0
电力	万千瓦时	232	0	149194	0
城市生活垃圾（用于燃料）	吨	1	0	187719	0
其它燃料	吨标准煤	19	173	15751	0
能源合计	吨标准煤	232	0	0	0

7-5 2016年规上工业企业能源购进、消费与库存情况

7-5 续表

指标名称	消费量					
	合 计	1. 工业生产消费	用于原材料	2. 非工业生产消费	合计中：车辆用油	年末库存量
原煤	7731248	7710233	432	21015	0	234135
其中：无烟煤	7906	7906	432	0	0	90
炼焦烟煤	0	0	0	0	0	0
一般烟煤	7723342	7702327	0	21015	0	234045
褐煤						
煤制品	162	162	0	0	0	0
汽油	2927	1736	130	1191	835	105
煤油	357	357	328	0	0	38
柴油	8646	7230	550	1416	1638	851
燃料油	34	34	0	0	0	91
液化石油气	503	492	396	11	0	36
电力	247313	245824	0	1489	801	0
城市生活垃圾（用于燃料）	187719	187719	0	0	0	0
其它燃料	15673	15660	1145	13	0	250
能源合计	5454996	5434611	0	20384	0	0

7-6 2016年规上工业主要能源按分行业分品种消费量

（2016年）

行　业	原煤（吨）	无烟煤（吨）	一般烟煤（吨）	汽油（吨）	煤油（吨）
总　计	**7731248**	**7906**	**7723342**	**2927**	**357**
煤炭开采和洗选业					
农副食品加工业	1707		1707	65	15
食品制造业	81		81	31	
酒、饮料和精制茶制造业				56	
烟草制品业					
纺织业	23617	432	23185	110	
纺织服装、鞋、帽制造业	193		193	654	
皮革、毛皮、羽毛（绒）及其制品业	94		94	120	
木材加工及木、竹、藤、棕制品业				9	
造纸及纸制品业				145	
印刷业和记录媒介的复制				8	
文教、工美和体育用品制造业				299	2
石油加工、炼焦及核燃料加工业					
化学原料及化学制品制造业	648		648	9	327
橡胶和塑料制品业				313	13
非金属矿物制品业	9114	7474	1640	274	
金属制品业				105	
通用设备制造业				46	
汽车制造业					
铁路、船舶、航空航天和其他运输设备制造业					
电气机械及器材制造业				261	
通信设备、计算机及其他电子设备制造业				47	
工艺品及其他制造业					
金属制品、机械和设备修理业				17	
废弃资源和废旧材料回收加工业				110	
电力、热力的生产和供应业	7695794		7695794	205	
燃气生产和供应业					
水的生产和供应业				43	

7–6 2016年规上工业主要能源按分行业分品种消费量

7–6 续表

（2016年）

行 业	柴油（吨）	燃料油（吨）	城市生活垃圾（用于燃料）（吨）	液化石油气（吨）	其他燃料（吨）	电力（万千瓦时）
总 计	**8646**	**34**	**187719**	**503**	**15673**	**247313**
煤炭开采和洗选业						
农副食品加工业	245					2372
食品制造业	327					1086
酒、饮料和精制茶制造业	247	34		14	636	557
烟草制品业						
纺织业	397				641	7304
纺织服装、鞋、帽制造业	1382				12897	17733
皮革、毛皮、羽毛（绒）及其制品业	185					2264
木材加工及木、竹、藤、棕制品业	30					2089
造纸及纸制品业	157				293	1039
印刷业和记录媒介的复制						798
文教、工美和体育用品制造业	1115			93		22695
石油加工、炼焦及核燃料加工业						
化学原料及化学制品制造业	56			396	61	1789
橡胶和塑料制品业	411					7122
非金属矿物制品业	1418					6772
金属制品业	146					3470
通用设备制造业	47					1241
汽车制造业						1187
铁路、船舶、航空航天和其他运输设备制造业	6					140
电气机械及器材制造业	528					2057
通信设备、计算机及其他电子设备制造业	105					59368
工艺品及其他制造业					1145	82
金属制品、机械和设备修理业	16					391
废弃资源和废旧材料回收加工业	107					932
电力、热力的生产和供应业	1710		187719			101241
燃气生产和供应业						
水的生产和供应业	11					3584

7-7 各县（市、区）规上工业主要能源消费量

（2016年）

	原煤（吨）	汽油（吨）	煤油（吨）	柴油（吨）	燃料油（吨）	液化石油气（吨）	城市生活垃圾（用于燃料）（吨）	其他燃料（吨）	电力（万千瓦时）	能源合计（吨标准煤）
总　计	**7731248**	**2927**	**357**	**8646**	**34**	**503**	**187719**	**15673**	**247313**	**5454996**
市　直		20							53737	66072
城　区	4656	601		1401				1091	12690	23628
红海湾	3644689			320					50832	2602207
深汕合作区	4053310	60	2	1789					49134	2581627
海　丰	23810	1053		2958		93	187719	14582	47062	129147
陆　丰	125	939	340	1886		396			28288	40166
陆　河	4658	254	15	292	34	14			5570	12149

注：能源合计为未扣除加工转换投入量。

7-8 规模以上工业分行业用水情况

指标名称	取水量	外供水量	用水量	其中:	
				淡水资源用水量	非常规水资源用水量
全部工业企业	14255.24	10030.97	4224.27	0.4	0.02
一、按工业行业门类分	—	—	—	—	—
(一)轻工业	12385.43	10030.57	2354.86	0.24	0
(二)重工业	1869.82	0.4	1869.42	0.16	0.03
(三)制造业	2364.5	30.06	2334.44	0.23	0
13. 农副食品加工业	89.9	0	89.9	0.01	0
14. 食品制造业	33.57	0	33.57	0	0
15. 酒、饮料和精制茶制造业	56.24	30.06	26.18	0	0
16. 烟草制品业	0	0	0	0	0
17. 纺织业	507.4	0	507.4	0.05	0
18. 纺织服装、服饰业	217.94	0	217.94	0.02	0
19. 皮革、毛皮、羽毛及其制品和制鞋业	11.61	0	11.61	0	0
20. 木材加工和木、竹、藤、棕、草制品业	9.4	0	9.4	0	0
21. 家具制造业	0	0	0	0	0
22. 造纸和纸制品业	6.58	0	6.58	0	0
23. 印刷和记录媒介复制业	2.85	0	2.85	0	0
24. 文教、工美、体育和娱乐用品制造业	208.36	0	208.36	0.02	0
25. 石油加工、炼焦和核燃料加工业	0	0	0	0	0
26. 化学原料和化学制品制造业	9.36	0	9.36	0	0
27. 医药制造业	0.02	0	0.02	0	0
28. 化学纤维制造业	0	0	0	0	0

7–8　规模以上工业分行业用水情况

7–8 续表

指标名称	取水量	外供水量	用水量	其中：	
				淡水资源用水量	非常规水资源用水量
29. 橡胶和塑料制品业	60.39	0	60.39	0.01	0
30. 非金属矿物制品业	104.81	0	104.81	0.01	0
31. 黑色金属冶炼和压延加工业	0	0	0	0	0
32. 有色金属冶炼和压延加工业	0	0	0	0	0
33. 金属制品业	5.11	0	5.11	0	0
34. 通用设备制造业	5.34	0	5.34	0	0
35. 专用设备制造业	0	0	0	0	0
36. 汽车制造业	11.22	0	11.22	0	0
37. 铁路、船舶、航空航天和其他运输设备制造业	0.26	0	0.26	0	0
38. 电气机械和器材制造业	20.29	0	20.29	0	0
39. 计算机、通信和其他电子设备制造业	997.5	0	997.5	0.1	0
40. 仪器仪表制造业	0	0	0	0	0
41. 其他制造业	0.58	0	0.58	0	0
42. 废弃资源综合利用业	3.27	0	3.27	0	0
43. 金属制品、机械和设备修理业	2.49	0	2.49	0	0
（四）电力、热力、燃气及水生产和供应业	11890.75	10000.91	1889.84	0.16	0.03
44. 电力、热力生产和供应业	689.83	0.4	689.43	0.04	0.03
45. 燃气生产和供应业	0	0	0	0	0
46. 水的生产和供应业	11200.92	10000.51	1200.41	0.12	0

第二部分 统计资料

TONGJIZILIAO

汕尾统计年鉴2017

SHANWEITONGJINIANJIAN

第八篇 对外经济和旅游

DUIWAIJINGJIHELVYOU

8-1　外商直接投资新签协议宗数

（2016年）　　单位：宗

指标名称	全市		分县（市、区）						
	合计	比上年增长%	市直	城区	红海湾	海丰	陆丰	陆河	华侨
外商直接投资	**16**	**60.0**	**5**	**3**	**0**	**7**	**1**	**0**	**0**
一、按投资方式分	**16**	**60**	**5**	**3**	**0**	**7**	**1**	**0**	**0**
合资经营企业	5	150.0	3			2			
合作经营企业	0								
外资企业	11	37.5	2	3		5	1		
外商投资股份制	0								
二、按行业分	16	60	5	3	0	7	1	0	0
农、林、牧、渔业	1					1			
制造业	4	-33.3	1	1		2			
电力、燃气及水的生产和供应业	2		1				1		
建筑业	0								
交通运输、仓储和邮政业	0								
批发和零售业	2		1			1			
住宿和餐饮业	3		2	1					
房地产业	2			1		1			
租赁和商务服务业	0								
科学研究、技术服务和地质勘查业	1					1			
文化、体育和娱乐业	1					1			
三、按投资国别来分	**16**	**60.0**	**5**	**3**	**0**	**7**	**1**	**0**	**0**
香港	11	10.0	4	2		5			
台湾省	1		1						
澳门	1			1					
西班牙	1					1			
阿富汗	1					1			
投资性公司投资	1						1		

8-2 协议利用外商直接投资金额

（2016年）　　单位：万美元

指标名称	全市		分县（市、区）						
	合计	比上年增长%	市直	城区	红海湾	海丰	陆丰	陆河	华侨
外商直接投资	**12917**	**-32.5**	**2018**	**823**	**0**	**3733**	**5577**	**766**	**0**
一、按投资方式分	**12917**	**-32.5**	**2018**	**823**	**0**	**3733**	**5577**	**766**	**0**
合资经营企业	2273	401.8	1128	282		97		766	
合作经营企业	-68		-68						
外资企业	10712	-53.2	958	541		3636	5577		
外商投资股份制	0								
二、按行业分	**12917**	**-32.5**	**2018**	**823**	**0**	**3733**	**5577**	**766**	**0**
农、林、牧、渔业	613	7.0				613			
制造业	3283	-69.2	166	-406		728	2795		
电力、燃气及水的生产和供应业	3669	-41.3	887				2782		
建筑业	42	200.0				42			
交通运输、仓储和邮政业	-68		-68						
批发和零售业	110	-15.4	95			15			
住宿和餐饮业	1839	22.6	938	135				766	
房地产业	2094			1094		1000			
租赁和商务服务业	0								
科学研究、技术服务和地质勘查业	1289					1289			
文化、体育和娱乐业	46					46			
三、按投资国别来分	**12917**	**-32.5**	**2018**	**823**	**0**	**3733**	**5577**	**766**	**0**
香港	9768	-5.6	1852	688		3667	2795	766	
台湾省	166	-83.9	166						
澳门	135			135					
西班牙	51					51			
阿富汗	15					15			
投资性公司投资	2782	-58.7					2782		

8-3 实际利用外商直接投资金额

（2016年） 单位：万美元

指标名称	全市		分县（市、区）						
	合计	比上年增长%	市直	城区	红海湾	海丰	陆丰	陆河	华侨
外商直接投资	**4443**	**-55.4**	**3736**	**26**	**0**	**553**	**0**	**128**	**0**
一、按投资方式分	**4443**	**-55.4**	**3736**	**26**	**0**	**553**	**0**	**128**	**0**
合资经营企业	1218		1090					128	
合作经营企业	0								
外资企业	3225	-67.6	2646	26		553			
外商投资股份制	0								
二、按行业分	**4443**	**-55.4**	**3736**	**26**	**0**	**553**	**0**	**128**	**0**
农、林、牧、渔业	88	-6.4				88			
制造业	1319	-1.6	1185	26		108			
电力、燃气及水的生产和供应业	871	-86.1	871						
建筑业	44	-74.6				44			
交通运输、仓储和邮政业	0								
批发和零售业	17	-5.6	17						
住宿和餐饮业	1791	6.2	1663					128	
房地产业	0	-100.0							
租赁和商务服务业	0								
科学研究、技术服务和地质勘查业	313					313			
文化、体育和娱乐业	0	-100.0							
三、按投资国别来分	**4443**	**-55.4**	**3736**	**26**	**0**	**553**	**0**	**128**	**0**
香港	4277	16.1	3570	26		553		128	
台湾省	166	730.0	166						
澳门									
西班牙									
阿富汗	0								
投资性公司投资	0	-100.0							

8-4 1988-2016年外商直接投资

单位：万美元

指标名称	全市		分县（市、区）						
	合计	比上年增长%	市直	城区	红海湾	海丰	陆丰	陆河	华侨
外商直接投资									
1988年	320	52.38	36	25		92	117	50	
1989年	619	93.44		20		124	475		
1990年	613	-0.97	2	8		41	492	70	
1991年	648	5.71	114	9		63	402	60	
1992年	4822	644.14	2949	98		208	854	713	
1993年	7725	60.2	2890	130		1761	2186	758	
1994年	14024	81.54	2527	1646	638	6399	2529	285	
1995年	8318	-40.69	2446	296	218	2568	2630	160	
1996年	4781	-42.52	1599	1399	203	1009	478	93	
1997年	4585	-4.1	404	1194	135	1943	882	27	
1998年	5877	28.18	140	1502	277	2098	1850	10	
1999年	6569	11.77	198	1534	263	2341	1902	238	93
2000年	7394	12.56	1025	1700	296	2231	1726	312	104
2001年	8227	11.27	1500	1723	321	2507	1768	408	
2002年	9063	10.16	1910	1380	353	3456	1479	470	15
2003年	12689	40.01	4795	1608	401	4139	1195	551	
2004年	9042	23.47	3967	1225	103	1871	1190	686	
2005年	12108	33.91	5620	1592	325	2435	1235	901	
2006年	13556	11.96	8598	1360		2780	689	129	
2007年	18537	36.75	13478	420	70	2986	1125	438	20
2008年	22132	19.39	14543	1531	126	3024	1670	1238	
2009年	23762	7.36	13305	1789	103	4357	4104	98	6
2010年	25295.3	6.5	13489	3603	83.3	6921	3037	439	0
2011年	30491	10.57	9865	4267	5	10486	5445	423	0
2012年	34516	13.2	7104	6188	0	12680	6029	2515	0
2013年	15240	-55.9	128	488	2004	7065	5228	327	0
2014年	16282	6.84	4362	148	0	6339	5231	202	
2015年	9958	-38.84	8023	245	0	1493	155	42	
2016年	4443	-55.38	3736	26	0	553	0	128	0

8–5　1988–2016年外贸出口情况

单位：万美元

指标名称	全市		分县（市、区）							
	合计	比上年增长%	市直	城区	红海湾	海丰	陆丰	陆河	华侨	其他
外贸出口总值										
1988年	2570		766	248		639	917			
1989年	2985	16.1	920	418		763	879	5		
1990年	4232	41.8	1058	1005		959	1202	8		
1991年	5476	29.4	1709	1181		1107	1353	126		
1992年	7121	30	2677	1151	28	1463	1761	41		
1993年	10105	41.9	3066	1459		3211	2260	109		
1994年	28309	180.1	11440	1730	592	4967	7897	677		
1995年	26468	–3.1	10188	2912	819	3936	8234	379		
1996年	20371	–23	9562	3155	491	1834	5234	95		
1997年	47917	132.24	19597	7349	2504	10677	7382	408		
1998年	57912	20.86	18787	9070	2106	12953	14478	518		
1999年	50626	–12.28	17541	8873	2004	14571	6058	1085	492	
2000年	36375	–28.15	7900	6350	536	16518	4141	676	254	
2001年	22229	–38.89	2712	2923	349	13834	2238	173		
2002年	24142	8.61	2840	3778	448	13744	2828	505		
2003年	26659	10.42	4499	3592	711	14463	2791	605		
2004年	40516	51.98	12945	4902	543	17548	3678	901		
2005年	64211	58.48	32186	6155	522	20292	3642	1413		
2006年	85433	33.05	46839	8002	420	23490	4080	2602		
2007年	108928	27.5	64726	10723	368	26098	5453	1561		
2008年	106362	–2.23	50643	12450	584	34619	6979	1089		
2009年	94781	–10.89	41757	11363	578	33672	6531	791		
2010年	111171	17.29	51342	14753	1211	35159	7569	1137		
2011年	127711	14.88	55644	13021	511	47523	9210	1802		
2012年	146862	15	68511	13475	613	49233	10011	3369		1650
2013年	195123	32.86	88745	18770	771	68400	14199	4238		
2014年	183150	–6.1	93269	13215	948	57000	14412	4242		
2015年	157797	–13.8	81547	12089	832	49137	10978	3214		
2016年	139179	–11.8	75605	11279	1762	42724	5436	2373	0	

8-6　2016年对外贸易情况（1）

单位：万美元

指标名称	全市		分县（市、区）						
	合　计	比上年增长%	市　直	城　区	红海湾	海　丰	陆　丰	陆　河	华　侨
外贸进出口总值	322366	0.7	221445.1	16394.7	1897.3	73015.2	6295.2	3318.4	0
外贸进口总值	183187	12.8	145840.3	511.4.9	135.1	30291.3	859.1	945.3	0
外贸出口总值	139179	-11.8	75605	11279	1762	42724	5436	2373	0

8-7　2016年对外贸易情况（2）

单位：万美元

	按贸易方式分			按企业性质分		
	一般贸易进口值	来料加工	进料加工	国有企业	“三资”企业	民营企业
外贸进口值	123832	30924	167593	28202	282340	11824
外贸出口值	26460	15547	97172	14186	115625	9369

8-8　2016年旅游部门接待旅游者情况

单位：人次

指标名称	全市		分县（市、区）					
	合计	比上年增长%	市区	红海湾	海丰	陆丰	陆河	华侨
一、全年接待过夜人数	**7895704**	**8.37**	**1901182**	**1678022**	**1841649**	**1787631**	**687220**	
（一）国内旅客	7846422	8.38	1877588	1673959	1822416	1785239	687220	
（二）国际旅游者	49282	6.73	23594	4063	19233	2392		
1、外国人	87	-8.42	85			2		
2、香港同胞	39147	11.7	17376	4063	15322	2386		
3、澳门同胞	9722	-5.75	5809		3911	2		
4、台湾同胞	326	-54.6	324			2		
二、接待过夜外国人按国别分								
日本	2					2		
菲律宾	5		5					
新加坡	16	33.33	16					
泰国								
马来西亚	18	50	18					
韩国								
美国	4	-55.55	4					
加拿大	6	-66.66	6					
法国								
荷兰								
俄罗斯	8		8					
澳大利亚	28	133.33	28					
新西兰								
其他								
三、旅游总收入（亿元）	**121.86**	**12.96**	**29.6**	**25.76**	**28.58**	**27.4**	**10.52**	

第二部分 统计资料

TONGJIZILIAO

汕尾统计年鉴 2017

SHANWEITONGJINIANJIAN

第九篇　劳动工资

LAODONGGONGZI

9-1　各县（市、区）从业人员和劳动报酬

（2016年）

	全市	分县（市、区）						
	合计	市直	城区	红海湾	海丰	陆丰	陆河	华侨
单位从业人员年末人数（人）	**237564**	**52864**	**34513**	**3325**	**62397**	**71693**	**11938**	**834**
国有	84395	11749	9563	2280	21843	28528	9996	436
集体	28797	3201	6873	96	14345	8549	729	
其他	124372	37914	18077	949	26209	34616	1213	398
在岗职工年末人数（人）	**231507**	**51652**	**33017**	**3169**	**61547**	**69845**	**11841**	**436**
国有	82101	11213	9131	2165	21710	27460	9986	436
集体	26330	3156	5809	96	13651	8191	653	
其他	123076	37283	18077	908	26186	34194	1202	398
在岗职工年平均人数（人）	**226613**	**48013**	**35071**	**3109**	**60128**	**67811**	**11647**	**834**
国有	82050	11264	9092	2141	21784	27472	9861	436
集体	25545	3144	8114	96	12506	6993	614	
其他	119018	33605	17865	872	25838	31633	1172	398
在岗职工工资总额（千元）	**12333459**	**3060060**	**1947284**	**216914**	**3255925**	**3404513**	**496741**	**33849**
国有	4681557	744731	533799	180632	1240647	1575258	426222	21909
集体	1216884	181924	459901	3283	605915	285886	18778	
其他	6435018	1960818	953584	32999	1409363	1543369	51741	11940
在岗职工年平均工资（元）	**54425**	**63734**	**55524**	**67764**	**54150**	**51507**	**42650**	**40586**
国有	57057	66116	58710	81329	56952	57340	43222	50250
集体	47637	57864	56679	34198	48450	40881	30583	
其他	54068	58349	53377	37329	54546	48790	44147	30000

注：全市在岗职工年平均工资统计口径均为在岗职工加劳务派遣。

9-2 2016年汕尾市从业人员和劳动报酬

指标名称	单位从业人员年末人数（人）	在岗职工年末人数（人）	在岗职工年平均人数（人）	在岗职工工资总额（千元）	在岗职工年人平均工资（元）
总　计	**237564**	**231507**	**226613**	**12333459**	**54425**
A、国有经济合计	84395	82101	166496	4681557	57057
一、按隶属关系分组					
中央	2046	2041	4087	141249	69172
省、自治区、直辖市	3189	3159	6348	242352	76476
直辖市	11905	11296	23201	675408	60353
县及县以下	67148	65498	132646	3615401	55157
其他	107	107	214	7147	71470
二、按企业、事业、机关分组					
企业	13792	13519	27311	704439	51942
事业	43248	42476	85724	2471120	58255
机关	24337	23104	47441	1262836	54574
B、城镇集体经济单位合计	28797	26330	25545	1216884	47637
企业					
事业					
机关					
C、其他经济单位合计	124372	123076	119018	6435018	54068
企业					
事业					

注：凡在岗职工的均包含劳务派遣工。

9–3 各年度在岗职工年末人数

单位：人

指标名称	1987	1988	1990	1995	2000	2005	2010	2011	2012	2013	2014	2015	2016
全 市	**116090**	**132408**	**140450**	**158114**	**123029**	**125475**	**149208**	**150115**	**169059**	**240882**	**234250**	**234164**	**231507**
市 直		7979	11623	23216	16786	19348	30856	25255	32875	36925	36495	38626	51652
城 区		10013	11184	19346	16765	15674	21016	26990	33391	36973	37858	34892	33617
红海湾				1790	2476	4662	2979	2724	2649	2788	2798	2716	3169
海 丰	47591	31280	37388	33440	27207	26734	36255	39189	40273	74682	70507	61495	61547
陆 丰	68499	73998	70071	65604	45959	45271	44802	42504	45281	76405	74375	75029	69845
陆 河		9138	10184	11852	11297	12877	12604	12632	12506	11742	11946	11975	11841
华 侨				2866	2539	909		821	866	1367	441	874	436

9–4 各年度在岗职工工资总额

单位：千元

指标名称	1987	1988	1990	1995	2000	2005	2010	2011	2012	2013	2014	2015	2016
全 市	**12393**	**171838**	**242593**	**813042**	**1016587**	**1657215**	**3815213**	**4609857**	**5811755**	**9409918**	**10239667**	**11296454**	**12333459**
市 直		10972	27343	159461	191910	363445	111066	1980148	1603928	2218149	2324856	2325820	3060060
城 区		13573	22585	99143	139111	207456	619656	114112	1227209	1368802	1440911	1778885	1947284
红海湾				9948	22533	52322	77422	83427	91216	103358	119434	126586	216914
海 丰	5637	47404	68079	166223	252260	394823	983590	1202329	1322951	2628073	2958657	2701075	3255925
陆 丰	6756	90272	106394	310327	310982	490223	774371	946221	1166052	2688227	2996008	3181935	3404513
陆 河		9617	18192	57337	84799	140545	237317	267560	339642	372573	388467	426071	496741
华 侨				10603	14992	8401	12589	16060	18780	30736	14203	32213	33849

注： 14年开始，凡全市的在岗职工的各类数据均包括劳务派遣工。

9-5 各年度在岗职工年平均工资

单位：元

指标名称	1987	1988	1990	1995	2000	2005	2010	2011	2012	2013	2014	2015	2016
全 市	**1168**	**1441**	**1827**	**5320**	**8341**	**13405**	**25501**	**30380**	**34786**	**39333**	**44811**	**48004**	**54425**
市 直		1638	2539	7003	11503	18787	37935	43493	49643	53118	55778	59013	63734
城 区		1434	2315	5423	8336	13540	27557	33084	37171	38038	41057	49530	55524
红海湾				6187	9112	11965	25543	30604	34382	37072	42716	47446	67764
海 丰	1207	1540	1862	5186	9319	14786	26551	30549	32859	35458	43178	45369	54150
陆 丰	1138	1385	1629	4870	6881	11031	17433	22348	26338	35085	42209	44441	51507
陆 河		1358	1942	5029	7544	11218	18829	21437	27134	31722	33045	36613	42650
华 侨				3554	5923	9161	14709	19657	22107	22140	32206	36857	40586

注：14年开始，凡全市的在岗职工的各类数据均包括劳务派遣工。

9-6 全市在岗职工分行业人数

（2016年） 单位：人

	合计	国有	集体	其他
总计	**231507**	**82101**	**26330**	**123076**
农、林、牧、渔业	986	962	20693	24
采掘业	306	306	281	
制造业	128934	46	3271	108195
电力、煤气及水的生产和供应业	3987	3288	848	418
建筑业	6289			3018
批发和零售业	7174	1986		4340
交通运输、仓储和邮政业	4194	3459		735
住宿和餐饮业	2022	169	1096	1853
信息传输、计算机服务和软件业	3766	1226	29	2540
金融业	3735	2260	52	379
房地产业	1380	343	60	1008
租赁和商务服务业	2525	2233		240
科学研究、技术服务和地质勘查业	738	607		71
水利、环境和公共设施管理业	1584	1487		97
居民服务和其他服务业	118	118		
教育	29632	29584		48
卫生、社会保障和社会福利业	8793	8735		58
文化、体育和娱乐业	1207	1155		52
公共管理和社会组织	24137	24137		

9-7　全市在岗职工分行业工资总额及平均工资

（2016年）　　单位：人

指标名称	职工工资总额（千元）	职工年人平均工资（元）
总　计	**12333459**	**54425**
农、林、牧、渔业	29619	30441
采掘业	9346	30542
制造业	6650145	53436
电力、煤气及水的生产和供应业	288466	71793
建筑业	219433	36073
批发和零售业	298720	41750
交通运输、仓储和邮政业	215306	52373
住宿和餐饮业	65231	33213
信息传输、计算机服务和软件业	308318	81630
金融业	219702	58775
房地产业	61821	44961
租赁和商务服务业	92726	36665
科学研究、技术服务和地质勘查业	35772	48603
水利、环境和公共设施管理业	55417	34985
居民服务和其他服务业	4124	34949
教育	1884681	63648
卫生、社会保障和社会福利业	535124	61431
文化、体育和娱乐业	50251	41771
公共管理和社会组织	1309257	54169
国际组织		

9–8 国有经济单位在岗职工分行业工资总额

（2016年）

指标名称	职工工资总额（千元）	职工年人平均工资（元）
总　计	**4681557**	**57057**
农、林、牧、渔业	28885	30437
采掘业	9346	30542
制造业	444	9652
电力、煤气及水的生产和供应业	224685	67758
建筑业		
批发和零售业	45332	22780
交通运输、仓储和邮政业	179331	52101
住宿和餐饮业	6547	37626
信息传输、计算机服务和软件业	81621	66575
金融业	153094	67591
房地产业	13776	40163
租赁和商务服务业	82100	36701
科学研究、技术服务和地质勘查业	28063	46309
水利、环境和公共设施管理业	50972	34278
居民服务和其他服务业	4124	34949
教育	1882955	63676
卫生、社会保障和社会福利业	532124	61496
文化、体育和娱乐业	48901	42486
公共管理和社会组织	1309257	54169
国际组织		

9-9 城镇集体经济单位在岗职工分行业工资总额

（2016年）

	职工工资总额（千元）	职工年人平均工资（元）
总 计	**1216884**	**47637**
农、林、牧、渔业		
采掘业		
制造业	1045135	51986
电力、煤气及水的生产和供应业	9713	34566
建筑业	98116	31877
批发和零售业	12857	15162
交通运输、仓储和邮政业		
住宿和餐饮业		
信息传输、计算机服务和软件业		
金融业	43758	40035
房地产业	1025	35345
租赁和商务服务业	1410	27115
科学研究、技术服务和地质勘查业	4870	81167
水利、环境和公共设施管理业		
居民服务和其他服务业		
教育		
卫生、社会保障和社会福利业		
文化、体育和娱乐业		
公共管理和社会组织		
国际组织		

9-10　其他经济单位在岗职工分行业工资总额

（2016年）

指标名称	职工工资总额（千元）	职工年人平均工资（元）
总　计	**6435018**	**54068**
农、林、牧、渔业	734	30583
采掘业		
制造业	5604566	53735
电力、煤气及水的生产和供应业	54068	128428
建筑业	121317	40372
批发和零售业	240531	55717
交通运输、仓储和邮政业	35975	53774
住宿和餐饮业	58684	32784
信息传输、计算机服务和软件业	226697	88866
金融业	22850	60132
房地产业	47020	46879
租赁和商务服务业	9216	38400
科学研究、技术服务和地质勘查业	2839	40557
水利、环境和公共设施管理业	4445	45825
居民服务和其他服务业		
教育	1726	43150
卫生、社会保障和社会福利业	3000	51724
文化、体育和娱乐业	1350	25962
公共管理和社会组织		
国际组织		

第二部分 统计资料

TONGJIZILIAO

汕尾统计年鉴 2017

SHANWEITONGJINIANJIAN

第十篇 住户和物价

ZHUHUHEWUJIA

10-1　2016年居民消费价格指数

类　别	指　数	类　别	指　数
居民消费价格总指数	**102.9**	2. 茶及饮料	101.0
非食品烟酒价格指数	**100.9**	3. 烟酒	101.3
食品（原口径）指数	**107.1**	（1）烟草	101.8
非食品（原口径）指数	**100.9**	（2）酒类	100.5
服务价格指数	**102.2**	4. 在外餐饮	99.6
工业品价格指数	**99.4**	二、衣着	99.5
鲜活食品价格指数	**114.3**	1. 服装	99.9
消费品价格指数	**103.2**	（1）男式服装	99.7
能源价格指数	**98.1**	（2）女式服装	99.9
非食品价格指数	**100.8**	（3）儿童服装	100.2
扣除食品和能源价格指数	**101.1**	2. 服装材料	95.3
扣除鲜菜鲜果价格指数	**102.3**	3. 其他衣着及配件	100.0
扣除自有住房价格指数	**102.9**	4. 衣着加工服务费	100.0
居住（扣自有住房）价格指数	**99.1**	5. 鞋类	98.2
一、食品烟酒	106.8	（1）鞋	98.1
1. 食品	109.8	（2）鞋类加工服务	100.0
（1）粮食	97.3	三、居住	100.6
（2）薯类	111.9	1. 租赁房房租	100.2
（3）豆类	108.1	2. 住房保养维修及管理	97.6
（4）食用油	101.1	（1）住房装潢材料	94.4
（5）菜	121.5	（2）物业管理费	100.0
（6）畜肉类	112.2	（3）住房装潢维修	100.0
（7）禽肉类	112.0	3. 水电燃料	99.1
（8）水产品	115.9	（1）水	100.0
（9）蛋类	105.0	（2）电	100.0
（10）奶类	94.8	（3）燃气	96.5
（11）干鲜瓜果类	103.4	（4）取暖费	100.0
（12）糖果糕点类	105.0	（5）其他燃料	100.0
（13）调味品	99.1	4. 自有住房	102.4
（14）其他食品类	103.1		

10-1 2016年居民消费价格指数

10-1 续表

类 别	指 数	类 别	指 数
四、生活用品及服务	100.2	（1）教育用品	100.0
1. 家具及室内装饰品	98.4	（2）教育服务	101.1
（1）家具	98.2	2. 文化娱乐	100.6
（2）室内装饰品	100.1	（1）文娱耐用消费品	101.5
2. 家用器具	99.0	（2）其他文娱用品	102.7
（1）大型家用器具	99.8	（3）文化娱乐服务	100.6
（2）小家电	96.6	（4）旅游	99.2
3. 家用纺织品	98.7	七、医疗保健	104.3
（1）床上用品	100.0	1. 药品及医疗器具	111.3
（2）窗帘门帘	96.7	（1）中药	112.3
（3）其他家用纺织品	91.2	（2）西药	123.0
4. 家庭日用杂品	102.7	（3）滋补保健品	101.1
（1）洗涤卫生用品	104.4	（4）医疗卫生器具	102.2
（2）厨具餐具茶具	101.3	（5）保健器具	101.5
（3）家用手工工具	96.1	2. 医疗服务	99.2
（4）其他家庭日用杂品	100.8	（1）综合医疗类	99.2
5. 个人护理用品	100.9	（2）诊断类	100.0
（1）化妆品	96.5	（3）治疗类	98.3
（2）其他护理用品类	105.3	（4）康复类	100.0
6. 家庭服务	99.6	（5）中医医疗服务类	100.0
五、交通和通信	101.2	（6）其他医疗服务	100.0
1. 交通	104.7	八、其他用品和服务	100.0
（1）交通工具	97.4	1. 其他用品类	101.2
（2）交通工具用燃料	95.6	（1）首饰手表	104.0
（3）交通工具使用和维修	102.0	（2）其他杂项用品	96.8
（4）交通费	125.0	2. 其他服务类	99.0
2. 通信	95.4	（1）旅馆住宿	88.8
（1）通信工具	78.5	（2）美容美发洗浴	99.5
（2）通信服务	100.0	（3）养老服务	100.0
（3）邮递服务	100.6	（4）金融保险	100.0
六、教育文化和娱乐	100.8	（5）其他服务类	99.6
1. 教育	101.0		

10-2 1996年-2016年居民消费价格总指数

类 别	1996年	1997年	1998年	1999年	2000年	2001年	2002年	2003年	2004年	2005年
居民消费价格总指数	**106.2**	**102.3**	**98.1**	**99.4**	**100.6**	**100.2**	**98.3**	**100.4**	**102.9**	**102.3**
一、食品	107.9	101.2	98.1	98.2	98.5	98.1	97.9	103.5	106.8	104.3
粮食	102.3	102.8	102.6	100.8	98.7	102.2	97.4	103.3	109.3	101.5
蛋类	109.6	82.4	99.4	100.6	86.5	94.3	105.8	99.4	113.8	105.3
水产品类	108.7	94.8	95.8	98.9	103.5	93.3	92.2	103.6	105.3	106.4
菜类	102.7	114.9	99.7	98.2	97.2	99.3	91.5	114.7	97.7	112.4
干鲜瓜果类	101.5	87	102	99.7	106.8	95.9	106.2	102.4	110	92.2
二、烟酒及用品	-	-	-	-	-	100.5	98.7	100.9	99.9	100.5
三、衣着类	102.5	99.1	99.4	98.2	100.9	96.6	99.3	98.6	99.2	99.2
四、家庭设备及用品	102.8	99.1	98.7	96.1	98.6	96	93.6	95.9	98	97.6
五、医疗保健和个人用品	-	-	-	-	-	98.8	101.2	100.2	101.1	101.7
六、交通和通讯	99.6	98	90.3	97.1	96.5	104.4	99.9	98.5	99.5	100.5
七、娱乐教育文化用品及服务	100.4	100	97.3	98	100.6	104.4	98.4	95.6	97.5	100.3
八、居住	106.2	108.6	94.5	103.6	105.7	103.7	98.7	100.8	104.8	103.7

10–2 1996年–2016年居民消费价格总指数

10–2 续表

类　别	2006年	2007年	2008年	2009年	2010年	2011年	2012年	2013年	2014年	2015年	2016年
居民消费价格总指数	**101.7**	**103.8**	**105.2**	**98.3**	**103.1**	**105.4**	**102.4**	**102.5**	**102.7**	**101.3**	**102.9**
一、食品	103.5	107.8	111.6	99.2	106.6	106.6	105.7	106.1	105.8	104.1	109.8
粮食	101.8	103.7	108.2	106.1	103.7	111.2	103.4	100.3	99.8	100.6	97.3
蛋类	101.9	110.2	105.7	96	104.9	118.4	98.5	102	115.2	108.8	105.0
水产品类	106.4	101.7	113.1	98.9	107.2	109.5	107.3	111.5	114.4	109.7	115.9
菜类	106.4	105.9	102.7	98.7	120.4	106.2	109.6	116.3	104.1	108.9	121.5
干鲜瓜果类	116.4	101.4	107.6	103.5	115.1	123.9	103.7	104.1	115.9	92.6	103.4
二、烟酒及用品	99.5	100.8	101	102.6	100.2	103.3	103.1	101.3	100.1	100.4	101.3
三、衣着类	100	99.7	98.9	98.8	98.1	100	100.2	99.6	100.9	97.9	99.5
四、家庭设备及用品	100.2	100.6	101.8	99.8	99.1	103.9	102.5	101.6	101.2	99.6	100.2
五、医疗保健和个人用品	100.5	101.5	101.3	101.4	101.5	101.4	100.6	100.8	102.4	103.4	104.3
六、交通和通讯	100.6	100.5	100.6	97.7	100.2	101	100.5	100.6	100	97.6	101.2
七、娱乐教育文化用品及服务	99.5	100	98.9	98.5	99	99.6	99.2	99.9	99.7	100.0	100.8
八、居住	102.2	104.4	105	94.2	105.8	105.1	100.5	99.7	101.1	98.8	100.6

10-3　2016年城乡常住居民收支情况

项　目	计量单位	金　额	占比率%
一、可支配收入	元/人	**17936.7**	**100.0%**
（一）工资性收入	元/人	10823.1	60.3%
（二）经营净收入	元/人	3247.1	18.1%
（三）财产净收入	元/人	622.3	3.5%
（四）转移净收入	元/人	3244.1	18.1%
二、消费支出	元/人	**14167.0**	**100.0%**
（一）食品烟酒	元/人	6384.8	45.1%
（二）衣着	元/人	676.5	4.8%
（三）居住	元/人	2757.0	19.5%
（四）生活用品及服务	元/人	1059.5	7.5%
（五）交通通信	元/人	1294.5	9.1%
（六）教育文化娱乐	元/人	898.2	6.3%
（七）医疗保健	元/人	655.2	4.6%
（八）其他用品和服务	元/人	441.2	3.1%

注：2015年开始有关住户数据由国家统计局汕尾调查队提供。

10–4 2016年城乡常住居民人均可支配收入和消费支出情况

指标名称	计量单位	全体居民	城镇居民	农村居民
一、可支配收入	元/人	**17936.7**	**22389.2**	**12441.8**
（一）工资性收入	元/人	10823.1	13366.8	7566.9
（二）经营净收入	元/人	3247.1	3816.4	2559.8
（三）财产净收入	元/人	622.3	1156.8	43.0
（四）转移净收入	元/人	3244.1	4049.1	2272.1
二、消费支出	元/人	**14167.0**	**17374.3**	**10294.1**
（一）食品烟酒	元/人	6384.8	7717.2	4776.0
（二）衣着	元/人	676.5	832.7	487.9
（三）居住	元/人	2757.0	3351.3	2039.4
（四）生活用品及服务	元/人	1059.5	1355.0	702.7
（五）交通通信	元/人	1294.5	1665.8	846.2
（六）教育文化娱乐	元/人	898.2	1164.6	576.5
（七）医疗保健	元/人	655.2	716.4	581.4
（八）其他用品和服务	元/人	441.2	571.3	284.1

注：2015年开始有关住户数据由国家统计局汕尾调查队提供。

第十一篇　附　录

FULU

11-1 各市生产总值

（当年价格） 单位：亿元

年 份	2005年	2006年	2007年	2008年	2009年	2010年
广 州	5154.23	6081.86	7140.32	8287.38	9138.21	10748.28
深 圳	4950.91	5813.56	6801.57	7786.79	8290.28	9773.31
珠 海	635.45	746.46	894.81	997.16	1038.80	1210.79
汕 头	635.88	718.70	829.49	951.81	1022.24	1132.23
佛 山	2429.38	2983.90	3660.18	4378.30	4808.31	5622.63
#顺 德	825.12	1022.30	1242.26	1501.25	1646.51	1790.86
韶 关	337.03	404.61	481.14	553.85	578.75	683.10
河 源	204.81	258.08	329.61	395.88	406.13	454.47
梅 州	314.61	349.58	411.62	479.61	518.55	608.36
惠 州	803.92	928.92	1117.91	1304.05	1414.82	1729.97
汕 尾	205.75	239.86	288.71	346.58	385.10	454.56
东 莞	2183.20	2627.98	3160.05	3703.60	3785.83	4278.21
中 山	885.72	1053.61	1268.04	1457.01	1567.50	1853.45
江 门	801.70	943.79	1097.26	1270.88	1340.88	1570.42
阳 江	294.40	346.14	405.29	480.50	525.00	636.23
湛 江	680.97	805.52	924.41	1099.41	1159.82	1401.47
茂 名	738.35	872.95	997.08	1177.84	1220.95	1472.10
肇 庆	435.05	506.27	619.69	760.50	862.57	1088.39
清 远	323.28	430.80	557.66	652.10	716.83	873.35
潮 州	282.39	320.72	372.80	438.08	480.52	560.00
揭 阳	414.00	480.22	585.99	724.23	816.74	1005.24
云 浮	201.84	230.63	275.55	324.55	344.50	401.09
珠三角	18279.55	21686.34	25759.83	29945.66	32247.20	37875.45
东 翼	1538.02	1759.50	2076.99	2460.70	2704.60	3152.03
西 翼	1713.72	2024.61	2326.78	2757.74	2905.77	3509.79
山 区	1381.57	1673.69	2055.58	2522.99	2564.77	3020.37

11-1 各市生产总值

11-1 续表 （当年价格） 单位：亿元

年 份	2011年	2012年	2013年	2014年	2015年	2016年
广 州	12423.44	13551.21	15497.23	16706.87	18100.41	19610.94
深 圳	11515.86	12971.47	14572.67	16001.82	17502.86	19492.60
珠 海	1410.34	1509.24	1679.00	1867.21	2025.41	2226.37
汕 头	1279.08	1430.72	1573.73	1716.51	1868.03	2080.54
佛 山	6179.68	6579.18	7010.68	7441.60	8003.92	8630.00
#顺 德	1941.94	2112.39	2326.61	2419.68	2586.69	2793.03
韶 关	816.81	906.48	1015.12	1113.49	1149.98	1218.39
河 源	533.45	609.51	690.29	768.95	810.08	898.72
梅 州	695.75	750.72	806.02	885.84	959.78	1045.56
惠 州	2094.94	2379.49	2705.13	3000.37	3140.03	3412.17
汕 尾	538.14	609.46	671.75	716.99	762.06	828.49
东 莞	4771.93	5039.21	5517.47	5881.32	6275.07	6827.67
中 山	2194.73	2446.30	2651.93	2823.01	3010.03	3202.78
江 门	1830.64	1880.39	2000.18	2082.76	2240.02	2418.78
阳 江	767.24	888.71	1049.63	1168.55	1250.01	1319.33
湛 江	1717.88	1872.12	2070.01	2258.99	2380.02	2584.78
茂 名	1721.25	1916.41	2170.97	2349.03	2445.63	2636.74
肇 庆	1328.83	1467.68	1673.37	1845.06	1970.01	2084.02
清 远	1009.09	1033.17	1103.97	1197.74	1277.86	1388.10
潮 州	648.38	707.85	784.24	850.22	910.11	976.83
揭 阳	1223.88	1393.02	1605.35	1780.44	1890.01	2032.61
云 浮	480.70	532.24	608.30	664.00	713.14	778.28
珠三角	43750.39	47824.18	53307.67	57650.02	62267.78	67905.33
东 翼	3689.48	4141.05	4635.09	5064.17	5430.21	5918.47
西 翼	4206.37	4677.24	5290.61	5776.57	6075.66	6540.85
山 区	3535.80	3832.12	4223.70	4630.02	4910.84	5329.05

注： 2016年为初步核算数。

11-2　各市生产总值指数

（上年=100）

市　别	2005年	2006年	2007年	2008年	2009年	2010年
广　州	112.9	114.9	115.3	112.5	111.7	113.2
深　圳	115.1	116.6	114.8	112.1	110.8	112.4
珠　海	113.1	116.1	117.0	109.2	106.6	112.9
汕　头	111.3	111.6	113.0	110.5	109.1	110.4
佛　山	119.4	119.3	119.2	115.2	113.1	114.1
#顺　德	118.9	121.5	118.0	115.5	108.4	107.5
韶　关	110.1	115.3	114.9	110.8	110.1	112.5
河　源	122.9	127.9	122.6	110.3	110.1	112.7
梅　州	107.8	109.8	112.5	110.2	109.8	114.1
惠　州	115.9	116.8	117.6	111.6	113.2	118.0
汕　尾	116.0	115.7	118.5	115.8	114.9	117.0
东　莞	119.5	119.2	118.3	114.0	105.3	110.3
中　山	120.9	117.3	116.6	111.1	110.2	114.0
江　门	112.6	115.2	115.0	110.8	109.7	114.5
阳　江	113.9	116.3	113.8	111.8	112.0	116.4
湛　江	113.3	113.7	115.1	111.7	110.6	114.2
茂　名	114.1	113.9	113.1	109.8	110.3	114.1
肇　庆	115.7	116.3	117.4	116.2	113.6	117.1
清　远	127.8	128.8	124.8	110.1	112.8	112.9
潮　州	111.4	112.4	114.5	112.2	112.5	114.1
揭　阳	111.3	114.9	118.1	116.0	116.0	119.6
云　浮	113.4	114.5	115.6	110.3	110.4	113.9
珠三角	115.7	116.8	116.3	112.8	109.4	112.2
东　翼	111.9	113.2	115.4	113.1	111.3	114.1
西　翼	113.8	114.2	114.0	110.9	110.4	114.1
山　区	115.7	119.0	118.2	110.3	110.3	113.0

11-2 各市生产总值指数

11-2 续表

（上年=100）

市 别	2011年	2012年	2013年	2014年	2015年	2016年
广 州	111.3	110.5	111.6	108.6	108.4	108.2
深 圳	110.0	110.0	110.5	108.8	108.9	109.0
珠 海	111.3	107.3	110.8	110.4	110.0	108.5
汕 头	110.0	109.5	110.0	109.0	108.4	108.7
佛 山	111.3	108.0	109.8	108.3	108.5	108.3
#顺 德	112.3	111.4	110.2	107.9	108.5	108.4
韶 关	112.1	110.0	112.2	109.5	106.2	106.3
河 源	112.8	111.7	112.1	110.9	108.1	108.6
梅 州	113.6	110.1	111.1	108.5	108.6	107.5
惠 州	114.7	112.7	113.8	110.0	109.0	108.2
汕 尾	113.7	113.3	112.2	108.9	108.1	107.0
东 莞	108.0	106.1	109.8	107.8	108.0	108.1
中 山	113.1	111.3	110.0	108.0	108.4	107.8
江 门	113.0	108.1	109.8	107.8	108.4	107.4
阳 江	114.9	112.8	115.3	110.5	108.5	106.7
湛 江	112.8	109.6	112.0	110.0	108.5	107.9
茂 名	110.8	110.6	113.2	110.4	108.0	107.1
肇 庆	114.7	111.0	111.5	110.0	108.2	105.0
清 远	108.3	105.1	108.2	107.9	108.2	107.9
潮 州	112.9	110.6	111.1	108.2	108.3	107.1
揭 阳	114.6	111.3	114.5	110.7	108.0	106.3
云 浮	114.1	113.0	113.3	110.3	108.5	107.9
珠三角	109.9	108.1	109.3	107.8	108.6	108.3
东 翼	111.5	110.1	110.5	109.2	108.2	107.4
西 翼	111.1	110.0	112.0	110.0	108.3	107.3
山 区	110.4	108.7	108.4	108.9	107.9	107.5

11-3 各市人均地区生产总值

单位：元

市 别	2000年	2005年	2010年	2014年	2015年	2016年
广 州	25626	53809	87458	128478	136188	142394
深 圳	32800	60801	96184	149495	157985	167411
珠 海	27770	45320	78030	116537	124706	134548
汕 头	9741	12883	21330	31201	33732	37382
佛 山	20231	42066	79902	101617	108299	115891
#顺 德	22213	42382	74475	96722	102538	109964
韶 关	7028	11608	24050	38386	39380	41388
河 源	3826	7483	15592	25208	26401	29205
梅 州	4728	7670	14447	20529	22155	24031
惠 州	13877	21909	38650	63657	66231	71605
汕 尾	5262	7419	15487	23928	25283	27351
东 莞	13679	33287	53193	70605	75616	82682
中 山	15077	36435	60888	88682	94030	99471
江 门	12851	19546	35622	46237	49608	53374
阳 江	7377	12717	26525	46938	49894	52358
湛 江	6231	10243	20110	31420	32933	35617
茂 名	7981	12729	25154	38951	40324	43211
肇 庆	7422	11890	28052	45795	48670	51178
清 远	5003	9079	23665	31477	33392	36146
潮 州	7444	11215	21136	31301	33954	36956
揭 阳	6001	7417	17191	29600	31255	33451
云 浮	6399	8664	17079	27252	29078	31501
珠三角	20280	40336	69002	100448	107011	114388
东 翼	7294	9729	18829	29393	31426	34182
西 翼	7099	11608	23060	36770	38461	41192
山 区	5344	8838	18872	28047	29583	31944

11-4 各市人均地区生产总值指数

（上年=100）

市 别	2000年	2005年	2010年	2014年	2015年	2016年
广 州	108.3	114.3	106.1	107.6	106.0	104.4
深 圳	105.2	111.6	107.8	107.6	105.2	103.7
珠 海	104.9	110.3	111.1	109.3	108.6	106.5
汕 头	104.5	110.3	107.8	108.3	107.7	108.2
佛 山	106.3	117.8	109.0	107.7	107.5	107.5
#顺 德	108.0	116.4	102.4	107.4	107.6	107.7
韶 关	111.8	108.7	113.2	108.8	105.5	105.4
河 源	111.9	118.3	110.7	109.9	107.4	108.3
梅 州	108.9	106.4	112.9	108.2	108.2	107.0
惠 州	107.7	113.0	112.5	109.4	108.4	107.7
汕 尾	110.2	113.3	116.6	108.3	107.4	106.5
东 莞	106.6	119.4	105.4	107.4	108.4	108.6
中 山	105.4	120.6	108.3	107.4	107.8	107.1
江 门	108.8	112.1	112.4	107.5	108.1	107.0
阳 江	109.6	112.7	114.9	109.9	107.8	106.0
湛 江	106.0	111.3	113.5	109.2	108.0	107.4
茂 名	110.5	112.0	115.1	109.7	107.4	106.4
肇 庆	109.9	114.1	115.3	109.3	107.7	104.4
清 远	108.8	124.8	112.3	107.1	107.6	107.5
潮 州	104.3	110.7	112.5	107.8	109.8	108.6
揭 阳	103.0	110.2	118.5	109.9	107.5	105.8
云 浮	105.1	111.9	113.3	109.6	107.8	107.1
珠三角	107.2	114.6	107.3	107.0	107.1	106.1
东 翼	104.7	110.6	112.6	108.5	107.9	107.1
西 翼	108.6	111.8	113.9	109.3	107.7	106.8
山 区	109.2	113.4	112.3	108.2	107.3	107.0

11-5　各市年末城镇登记失业人数

单位：人

市　别	2005年	2010年	2014年	2015年	2016年
全　省	**344904**	**392274**	**368318**	**369667**	**379866**
广　州	54162	76485	57597	53090	53602
深　圳	26746	35302	38752	41697	42583
珠　海	11453	12501	11077	11095	11188
汕　头	17731	16127	15475	14778	17816
佛　山	26062	19628	21917	22389	22926
韶　关	18831	16928	13641	13031	13098
河　源	14096	13951	8992	9504	9251
梅　州	14510	14200	13955	14013	14029
惠　州	14001	15696	18772	19705	21468
汕　尾	9436	11314	12281	12621	12856
东　莞	4437	8655	12026	12893	13822
中　山	6593	9246	9444	9276	10672
江　门	19639	21380	24833	24972	24839
阳　江	14608	15012	12302	12506	12832
湛　江	22835	23882	20700	20885	21185
茂　名	22203	30504	26396	27832	28164
肇　庆	10668	11662	12585	12543	12440
清　远	9796	14257	13550	13621	13773
潮　州	8142	8362	9246	8483	8555
揭　阳	10350	11357	9173	9008	8968
云　浮	8605	5825	5604	5725	5799
按经济区域分					
珠三角	173761	210555	207003	207660	213540
东　翼	45659	47160	46175	44890	48195
西　翼	59646	69398	59398	61223	62181
山　区	65838	65161	55742	55894	55950

11-6 各市农林牧渔业总产值

（当年价格）

单位：亿元

市 别	2000年	2005年	2007年	2008年	2009年	2010年
广 州	163.05	220.81	254.47	291.30	295.62	322.13
深 圳	31.14	21.74	17.14	18.79	15.48	15.05
珠 海	22.63	33.77	46.55	51.43	51.62	57.62
汕 头	88.43	84.39	88.04	99.95	104.71	117.76
佛 山	128.90	159.78	170.30	199.47	195.03	211.17
#顺 德					64.81	70.42
韶 关	74.12	98.90	109.86	131.17	133.42	155.29
河 源	52.80	65.59	71.98	85.66	86.86	97.37
梅 州	86.33	112.87	145.22	173.07	179.38	201.85
惠 州	104.63	120.74	128.55	149.33	147.91	166.30
汕 尾	79.39	89.76	89.00	104.49	111.22	126.83
东 莞	54.64	42.05	19.98	25.53	25.31	28.31
中 山	37.00	52.91	65.41	75.36	77.77	86.82
江 门	132.46	143.35	170.29	198.59	193.09	214.73
阳 江	99.57	127.42	168.09	192.25	200.16	228.33
湛 江	179.85	233.02	320.30	376.03	397.68	458.22
茂 名	211.17	296.95	318.40	373.79	385.38	434.62
肇 庆	160.37	202.19	217.56	257.43	256.81	291.96
清 远	93.23	107.52	130.38	154.09	158.71	185.17
潮 州	72.19	59.63	50.40	59.17	61.35	68.95
揭 阳	121.04	111.42	120.17	145.58	149.61	169.99
云 浮	89.35	119.66	120.82	140.71	144.91	162.21
珠三角	834.82	997.33	1090.25	1267.22	1258.64	1394.08
东 翼	361.05	345.21	347.61	409.20	426.90	483.53
西 翼	490.59	657.39	806.79	942.07	983.22	1121.17
山 区	395.83	504.55	578.26	684.70	703.28	801.89

注：2007年农林牧渔业总产值为第二次全国农业普查后调整数。

11–6 各市农林牧渔业总产值

11–6续表

（当年价格）

单位：亿元

市 别	2011年	2012年	2013年	2014年	2015年	2016年
广 州	350.61	366.79	389.98	398.30	413.46	437.69
深 圳	15.25	14.86	13.95	12.92	15.95	14.97
珠 海	65.52	69.57	79.05	83.56	85.62	91.32
汕 头	134.52	146.58	157.73	169.06	177.68	197.56
佛 山	238.72	258.02	263.52	270.47	275.69	292.93
#顺 德	78.27	83.07	85.09	84.75	86.02	91.69
韶 关	183.95	198.61	214.12	225.75	243.35	269.71
河 源	117.15	125.48	132.73	141.47	151.71	169.69
梅 州	234.76	253.80	269.52	283.26	304.95	343.02
惠 州	189.87	201.80	217.77	228.61	245.30	278.90
汕 尾	147.21	161.64	173.67	183.68	197.20	219.20
东 莞	30.66	32.01	33.15	33.94	34.35	37.24
中 山	100.37	105.80	110.00	113.70	112.84	119.13
江 门	254.22	272.73	286.48	308.21	319.88	347.18
阳 江	261.85	286.16	307.95	324.05	345.02	380.95
湛 江	545.20	606.63	640.53	682.88	723.88	807.96
茂 名	507.94	542.37	567.58	580.70	618.31	692.25
肇 庆	347.53	364.06	385.71	408.64	435.59	487.16
清 远	216.01	235.30	254.60	271.42	296.40	333.00
潮 州	78.91	84.71	90.72	105.63	111.67	123.73
揭 阳	197.43	213.75	229.66	242.34	258.58	292.07
云 浮	191.89	200.40	210.35	224.35	238.81	260.80
珠三角	1592.76	1685.63	1779.61	1858.33	1938.68	2106.52
东 翼	558.07	606.67	651.79	700.70	745.13	832.57
西 翼	1314.99	1435.15	1516.06	1587.64	1687.21	1881.16
山 区	943.78	1013.59	1081.31	1146.25	1235.22	1376.22

11-7　2016年各市主要农产品产量

单位：万吨

市　别	粮食产量	糖蔗产量	油料产量	肉类总产量	水产品产量
全　省	**1360.22**	**1270.17**	**112.88**	**415.49**	**875.36**
广　州	43.65	0.49	1.90	21.83	48.98
深　圳	0.01	0.00	0.00	0.33	3.63
珠　海	4.28	0.19	0.07	4.59	29.93
汕　头	47.24	0.00	0.33	11.61	45.64
佛　山	9.83	0.00	0.56	21.87	63.12
#顺　德	0.04	0.00	0.00	1.10	24.84
韶　关	89.27	22.77	14.92	14.77	8.49
河　源	91.32	2.72	8.14	11.63	4.55
梅　州	123.97	0.00	4.12	27.46	11.50
惠　州	59.99	6.02	6.51	18.75	17.15
汕　尾	43.44	0.50	2.96	10.37	64.70
东　莞	1.26	0.00	0.02	1.29	6.19
中　山	7.69	0.16	0.04	3.08	33.79
江　门	95.83	17.69	3.04	30.82	78.51
阳　江	71.02	5.94	5.85	17.74	124.74
湛　江	145.59	1147.54	21.93	37.60	128.28
茂　名	146.10	34.84	14.76	61.31	87.85
肇　庆	116.05	3.67	7.46	42.79	43.78
清　远	80.04	26.47	11.74	22.75	12.95
潮　州	27.59	0.85	0.35	7.56	20.26
揭　阳	85.84	0.29	2.46	17.72	16.14
云　浮	70.21	0.04	5.72	29.62	10.78

11-8 各市规模以上工业增加值

单位：亿元

市 别	2000年	2005年	2009年	2010年	2011年	2012年	2013年	2014年	2015年	2016年
全 省	**3422.60**	**9416.39**	**18235.21**	**20338.34**	**21663.30**	**22720.81**	**26540.01**	**28188.69**	**29446.21**	**31917.39**
广 州	708.40	1654.03	3241.76	4073.35	4008.38	3945.18	4446.93	4364.66	4535.25	4877.85
深 圳	706.85	2571.95	4014.36	5015.33	4769.43	5107.24	5794.50	6252.09	6426.39	7199.47
珠 海	156.16	328.74	569.84	683.98	675.48	664.93	783.68	881.04	916.94	1043.23
汕 头	88.56	190.30	389.59	483.20	416.86	510.21	599.23	660.49	694.62	778.67
佛 山	401.78	1303.31	3234.43	3915.12	2991.38	3302.10	3872.79	4138.71	4364.33	4718.72
#顺 德	145.21	492.95	1137.79	1288.00	1035.45	1111.20	1226.58	1289.32	1357.02	1509.16
韶 关	50.72	108.63	181.84	219.25	241.88	264.21	310.91	326.29	309.71	331.74
河 源	10.66	57.78	189.59	312.36	265.44	245.41	318.41	325.36	327.57	377.17
梅 州	29.46	72.49	134.35	166.00	161.71	160.17	188.42	206.68	214.34	224.21
惠 州	129.08	315.32	674.76	881.16	1013.54	1173.97	1423.20	1475.02	1617.38	1762.18
汕 尾	8.74	29.17	88.55	112.34	138.02	185.74	222.14	231.47	245.10	272.72
东 莞	259.44	1060.49	1453.37	1760.02	1642.45	1978.13	2425.62	2490.84	2611.96	2878.23
中 山	136.16	551.20	1012.28	1263.08	1234.73	1227.06	1195.97	1209.10	1281.05	1385.88
江 门	189.49	355.10	796.08	1053.39	1069.84	576.13	696.94	847.29	965.74	1041.82
阳 江	21.55	66.26	137.96	184.14	224.86	294.86	390.31	429.74	452.02	477.40
湛 江	99.80	229.87	387.78	528.83	517.50	557.52	684.86	738.07	721.26	766.52
茂 名	78.44	165.28	325.44	362.29	426.18	498.04	666.70	734.35	757.29	765.51
肇 庆	36.36	76.86	288.81	434.51	570.95	664.99	807.02	924.53	961.07	952.73
清 远	21.22	90.83	557.00	686.02	362.99	290.92	320.27	392.84	396.65	444.35
潮 州	20.19	69.46	152.41	194.91	215.79	241.49	301.41	329.88	352.08	379.34
揭 阳	39.09	77.62	307.48	512.46	547.05	685.73	878.55	974.68	1054.89	1132.66
云 浮	22.37	41.70	97.53	146.58	123.77	146.78	212.16	255.58	240.58	280.77
珠三角	2723.72	8217.00	15285.69	19079.95	17976.18	18639.71	21446.65	22583.28	23680.10	25860.11
东 翼	156.58	366.55	938.03	1302.91	1362.80	1623.17	2001.33	2196.51	2346.69	2563.39
西 翼	199.79	461.41	851.18	1075.26	1168.54	1350.43	1741.87	1902.15	1930.57	2009.44
山 区	134.43	371.44	1160.31	1530.20	1155.78	1107.49	1350.17	1506.75	1488.84	1658.24

注：本表工业增加值按当年价格计算。

11-9 各市规模以上工业增加值指数

（2000年=100）

市 别	2000年	2005年	2009年	2010年	2011年	2012年	2013年	2014年	2015年	2016年
全 省	**100.0**	**283.1**	**507.2**	**592.4**	**667.0**	**723.0**	**785.9**	**851.9**	**913.2**	**974.4**
广 州	100.0	223.8	391.6	455.8	510.5	566.2	623.9	674.5	723.0	770.0
深 圳	100.0	391.6	635.6	723.3	814.5	873.9	957.8	1038.3	1118.2	1196.5
珠 海	100.0	229.9	360.5	426.1	492.2	523.2	581.8	647.0	709.1	750.9
汕 头	100.0	183.0	346.9	407.9	481.4	551.1	628.3	697.4	749.7	821.7
佛 山	100.0	312.0	713.0	851.3	977.3	1093.6	1232.5	1354.5	1461.5	1574.1
#顺 德	100.0	242.1	476.0	565.0	637.9	700.4	785.1	863.7	932.8	1006.4
韶 关	100.0	159.8	286.3	332.4	383.9	428.4	504.7	570.3	587.4	616.8
河 源	100.0	460.0	1488.9	1844.7	2215.5	2618.8	3071.8	3624.7	3922.0	4318.1
梅 州	100.0	210.7	355.6	422.1	511.2	587.4	669.6	741.3	808.0	845.2
惠 州	100.0	215.2	457.3	582.5	700.2	830.5	977.4	1104.5	1215.0	1320.7
汕 尾	100.0	367.4	1169.4	1541.3	2017.5	2588.5	3233.0	3698.5	3972.2	4242.3
东 莞	100.0	327.6	430.2	512.0	550.4	581.2	646.9	703.8	741.1	793.0
中 山	100.0	494.0	869.0	1026.2	1182.2	1365.5	1504.8	1655.2	1779.4	1898.6
江 门	100.0	207.7	424.5	525.1	625.4	701.1	799.9	887.9	959.0	1026.1
阳 江	100.0	266.8	530.5	705.0	927.8	1156.1	1516.7	1800.4	2038.0	2144.0
湛 江	100.0	183.7	287.8	340.2	389.5	436.6	501.7	562.4	618.1	689.1
茂 名	100.0	163.6	242.3	276.9	319.8	390.2	456.9	533.7	577.5	620.2
肇 庆	100.0	211.8	712.5	952.6	1218.4	1464.5	1729.5	1976.9	2127.1	2205.8
清 远	100.0	353.0	1716.2	2310.0	2848.3	2888.2	3136.5	3581.9	3850.6	4235.6
潮 州	100.0	321.1	663.3	796.0	968.0	1129.6	1316.0	1462.1	1576.1	1680.1
揭 阳	100.0	188.3	633.4	879.7	1142.8	1394.2	1726.0	1998.7	2142.6	2266.9
云 浮	100.0	174.7	393.1	517.4	709.8	895.1	1127.8	1304.8	1428.8	1551.7
珠三角	100.0	205.0	343.0	399.6	444.8	480.8	522.7	556.0	606.8	647.5
东 翼	100.0	208.4	430.3	532.7	639.2	757.5	873.4	988.6	1060.8	1135.1
西 翼	100.0	199.8	318.1	373.3	428.5	500.5	573.6	660.8	726.2	785.0
山 区	100.0	207.5	507.7	638.6	763.1	845.5	934.3	1068.8	1142.6	1230.6

注： 本表工业增加值指数按可比价格计算。

11-10　2016年各市现代产业增加值及增长情况

市　别	先进制造业增加值（亿元）	比上年增长（%）	先进制造业占规上工业增加值比重（%）	高技术制造业增加值（亿元）	比上年增长（%）	高技术制造业占规上工业增加值比重（%）
全　省	**15739.78**	**9.5**	**49.3**	**8817.68**	**11.7**	**27.6**
广　州	2663.17	6.6	54.6	664.55	7.5	13.6
深　圳	5428.39	8.5	75.4	4762.87	9.8	66.2
珠　海	534.72	7.2	51.3	275.13	1.0	26.4
汕　头	110.06	11.6	14.1	44.03	18.4	5.7
佛　山	1809.65	11.0	38.4	376.91	10.0	8.0
#顺　德	606.46	11.9	40.2	105.64	6.5	7.0
韶　关	102.99	11.6	31.0	16.40	14.5	4.9
河　源	189.10	12.6	50.1	109.57	9.9	29.1
梅　州	50.26	4.3	22.4	34.74	6.8	15.5
惠　州	1044.59	7.6	59.3	746.95	7.9	42.4
汕　尾	80.17	20.7	29.4	59.15	13.1	21.7
东　莞	1435.17	15.2	49.9	1100.76	17.6	38.2
中　山	561.31	11.6	40.5	265.28	14.7	19.1
江　门	400.39	10.5	38.4	80.24	9.5	7.7
阳　江	69.97	-4.0	14.7	7.50	-21.5	1.6
湛　江	282.18	16.7	36.8	7.26	-7.6	0.9
茂　名	366.13	2.6	47.8	27.85	6.4	3.6
肇　庆	313.77	8.2	32.9	66.64	5.8	7.0
清　远	84.54	23.8	19.0	23.02	55.6	5.2
潮　州	38.56	19.2	10.2	26.36	16.8	6.9
揭　阳	203.77	6.2	18.0	101.20	12.7	8.9
云　浮	53.02	6.4	18.9	21.28	6.3	7.6

注：2016年现代产业增加值为快报数，绝对值为当年价，增长按可比口径计算；
本表统计范围为年主营业务收入2000万元及以上的工业法人企业。

11-11 各市固定资产投资

单位：亿元

市 别	2000年	2005年	2007年	2008年	2009年	2010年
全 省	**3233.70**	**7164.11**	**9596.95**	**11165.06**	**13353.15**	**16113.19**
广 州	923.67	1514.01	1858.64	2101.45	2659.85	3263.57
深 圳	677.12	1182.32	1345.00	1464.32	1709.15	1944.70
珠 海	95.08	218.23	339.32	351.32	410.51	501.55
汕 头	112.48	154.14	206.69	261.36	291.90	361.68
佛 山	198.96	741.43	1052.23	1230.64	1470.56	1719.63
#顺 德	64.11	185.04	269.33	301.74	342.60	392.75
韶 关	56.82	139.75	217.59	283.79	356.50	433.73
河 源	26.54	111.10	232.09	174.79	198.15	242.74
梅 州	44.45	97.66	125.00	140.54	162.98	195.52
惠 州	77.41	352.37	486.91	588.74	758.97	894.02
汕 尾	36.21	101.86	175.08	206.27	289.43	366.99
东 莞	102.89	592.20	841.21	943.07	1094.08	1114.98
中 山	109.95	320.92	399.22	444.95	545.61	660.37
江 门	104.34	228.87	316.64	378.22	492.07	631.77
阳 江	33.23	82.25	135.16	171.70	239.49	329.20
湛 江	68.94	168.00	242.83	295.32	393.23	526.57
茂 名	73.57	147.72	130.71	145.74	180.01	244.54
肇 庆	75.29	178.01	270.57	326.31	462.77	625.21
清 远	48.37	222.42	483.40	703.47	841.24	996.92
潮 州	30.70	97.59	120.83	128.31	162.98	182.78
揭 阳	68.43	115.16	203.19	265.79	393.50	564.07
云 浮	32.98	103.44	129.19	142.76	240.19	312.66
珠三角	2364.71	5328.37	6909.74	7829.03	9603.55	11355.80
东 翼	247.82	468.75	705.79	861.73	1137.80	1475.51
西 翼	175.74	397.97	508.70	612.76	812.73	1100.32
山 区	209.16	674.38	1187.27	1445.35	1799.06	2181.56

注：1、2008年前（含2008年）全省总计含不分区部分（下表同）。
2、2011年起固定资产投资项目统计起点由50万元提高至500万元，且不包括农村农户投资；2010年以前为全社会固定资产投资。

11-11 各市固定资产投资

11-11 续表 单位：亿元

市 别	2011年	2012年	2013年	2014年	2015年	2016年
全 省	**16843.83**	**19307.53**	**22828.65**	**25928.09**	**30031.20**	**33008.86**
广 州	3412.20	3758.39	4447.30	4889.50	5405.95	5703.59
深 圳	2060.92	2314.43	2490.20	2717.42	3298.31	4078.16
珠 海	637.39	787.62	960.89	1135.05	1305.14	1389.75
汕 头	438.15	611.92	780.90	1002.73	1274.32	1579.53
佛 山	1933.96	2128.33	2375.60	2612.45	3035.52	3512.04
#顺 德	416.11	449.88	499.24	550.38	643.09	764.85
韶 关	472.20	548.48	664.52	746.74	701.67	702.09
河 源	237.34	278.59	342.73	453.29	564.14	652.29
梅 州	197.65	230.14	280.50	407.51	568.06	650.36
惠 州	1024.21	1208.68	1401.30	1606.71	1863.93	2039.71
汕 尾	329.65	391.56	462.09	500.97	585.20	652.45
东 莞	1079.31	1180.35	1383.94	1427.11	1446.52	1557.46
中 山	766.95	893.43	962.93	903.66	1055.41	1149.01
江 门	741.79	850.41	1000.84	1111.65	1307.87	1517.77
阳 江	400.66	483.67	598.66	662.01	691.13	503.92
湛 江	490.76	572.28	795.58	1020.76	1313.69	1531.60
茂 名	214.51	427.37	660.53	850.55	1115.50	1262.76
肇 庆	710.03	852.60	1007.78	1138.73	1330.03	1373.74
清 远	486.07	437.95	505.97	596.35	620.63	620.95
潮 州	198.94	224.16	253.63	313.01	391.95	454.62
揭 阳	658.08	663.51	829.39	1093.80	1362.10	1485.54
云 浮	353.08	463.66	623.38	738.09	794.15	591.51
珠三角	12366.76	13974.24	16030.78	17542.28	20048.69	22321.24
东 翼	1624.81	1891.15	2326.01	2910.51	3613.56	4172.14
西 翼	1105.92	1483.32	2054.77	2533.33	3120.31	3298.27
山 区	1746.34	1958.82	2417.10	2941.98	3248.64	3217.21

11-12 2016年各市固定资产投资及增长

单位：亿元

市 别	固定资产投资		比上年增长%	
		房地产开发		房地产开发
全 省	**33008.86**	**10307.80**	**10.0**	**20.7**
广 州	5703.59	2540.85	8.0	18.9
深 圳	4078.16	1756.52	23.6	32.0
珠 海	1389.75	641.03	6.5	22.3
汕 头	1579.53	306.38	24.0	24.8
佛 山	3512.04	1229.97	15.7	30.1
#顺 德	764.85	311.55	18.9	19.2
韶 关	702.09	146.84	0.1	11.3
河 源	652.29	175.72	15.6	36.7
梅 州	650.36	172.53	14.5	2.5
惠 州	2039.71	747.63	9.4	22.5
汕 尾	652.45	56.77	11.5	117.5
东 莞	1557.46	642.76	7.7	11.7
中 山	1149.01	543.59	8.9	13.0
江 门	1517.77	353.62	16.0	13.7
阳 江	503.92	101.38	-27.1	-3.3
湛 江	1531.60	223.21	16.6	24.7
茂 名	1262.76	109.84	13.2	7.0
肇 庆	1373.74	145.20	3.3	-9.1
清 远	620.95	227.52	0.1	6.5
潮 州	454.62	61.75	16.0	21.5
揭 阳	1485.54	53.51	9.1	9.9
云 浮	591.51	71.18	0.2	13.4
珠三角	22321.24	8601.17	11.3	21.6
东 翼	4172.14	478.40	15.5	28.9
西 翼	3298.27	434.43	5.7	12.4
山 区	3217.21	793.80	0.1	12.6

11-13 2016年各市按城乡分社会消费品零售总额

单位：亿元

市别	社会消费品零售总额	城镇	乡村	社会消费品零售总额比上年增长（%）	城镇比上年增长（%）	乡村比上年增长（%）
全省	**34739.00**	**30418.16**	**4320.84**	**10.2**	**10.2**	**10.6**
广州	8706.49	8472.79	233.69	9.0	9.2	3.6
深圳	5512.76	5512.76		8.1	8.1	
珠海	1016.13	989.85	26.27	11.0	11.0	10.4
汕头	1515.19	1105.26	409.94	12.3	12.9	10.7
佛山	3017.76	2369.26	648.51	11.6	10.5	15.7
#顺德	975.45	497.48	477.97	11.2	13.5	9.0
韶关	638.21	555.44	82.77	9.9	9.9	10.1
河源	537.44	411.65	125.79	11.0	10.9	11.5
梅州	619.77	433.90	185.87	10.8	11.0	10.2
惠州	1227.88	993.62	234.26	12.3	12.3	12.2
汕尾	533.11	394.51	138.59	8.9	9.9	6.2
东莞	2470.78	2204.93	265.85	13.1	9.6	53.6
中山	1205.84	1100.02	105.82	11.0	10.6	15.3
江门	1159.06	879.82	279.25	12.1	11.9	12.5
阳江	634.83	492.31	142.52	8.6	8.5	9.1
湛江	1432.96	1165.28	267.68	9.5	9.1	11.1
茂名	1339.88	907.95	431.92	10.3	9.6	11.9
肇庆	731.98	520.73	211.26	12.9	13.8	10.7
清远	626.80	508.56	118.24	9.7	9.3	11.4
潮州	495.61	396.49	99.12	11.6	11.6	11.6
揭阳	978.42	706.55	271.87	12.2	12.6	11.1
云浮	345.22	268.46	76.76	13.3	12.9	14.6
珠三角	25048.68	23043.78	2004.90	10.1	9.6	16.4
东翼	3522.33	2602.81	919.52	11.6	12.1	10.2
西翼	3407.67	2565.54	842.13	9.6	9.2	11.2
山区	2767.44	2178.01	589.43	10.7	10.5	11.3

11-14　2016年各市批发零售贸易业商品销售总额

单位：亿元

市　别	销售总额	批发	零售
全　省	**127092.00**	**97952.99**	**29139.01**
广　州	55972.75	47996.08	7976.67
深　圳	24860.15	20465.00	4395.15
珠　海	4915.82	4185.99	729.83
汕　头	2917.30	1606.75	1310.55
佛　山	10201.78	8010.54	2191.24
#顺　德	3501.78	2789.60	712.18
韶　关	985.57	453.66	531.91
河　源	590.88	151.54	439.34
梅　州	779.59	249.82	529.77
惠　州	2022.24	944.78	1077.46
汕　尾	591.20	110.88	480.32
东　莞	6192.34	3874.72	2317.62
中　山	2587.73	1539.49	1048.24
江　门	1910.29	914.89	986.40
阳　江	759.44	329.03	430.41
湛　江	2987.59	2000.81	986.78
茂　名	2810.18	1698.69	1111.49
肇　庆	1314.59	598.48	716.11
清　远	878.43	441.78	436.65
潮　州	906.20	484.44	421.76
揭　阳	2044.58	1242.81	801.77
云　浮	644.03	347.98	296.05
珠三角	109968.69	88529.97	21438.72
东　翼	6459.28	3444.88	3014.40
西　翼	6557.21	4028.53	2528.68
山　区	3878.50	1644.78	2233.72

11-15 各市社会消费品零售总额

单位：亿元

市 别	2000年	2005年	2007年	2008年	2009年	2010年
全 省	**4379.81**	**7915.51**	**10731.28**	**12986.60**	**14891.78**	**17458.44**
广 州	1121.13	1905.84	2624.24	3187.39	3615.77	4476.38
深 圳	735.02	1441.61	1930.81	2276.59	2567.94	3000.76
珠 海	121.17	220.19	301.70	360.10	404.46	486.03
汕 头	218.99	345.23	474.98	572.01	661.96	830.41
佛 山	337.55	650.18	957.57	1195.75	1408.78	1636.10
#顺 德	93.18	212.27	317.27	392.34	456.73	539.71
韶 关	85.40	141.67	196.72	241.57	278.36	329.78
河 源	37.12	73.02	104.37	124.46	139.50	163.07
梅 州	67.28	131.85	184.60	228.94	267.98	315.10
惠 州	126.48	252.01	356.06	426.75	491.10	582.53
汕 尾	69.84	130.45	187.68	233.14	282.06	352.06
东 莞	235.16	506.29	722.45	881.15	1029.04	1223.34
中 山	141.81	277.08	397.74	480.29	549.76	648.11
江 门	177.11	309.82	409.47	493.26	562.07	650.74
阳 江	86.46	159.22	222.76	266.71	258.52	313.84
湛 江	174.83	269.98	385.31	472.85	558.30	674.11
茂 名	158.11	287.24	408.81	504.59	591.05	704.97
肇 庆	77.31	142.29	196.83	238.49	275.78	326.69
清 远	72.27	130.03	198.12	252.75	303.56	370.50
潮 州	60.57	103.32	141.52	172.85	206.50	244.55
揭 阳	82.38	144.76	215.15	275.90	341.46	446.62
云 浮	31.30	59.71	83.75	101.07	117.91	136.97
珠三角	3204.99	5878.70	7919.89	9539.76	10904.70	13030.68
东 翼	450.38	745.58	1022.97	1253.90	1491.98	1873.64
西 翼	418.44	738.78	1019.15	1244.15	1407.87	1692.92
山 区	306.00	552.45	769.27	948.79	1107.31	1315.42

注： 2005-2008年数据根据广东省第二次全国经济普查资料进行了调整。
2009-2013年数据根据广东省第三次全国经济普查资料进行了调整。

11-15 各市社会消费品零售总额

11-15 续表　　　　单位：亿元

市别	2011年	2012年	2013年	2014年	2015年	2016年
全省	**20297.52**	**22677.11**	**25453.93**	**28471.15**	**31517.56**	**34739.00**
广州	5243.02	5977.27	6882.85	7144.45	7987.96	8706.49
深圳	3520.87	4008.78	4500.46	4919.00	5017.84	5512.76
珠海	567.86	635.20	720.52	815.71	915.20	1016.13
汕头	972.21	1029.82	1056.81	1186.04	1349.34	1515.19
佛山	1931.41	2019.50	2122.63	2400.58	2705.22	3017.76
#顺德	617.99	652.01	685.39	775.63	876.82	975.45
韶关	383.99	409.59	471.11	522.68	580.79	638.21
河源	188.04	209.37	381.02	435.01	482.99	537.44
梅州	372.79	403.50	450.18	499.97	559.50	619.77
惠州	684.72	754.15	857.91	968.70	1070.72	1227.88
汕尾	414.59	424.32	398.72	440.11	489.61	533.11
东莞	1441.25	1600.41	1786.66	1942.29	2184.70	2470.78
中山	756.07	809.33	890.55	981.80	1086.74	1205.84
江门	733.58	807.21	831.48	923.35	1034.30	1159.06
阳江	372.85	426.91	481.98	531.90	584.46	634.83
湛江	768.55	861.33	1010.70	1162.10	1308.95	1432.96
茂名	842.86	902.20	983.13	1093.90	1214.38	1339.88
肇庆	376.56	433.39	493.12	559.90	648.36	731.98
清远	433.69	459.63	466.45	520.28	571.50	626.80
潮州	278.01	317.04	354.71	395.86	443.10	495.61
揭阳	573.45	571.05	657.66	759.02	872.42	978.42
云浮	167.58	180.31	224.73	268.49	304.71	345.22
珠三角	15255.34	17045.24	19086.18	20655.78	22651.04	25048.68
东翼	2238.26	2342.23	2467.90	2781.03	3154.47	3522.33
西翼	1984.26	2190.44	2475.81	2787.90	3107.79	3407.67
山区	1546.09	1662.40	1993.49	2246.43	2499.49	2767.44

11-16 各市进出口总额

单位：亿美元

市 别	2000年	2005年	2006年	2007年	2008年	2009年	2010年
全 省	**1701.06**	**4280.02**	**5272.07**	**6340.35**	**6834.92**	**6111.18**	**7848.96**
广 州	233.51	534.76	637.58	734.94	819.67	767.37	1037.62
深 圳	639.44	1827.91	2372.33	2876.06	3000.66	2701.55	3467.63
珠 海	91.65	257.26	328.17	398.67	468.32	374.40	434.83
汕 头	42.12	49.60	54.14	61.12	62.98	60.28	73.65
佛 山	103.27	257.11	309.78	378.49	422.12	383.39	516.58
#顺 德							186.58
韶 关	2.68	9.20	9.31	12.89	14.03	11.94	15.75
河 源	1.61	5.28	9.97	15.57	19.71	22.26	27.17
梅 州	3.49	3.62	4.64	5.28	7.62	7.89	11.72
惠 州	82.09	190.21	212.31	241.12	297.45	292.40	342.35
汕 尾	6.08	12.08	15.47	21.55	19.56	17.46	20.50
东 莞	320.23	743.68	842.21	1068.05	1134.24	941.37	1215.66
中 山	60.89	187.51	231.30	246.63	259.09	244.70	311.13
江 门	48.33	90.54	107.86	122.99	131.42	110.40	143.33
阳 江	6.20	10.25	11.31	11.61	12.47	14.12	18.03
湛 江	11.67	18.27	21.47	25.75	33.29	28.18	35.43
茂 名	12.59	3.67	4.92	5.93	7.40	6.72	8.02
肇 庆	11.50	21.76	27.86	34.20	36.72	32.65	43.91
清 远	4.40	17.14	22.51	26.43	29.68	26.88	37.68
潮 州	8.21	18.92	22.96	21.72	22.31	27.88	38.23
揭 阳	7.82	13.92	16.88	20.87	24.62	29.82	36.27
云 浮	3.28	7.33	9.09	10.49	11.55	9.51	13.47
珠三角	1590.92	4110.75	5069.40	6101.14	6569.69	5848.23	7513.03
东 翼	64.23	94.52	109.45	125.26	129.47	135.44	168.65
西 翼	30.46	32.19	37.70	43.29	53.16	49.03	61.48
山 区	15.45	42.56	55.52	70.66	82.60	78.48	105.80

11-16 各市进出口总额

11-16 续表　　　　单位：亿美元

市　别	2011年	2012年	2013年	2014年	2015年	2016年	2016年比2015年增长%
全　省	**9133.34**	**9839.47**	**10918.22**	**10765.84**	**10227.96**	**9542.11**	**-6.7**
广　州	1161.63	1171.67	1188.96	1305.76	1338.62	1297.06	-3.1
深　圳	4139.75	4668.03	5374.75	4877.40	4424.55	3982.83	-10.0
珠　海	516.30	456.80	542.88	549.60	476.38	398.99	-16.2
汕　头	87.88	88.02	92.34	95.51	92.84	85.27	-8.2
佛　山	608.89	610.58	639.40	688.07	657.12	625.57	-4.8
#顺　德	220.77	220.19	243.42	265.09	257.70	254.08	-1.4
韶　关	17.79	20.44	23.22	23.54	23.90	23.57	-1.4
河　源	27.93	29.26	32.32	39.55	40.31	39.35	-2.4
梅　州	13.66	15.03	17.63	21.82	24.54	23.49	-4.3
惠　州	388.13	494.94	573.90	594.12	543.56	461.39	-15.1
汕　尾	25.04	28.42	41.74	39.47	32.02	32.24	0.7
东　莞	1352.33	1445.17	1530.70	1624.97	1675.43	1725.83	3.0
中　山	341.85	335.23	356.23	369.59	356.01	338.67	-4.9
江　门	176.90	187.72	197.33	203.74	198.31	190.87	-2.3
阳　江	21.50	22.23	23.80	26.88	28.55	20.93	-26.7
湛　江	44.05	47.00	55.13	63.16	51.46	46.04	-10.5
茂　名	9.24	10.41	12.23	13.74	16.35	15.67	-4.1
肇　庆	57.12	63.52	70.17	78.30	82.08	69.87	-14.9
清　远	45.41	45.37	43.58	44.00	44.97	44.10	-1.9
潮　州	41.81	42.31	39.17	34.22	31.41	30.31	-3.5
揭　阳	42.24	42.75	46.92	54.62	70.45	70.72	0.4
云　浮	13.90	14.57	15.81	17.79	19.12	19.33	1.1
珠三角	8742.89	9433.65	10474.31	10291.55	9752.05	9091.07	-6.7
东　翼	196.97	201.51	220.18	223.83	226.72	218.54	-3.6
西　翼	74.79	79.64	91.16	103.77	96.36	82.65	-14.2
山　区	118.69	124.66	132.57	146.69	152.83	149.84	-2.0

11-17 各市出口总额

单位：亿美元

市 别	2000年	2005年	2006年	2007年	2008年	2009年	2010年
全 省	**919.19**	**2381.71**	**3019.48**	**3692.39**	**4041.88**	**3589.56**	**4531.91**
广 州	117.90	266.68	323.77	379.02	429.64	374.05	483.79
深 圳	345.64	1015.22	1359.59	1685.42	1797.12	1619.79	2041.80
珠 海	36.46	107.68	148.43	184.77	211.69	177.83	208.62
汕 头	25.95	31.82	34.84	39.12	43.23	40.16	49.35
佛 山	57.36	170.80	211.35	261.90	289.60	245.78	330.38
#顺 德							144.30
韶 关	1.32	3.40	4.36	5.28	5.78	5.79	6.59
河 源	0.93	2.96	5.58	8.95	12.47	14.13	17.15
梅 州	2.97	3.10	3.81	4.36	5.78	6.71	9.51
惠 州	44.97	106.55	122.77	146.05	179.89	171.49	202.32
汕 尾	3.64	6.42	8.54	10.89	10.64	9.48	11.12
东 莞	171.42	409.29	473.76	602.01	656.42	551.67	696.03
中 山	36.77	122.54	156.08	172.97	187.02	177.36	225.04
江 门	29.85	60.25	74.06	86.99	96.53	79.49	104.09
阳 江	5.43	9.13	9.74	10.60	11.26	12.30	16.06
湛 江	3.78	9.57	12.26	14.61	16.32	13.65	16.84
茂 名	10.03	2.39	3.39	3.97	4.95	5.32	5.59
肇 庆	7.40	14.16	17.63	21.73	24.17	20.30	25.97
清 远	2.41	9.32	11.71	11.85	13.77	14.15	19.33
潮 州	6.94	14.80	18.02	17.46	17.55	18.70	23.41
揭 阳	5.98	11.32	14.16	17.69	20.98	25.25	30.80
云 浮	2.03	4.31	5.63	6.75	7.08	6.16	8.13
珠三角	847.77	2273.18	2887.44	3540.86	3872.07	3417.77	4318.02
东 翼	42.51	64.36	75.56	85.16	92.40	93.59	114.68
西 翼	19.24	21.09	25.39	29.18	32.53	31.27	38.49
山 区	9.67	23.09	31.09	37.19	44.88	46.93	60.72

11-17 各市出口总额

11-17 续表　　　　单位：亿美元

市 别	2011年	2012年	2013年	2014年	2015年	2016年	2016年比2015年增长%
全 省	**5317.93**	**5740.59**	**6363.64**	**6460.87**	**6434.68**	**5975.55**	**-7.1**
广 州	564.68	589.15	628.07	727.07	811.70	786.07	-3.2
深 圳	2453.99	2713.56	3057.02	2843.62	2640.40	2373.93	-10.1
珠 海	239.77	216.37	265.81	290.15	288.11	255.05	-11.5
汕 头	59.53	61.63	66.02	69.66	67.55	64.26	-4.9
佛 山	390.91	401.50	425.23	467.17	482.05	470.70	-2.4
#顺 德	169.27	171.47	186.77	206.41	206.90	205.90	-0.5
韶 关	7.22	8.70	9.20	12.20	14.25	13.53	-5.1
河 源	19.16	19.53	22.47	26.49	28.33	28.50	0.6
梅 州	10.94	12.70	15.44	18.87	22.72	21.28	-6.3
惠 州	231.22	292.04	333.20	363.31	347.75	298.79	-14.1
汕 尾	12.77	14.69	19.51	18.32	15.78	13.92	-11.8
东 莞	783.26	850.53	908.61	970.67	1036.10	991.81	-4.3
中 山	245.46	246.44	264.75	278.78	280.07	266.79	-4.7
江 门	122.52	129.70	139.99	150.87	153.72	150.31	-0.3
阳 江	19.19	19.64	20.92	23.21	24.04	17.40	-27.6
湛 江	20.95	22.09	26.23	29.41	28.07	29.47	5.0
茂 名	5.99	6.29	8.06	9.76	10.99	11.26	2.4
肇 庆	33.08	37.81	48.26	46.05	47.66	47.27	-0.8
清 远	23.43	23.82	22.50	23.91	27.09	26.32	-2.8
潮 州	27.09	26.96	27.83	28.50	27.64	26.31	-4.8
揭 阳	37.92	38.10	43.80	50.81	67.04	67.80	1.1
云 浮	8.84	9.34	10.72	12.04	13.62	14.80	8.7
珠三角	5064.89	5477.09	6070.93	6137.68	6087.57	5640.72	-7.3
东 翼	137.30	141.38	157.17	167.29	178.02	172.28	-3.2
西 翼	46.13	48.02	55.21	62.38	63.10	58.12	-7.9
山 区	69.61	74.09	80.33	93.52	106.00	104.42	-1.5

11-18 各市实际利用外商直接投资

单位：亿美元

市 别	2000年	2005年	2006年	2007年	2008年	2009年	2010年
全 省	**122.37**	**123.64**	**145.11**	**171.26**	**191.67**	**195.35**	**202.61**
广 州	29.89	26.09	29.23	32.86	36.23	37.73	39.79
深 圳	19.61	28.77	32.68	36.62	40.30	41.60	42.97
珠 海	8.15	6.65	8.24	10.29	11.42	11.80	12.24
汕 头	3.47	1.02	1.40	1.72	1.94	2.04	2.56
佛 山	9.34	9.27	11.37	15.73	18.07	18.74	19.68
#顺 德	2.67	3.04	3.76	4.94	5.54	4.30	5.94
韶 关	1.74	0.96	1.19	1.50	1.82	1.90	2.12
河 源	0.84	1.82	2.38	2.92	3.22	2.27	1.68
梅 州	0.86	0.77	0.82	1.12	1.29	0.80	0.90
惠 州	8.33	10.31	10.45	12.28	13.52	13.95	14.38
汕 尾	0.74	1.20	1.36	1.85	2.21	2.38	2.53
东 莞	10.87	14.61	18.08	21.17	24.47	25.94	27.32
中 山	5.66	6.25	7.13	7.35	7.45	6.08	6.68
江 门	7.66	5.97	6.78	7.83	9.17	10.37	11.08
阳 江	0.73	0.58	1.06	1.31	1.45	1.74	2.08
湛 江	0.90	0.39	0.53	1.50	1.74	0.29	0.37
茂 名	0.66	0.39	0.30	0.50	0.56	0.31	0.31
肇 庆	4.34	5.42	6.90	7.75	8.58	8.88	9.34
清 远	1.86	1.74	3.25	4.46	5.15	5.49	3.20
潮 州	1.49	0.58	0.68	0.82	0.91	1.01	1.12
揭 阳	2.10	0.49	0.70	0.91	1.27	1.32	1.49
云 浮	0.17	0.38	0.58	0.75	0.69	0.71	0.79
珠三角	103.87	113.34	130.86	151.88	169.21	175.08	183.47
东 翼	7.80	3.30	4.13	5.30	6.33	6.75	7.69
西 翼	2.29	1.35	1.89	3.32	3.75	2.34	2.75
山 区	5.47	5.65	8.23	10.76	12.16	11.17	8.70

11-18 各市实际利用外商直接投资

11-18 续表　　单位：亿美元

市　别	2011年	2012年	2013年	2014年	2015年	2016年	2016年比2015年增长（%）
全　省	**217.98**	**235.49**	**249.52**	**268.71**	**268.75**	**233.49**	**-13.1**
广　州	42.71	45.75	48.04	51.07	54.16	57.01	5.3
深　圳	45.99	52.29	54.68	58.05	64.97	67.32	3.6
珠　海	13.38	14.47	16.87	19.31	21.78	22.95	5.4
汕　头	3.46	1.31	1.48	1.78	2.18	0.91	-58.3
佛　山	21.54	23.50	25.21	26.56	23.77	14.72	-38.1
#顺　德	6.50	7.23	7.69	8.12	9.30	4.41	-52.6
韶　关	2.38	1.72	1.89	1.91	0.48	0.51	5.3
河　源	1.79	1.97	2.11	2.26	1.44	0.95	-34.1
梅　州	1.02	1.19	1.33	1.47	0.71	0.57	-19.9
惠　州	15.68	17.28	18.34	19.66	11.05	11.43	3.4
汕　尾	3.05	3.45	1.52	1.63	1.00	0.44	-55.4
东　莞	30.51	33.69	39.38	45.29	53.20	39.26	-26.2
中　山	7.30	8.04	6.46	6.81	4.57	4.74	3.9
江　门	7.89	8.70	9.23	8.54	8.79	4.76	-45.8
阳　江	2.39	1.53	1.65	1.17	0.85	0.70	-17.7
湛　江	0.53	0.87	1.32	1.50	1.57	0.61	-61.0
茂　名	0.35	0.80	1.15	1.56	1.72	0.75	-56.1
肇　庆	10.29	11.52	12.41	13.33	13.94	3.70	-73.4
清　远	3.84	3.03	2.12	2.27	1.42	1.07	-24.5
潮　州	1.26	1.42	1.01	1.09	0.20	0.34	67.8
揭　阳	1.71	1.92	2.21	2.39	0.39	0.31	-21.8
云　浮	0.92	1.05	1.11	1.06	0.55	0.43	-21.8
珠三角	195.29	215.23	230.62	248.61	256.24	225.90	-11.8
东　翼	9.47	8.09	6.22	6.89	3.77	2.00	-46.9
西　翼	3.28	3.20	4.12	4.23	4.14	2.07	-50.1
山　区	9.95	8.96	8.56	8.98	4.60	3.53	-23.4

11-19 各市地方一般公共预算收入

单位：亿元

市 别	2000年	2005年	2006年	2007年	2008年	2009年	2010年
全 省	**910.56**	**1807.20**	**2179.46**	**2785.80**	**3310.32**	**3649.81**	**4517.04**
广 州	200.55	371.26	427.08	523.79	621.84	702.65	872.65
深 圳	221.92	412.38	500.88	658.06	800.36	880.82	1106.82
珠 海	24.23	48.97	60.27	75.82	92.32	101.41	124.53
汕 头	18.94	29.44	34.93	42.49	51.22	58.54	72.65
佛 山	59.53	130.85	157.06	194.54	227.99	254.70	306.05
#顺 德	21.22	47.38	55.60	68.39	79.34	89.29	106.75
韶 关	8.63	19.93	22.80	30.04	36.38	40.71	47.81
河 源	2.55	8.52	12.54	15.16	17.61	20.18	25.09
梅 州	7.18	15.18	18.25	22.97	27.11	30.77	38.95
惠 州	12.94	34.72	44.45	62.06	78.07	101.57	131.22
汕 尾	4.16	7.09	9.27	12.16	15.75	19.71	26.23
东 莞	30.22	103.97	128.94	186.45	209.22	231.16	277.84
中 山	17.46	54.26	66.45	86.12	100.12	110.44	139.38
江 门	21.24	41.63	50.66	62.43	74.68	83.63	104.29
阳 江	3.89	8.70	10.40	12.97	16.36	20.16	26.77
湛 江	12.44	24.01	30.39	38.24	45.71	52.65	66.23
茂 名	9.08	21.26	25.72	31.66	36.37	41.70	51.95
肇 庆	10.97	20.44	24.98	32.74	43.56	55.92	76.80
清 远	4.53	13.25	19.61	27.89	37.38	50.04	72.79
潮 州	4.60	8.64	10.65	13.50	16.02	18.25	23.25
揭 阳	9.24	11.19	13.76	17.32	22.37	28.87	38.65
云 浮	3.65	9.33	11.39	13.97	16.63	18.78	23.54
珠三角	599.06	1218.48	1460.77	1882.01	2248.16	2522.29	3139.58
东 翼	36.94	56.38	68.61	85.47	105.36	125.36	160.78
西 翼	25.41	53.96	66.51	82.87	98.44	114.51	144.95
山 区	26.54	66.21	84.59	110.03	135.11	160.48	208.18

11-19　各市地方一般公共预算收入

11-19 续表　　　　单位：亿元

市　别	2011年	2012年	2013年	2014年	2015年	2016年	2016年比2015年增长（%）
全　省	**5514.84**	**6229.18**	**7081.47**	**8065.08**	**9366.78**	**10390.33**	**10.3**
广　州	979.48	1102.40	1141.80	1243.10	1349.47	1393.64	5.2
深　圳	1339.57	1482.08	1731.26	2082.73	2726.85	3136.42	16.8
珠　海	143.41	162.60	194.20	224.31	269.96	292.37	12.4
汕　头	85.58	96.34	112.11	123.97	131.26	137.09	6.0
佛　山	341.73	384.08	438.21	501.19	557.55	604.50	12.3
#顺　德	122.06	136.52	154.14	174.21	187.47	201.90	11.1
韶　关	53.91	61.48	71.78	82.01	85.23	85.05	2.3
河　源	31.37	37.64	48.79	60.47	67.48	68.89	6.1
梅　州	46.89	56.27	69.37	85.28	103.59	105.46	4.3
惠　州	162.83	200.88	250.17	300.75	340.02	361.30	10.0
汕　尾	32.71	41.09	48.15	49.23	28.83	30.78	13.8
东　莞	313.06	356.32	409.29	455.21	517.97	544.75	8.1
中　山	183.22	201.89	225.42	251.74	287.51	295.04	6.1
江　门	119.17	135.03	158.03	177.20	199.01	204.17	5.4
阳　江	34.95	43.12	53.72	62.97	67.93	57.99	-11.4
湛　江	80.03	92.09	105.92	114.42	121.86	112.99	-4.9
茂　名	66.12	78.12	90.36	100.37	113.92	121.43	6.3
肇　庆	92.23	103.81	120.77	139.13	143.36	91.70	-34.6
清　远	84.31	86.87	92.82	102.65	108.38	95.64	-7.8
潮　州	27.27	31.93	37.09	41.26	47.20	44.40	-3.8
揭　阳	46.35	56.70	66.69	73.69	77.40	73.64	-3.2
云　浮	29.80	36.76	45.76	52.87	58.70	57.42	0.3
珠三角	3674.70	4129.09	4669.16	5375.37	6391.70	6923.90	10.7
东　翼	191.91	226.07	264.04	288.15	284.69	285.92	2.6
西　翼	181.10	213.33	250.00	277.76	303.71	292.40	-2.0
山　区	246.28	279.02	328.52	383.27	423.38	412.47	0.6

注：2016年数据为快报数，增长按可比口径计算。

11-20　各市中外资金融机构本外币存款余额

单位：亿元

市　别	2000年	2005年	2007年	2008年	2009年	2010年
全　省	**19083.64**	**38119.91**	**48955.03**	**56119.26**	**69691.46**	**82019.40**
广　州	6200.47	11734.10	14783.45	16929.46	20944.19	23953.96
深　圳	3942.00	9486.76	12829.73	14260.93	18357.47	21937.89
珠　海	521.71	1014.08	1388.07	1575.36	2105.20	2748.70
汕　头	600.21	995.64	1161.64	1365.86	1623.06	1873.03
佛　山	2119.08	3906.93	4885.43	5713.95	7211.14	8462.33
#顺　德	684.72	1249.91	1467.68	1698.29	2158.35	2531.53
韶　关	263.73	468.35	585.22	674.42	794.40	907.75
河　源	91.12	205.94	286.55	334.76	409.59	500.02
梅　州	219.47	438.71	489.95	601.71	705.69	839.63
惠　州	394.44	823.96	1169.47	1336.94	1778.95	2090.14
汕　尾	78.19	144.45	192.72	233.51	279.78	332.70
东　莞	1327.79	3036.77	3843.38	4460.25	5094.92	6077.87
中　山	619.44	1186.76	1560.23	1823.11	2211.13	2665.35
江　门	805.18	1279.67	1466.13	1683.39	1995.14	2285.75
阳　江	142.73	248.75	318.82	394.33	477.87	575.32
湛　江	408.90	716.97	926.90	1075.80	1316.10	1565.19
茂　名	332.55	524.90	624.36	736.44	855.78	1028.67
肇　庆	281.64	493.23	629.42	728.75	920.63	1072.54
清　远	213.85	393.96	565.68	651.26	832.57	995.36
潮　州	162.70	328.97	393.74	476.78	556.31	653.27
揭　阳	240.07	473.60	572.67	726.87	816.18	967.03
云　浮	118.37	217.40	281.97	335.41	405.35	486.93
珠三角	16211.75	32962.25	42555.31	48512.14	60618.78	71294.51
东　翼	1081.18	1942.66	2320.77	2803.02	3275.34	3826.03
西　翼	884.18	1490.63	1869.58	2206.57	2649.75	3169.17
山　区	906.54	1724.37	2209.37	2597.56	3147.60	3729.68

11–20　各市中外资金融机构本外币存款余额

11–20 续表　　　　单位：亿元

市　别	2011年	2012年	2013年	2014年	2015年	2016年
全　省	**91590.15**	**105099.55**	**119685.15**	**127881.47**	**160388.22**	**179829.19**
广　州	26460.80	30186.57	33838.20	35469.29	42843.67	47530.20
深　圳	25095.78	29662.40	33943.15	37350.50	57778.90	64407.81
珠　海	2980.01	3449.70	4121.58	4570.67	5383.73	6124.26
汕　头	1989.65	2285.36	2530.16	2664.46	2857.20	3125.20
佛　山	9116.84	10167.55	11387.13	11275.63	11867.67	13281.61
#顺　德	2757.91	3146.27	3453.20	3155.83	3421.88	3943.96
韶　关	1005.35	1117.81	1255.76	1394.20	1532.91	1669.70
河　源	561.36	638.58	754.24	875.92	988.90	1139.26
梅　州	946.24	1063.83	1245.21	1411.88	1565.28	1819.19
惠　州	2401.05	2696.97	3138.79	3394.60	3836.10	4974.48
汕　尾	373.30	422.71	487.35	545.74	631.03	744.28
东　莞	6756.66	7691.24	8874.91	9323.28	9968.80	11545.10
中　山	2993.67	3469.71	4021.81	4149.69	4378.36	5031.00
江　门	2559.66	2905.50	3335.27	3587.64	3766.81	4030.37
阳　江	649.29	729.35	816.84	910.89	1014.74	1127.45
湛　江	1728.19	1902.35	2173.39	2430.26	2684.61	2847.29
茂　名	1188.72	1332.42	1571.63	1772.22	1974.75	2216.93
肇　庆	1210.67	1355.59	1594.43	1679.26	1785.01	2041.58
清　远	1117.31	1215.34	1401.35	1534.81	1699.82	1926.13
潮　州	743.18	836.51	919.35	1004.29	1076.19	1203.57
揭　阳	1130.77	1311.12	1529.69	1709.93	1837.87	2017.26
云　浮	581.66	658.93	744.90	826.30	915.88	1026.53
珠三角	79575.13	91585.24	104255.28	110800.56	141609.04	158966.41
东　翼	4236.89	4855.70	5466.56	5924.42	6402.29	7090.31
西　翼	3566.20	3964.12	4561.87	5113.37	5674.10	6191.67
山　区	4211.93	4694.49	5401.45	6043.11	6702.78	7580.80

11-21 各市中外资金融机构本外币贷款余额

单位：亿元

市 别	2000年	2005年	2007年	2008年	2009年	2010年
全 省	**13227.62**	**23261.21**	**30617.27**	**33835.86**	**44510.22**	**51799.30**
广 州	4226.65	7622.20	9661.38	11080.08	13851.83	16284.31
深 圳	3032.13	7596.72	10239.44	11188.40	14783.39	16808.12
珠 海	349.20	486.72	683.23	748.46	1062.44	1472.54
汕 头	476.66	421.36	448.83	426.74	570.47	661.52
佛 山	1581.90	2122.74	2820.80	2999.73	4101.97	4868.99
#顺 德	498.38	704.48	905.07	944.33	1232.06	1615.82
韶 关	149.23	169.68	197.76	221.29	320.02	376.06
河 源	62.19	108.13	174.02	201.33	294.26	338.69
梅 州	147.02	206.44	215.62	206.52	274.26	331.10
惠 州	221.42	409.44	679.74	752.10	1134.26	1225.71
汕 尾	68.74	57.21	71.26	66.04	98.56	131.12
东 莞	642.33	1540.48	2217.93	2432.88	3017.07	3441.99
中 山	382.09	498.05	747.31	844.27	1196.59	1373.62
江 门	574.26	565.45	624.97	624.73	892.58	1032.46
阳 江	89.71	100.66	136.68	159.22	229.38	292.24
湛 江	294.70	310.03	421.46	476.92	629.71	721.00
茂 名	211.96	230.93	234.30	222.90	299.77	362.40
肇 庆	217.44	232.13	308.07	374.15	568.31	652.01
清 远	150.82	179.13	240.02	276.44	442.53	520.62
潮 州	118.57	137.20	160.12	160.08	192.71	219.41
揭 阳	131.25	169.40	217.60	235.03	335.18	407.06
云 浮	84.12	97.10	116.72	138.56	214.93	278.34
珠三角	11227.42	21073.93	27982.87	31044.80	40608.44	47159.74
东 翼	795.23	785.17	897.81	887.89	1196.92	1419.10
西 翼	596.37	641.62	792.44	859.04	1158.86	1375.64
山 区	593.39	760.49	944.14	1044.14	1546.00	1844.80

11-21 各市中外资金融机构本外币贷款余额

11-21 续表　　　　单位：亿元

市　别	2011年	2012年	2013年	2014年	2015年	2016年
全　省	**58615.27**	**67077.08**	**75664.16**	**84921.79**	**95661.12**	**110928.41**
广　州	17732.88	19936.52	22016.18	24231.71	27296.16	29669.82
深　圳	19248.73	21808.34	24680.07	27922.13	32449.04	40526.90
珠　海	1638.21	1920.30	2071.90	2426.24	2969.70	4098.08
汕　头	728.18	811.95	971.93	1072.83	1199.00	1303.90
佛　山	5615.15	6391.47	7111.31	7595.79	7950.53	8717.81
#顺　德	1873.13	2243.78	2514.95	2651.97	2731.45	2813.22
韶　关	425.23	497.90	581.38	671.16	731.84	772.51
河　源	389.26	472.89	573.18	699.01	801.08	888.08
梅　州	389.97	454.04	547.53	635.46	736.41	830.18
惠　州	1439.09	1735.12	2036.92	2436.97	2701.60	3460.97
汕　尾	157.59	190.83	228.54	269.61	306.14	352.70
东　莞	3860.92	4446.82	4989.50	5562.36	5980.90	6545.66
中　山	1626.77	1969.07	2315.87	2644.90	2894.32	3367.09
江　门	1205.30	1467.17	1715.51	2024.51	2218.01	2469.83
阳　江	369.12	445.73	537.60	706.97	757.74	827.44
湛　江	868.48	1067.54	1227.29	1372.57	1568.76	1633.77
茂　名	444.74	540.64	642.08	759.50	858.33	1005.87
肇　庆	766.51	893.63	1051.40	1172.51	1281.52	1293.43
清　远	617.00	725.87	853.65	953.48	1061.23	1152.08
潮　州	256.64	290.20	322.97	357.21	369.04	368.55
揭　阳	502.33	615.58	717.84	873.59	931.72	992.39
云　浮	333.17	395.46	471.52	533.29	598.05	651.33
珠三角	53133.57	60568.45	67988.65	76017.12	85741.78	100149.59
东　翼	1644.74	1908.56	2241.28	2573.23	2805.90	3017.55
西　翼	1682.34	2053.91	2406.96	2839.04	3184.82	3467.09
山　区	2154.62	2546.16	3027.27	3492.40	3928.63	4294.17

11-22 各市中外资金融机构本外币住户存款余额

单位：亿元

市 别	2000年	2005年	2007年	2008年	2009年	2010年
全 省	**10031.68**	**20267.76**	**23013.34**	**28181.18**	**32136.32**	**36965.75**
广 州	2683.38	5475.77	5855.79	7111.27	8214.21	9302.33
深 圳	1391.78	3525.70	4009.06	5125.66	5943.09	6918.19
珠 海	262.41	513.72	591.87	727.86	828.04	982.54
汕 头	401.88	765.26	843.59	1025.32	1168.73	1305.62
佛 山	1359.52	2465.51	2836.67	3494.11	3945.01	4460.82
#顺 德	453.34	825.15	932.18	1167.79	1340.39	1517.91
韶 关	172.46	320.00	363.22	434.19	489.72	562.11
河 源	71.32	146.36	187.66	224.14	263.60	314.33
梅 州	166.95	326.86	352.67	439.94	501.32	582.20
惠 州	276.61	548.27	663.89	785.09	881.28	1044.17
汕 尾	58.89	111.83	139.92	168.79	197.35	231.32
东 莞	753.78	1796.69	2164.06	2677.51	2945.59	3425.89
中 山	409.23	764.69	901.04	1080.43	1242.83	1462.96
江 门	607.54	951.96	1043.74	1219.45	1353.17	1516.72
阳 江	107.92	192.35	230.89	277.34	321.41	386.82
湛 江	310.23	514.85	602.99	713.00	816.81	945.28
茂 名	251.70	413.71	483.64	569.35	642.22	752.61
肇 庆	197.68	347.39	418.97	489.87	561.40	657.31
清 远	152.70	279.69	371.58	439.91	499.84	593.11
潮 州	111.07	246.32	290.22	354.25	406.51	461.35
揭 阳	190.83	392.24	449.98	576.52	624.85	716.17
云 浮	93.82	168.58	211.85	247.20	289.35	343.92
珠三角	7941.93	16389.71	18485.09	22711.25	25914.60	29770.92
东 翼	762.66	1515.65	1723.71	2124.88	2397.43	2714.46
西 翼	669.84	1120.91	1317.52	1559.69	1780.44	2084.70
山 区	657.25	1241.49	1486.98	1785.38	2043.84	2395.67

11-22 各市中外资金融机构本外币住户存款余额

11-22 续表 单位：亿元

市 别	2011年	2012年	2013年	2014年	2015年	2016年
全 省	**41061.56**	**46265.58**	**50638.64**	**53215.87**	**55008.70**	**59768.75**
广 州	10260.54	11557.00	12496.69	12825.64	13602.38	14430.11
深 圳	7963.54	8910.98	9690.28	10193.04	9680.24	10755.66
珠 海	1102.85	1234.72	1360.23	1423.01	1322.97	1457.49
汕 头	1384.40	1549.33	1679.13	1764.78	1918.05	2093.10
佛 山	4707.06	5215.16	5602.58	5806.94	6232.20	6736.22
#顺 德	1603.10	1805.47	1904.01	1952.90	2091.64	2270.90
韶 关	619.79	701.41	787.84	859.52	925.18	1008.87
河 源	364.52	416.29	480.14	531.49	591.09	660.78
梅 州	665.74	761.27	888.88	985.46	1061.20	1147.07
惠 州	1185.53	1362.56	1545.08	1651.81	1729.01	1961.99
汕 尾	261.45	298.38	340.35	376.34	388.93	431.35
东 莞	3750.36	4246.97	4517.59	4648.27	4630.69	4943.56
中 山	1603.23	1771.65	1950.56	2057.33	2108.53	2309.44
江 门	1690.52	1898.06	2073.97	2218.8	2270.52	2454.80
阳 江	433.90	496.04	558.52	609.46	665.27	740.07
湛 江	1081.46	1251.64	1410.98	1520.22	1684.28	1818.28
茂 名	853.88	986.18	1137.67	1273.71	1413.64	1532.81
肇 庆	751.94	862.12	981.92	1075.02	1160.94	1272.68
清 远	663.28	744.74	840.57	927.07	1013.87	1127.16
潮 州	510.18	588.53	647.49	698.39	748.54	814.54
揭 阳	810.98	950.56	1128.99	1196.57	1251.86	1392.73
云 浮	396.41	462.00	519.18	573.00	609.30	680.04
珠三角	33015.57	37059.20	40218.90	41899.85	42737.49	46321.96
东 翼	2967.02	3386.80	3795.95	4036.09	4307.37	4731.72
西 翼	2369.23	2733.86	3107.18	3403.39	3763.19	4091.16
山 区	2709.74	3085.72	3516.61	3876.55	4200.64	4623.91

11-23 各市中外资金融机构人民币住户存款余额

单位：亿元

市 别	2000年	2005年	2007年	2008年	2009年	2010年
全 省	**8667.29**	**19051.35**	**22214.49**	**27417.52**	**31345.78**	**36219.15**
广 州	2239.64	5024.69	5576.23	6836.35	7920.13	9013.15
深 圳	1082.43	3229.38	3795.29	4905.93	5723.76	6717.05
珠 海	216.08	480.87	570.05	705.06	805.37	957.58
汕 头	351.40	733.50	824.94	1009.82	1153.31	1291.11
佛 山	1216.98	2358.78	2768.81	3436.10	3885.33	4406.34
#顺 德	407.94	790.88	911.68	1150.10	1321.66	1500.57
韶 关	165.47	313.97	359.35	430.87	486.34	559.16
河 源	69.96	145.12	186.79	223.38	262.84	313.64
梅 州	155.14	318.77	347.31	435.56	496.90	578.33
惠 州	249.31	522.21	647.61	771.66	867.49	1031.63
汕 尾	54.18	108.39	137.91	166.91	195.42	229.73
东 莞	672.07	1728.28	2120.49	2636.76	2902.66	3384.45
中 山	354.65	725.06	875.54	1058.85	1220.95	1442.18
江 门	483.75	851.93	972.97	1158.16	1289.06	1461.98
阳 江	104.99	189.91	229.45	276.08	320.14	385.69
湛 江	298.14	505.70	596.87	707.45	810.79	940.08
茂 名	247.45	410.02	481.36	567.27	640.08	750.67
肇 庆	184.21	335.91	411.02	482.80	554.14	650.23
清 远	146.27	273.86	367.79	436.68	496.56	590.26
潮 州	104.19	242.65	287.89	352.30	404.48	459.60
揭 阳	180.82	387.29	447.18	574.27	622.66	714.16
云 浮	90.13	165.09	209.64	245.27	287.35	342.13
珠三角	6699.12	15257.09	17738.02	21991.67	25168.89	29064.60
东 翼	690.59	1471.82	1697.92	2103.30	2375.88	2694.59
西 翼	650.58	1105.62	1307.68	1550.80	1771.02	2076.44
山 区	626.97	1216.81	1470.88	1771.76	2029.99	2383.51

11-23 各市中外资金融机构人民币住户存款余额

11-23 续表　　　　单位：亿元

市　别	2011年	2012年	2013年	2014年	2015年	2016年
全　省	**39725.24**	**44803.43**	**49287.89**	**52410.55**	**54114.45**	**58510.24**
广　州	9911.95	11174.68	12178.58	12571.70	13236.26	13939.71
深　圳	7251.39	8132.16	8926.10	9884.11	9429.42	10361.19
珠　海	1066.39	1196.27	1331.14	1399.61	1296.96	1419.67
汕　头	1365.36	1528.12	1661.21	1750.36	1897.90	2066.71
佛　山	4653.70	5155.01	5548.32	5756.99	6170.92	6652.25
#顺　德	1587.37	1784.58	1888.90	1936.80	2074.89	2246.71
韶　关	616.99	698.58	784.91	856.63	921.64	1004.27
河　源	363.82	415.52	479.29	530.67	590.09	659.52
梅　州	662.21	757.67	885.46	982.19	1057.84	1142.61
惠　州	1172.87	1349.23	1533.01	1640.17	1717.05	1944.68
汕　尾	259.39	296.29	337.14	373.34	385.72	428.34
东　莞	3697.27	4187.68	4467.60	4606.79	4587.86	4878.75
中　山	1582.18	1747.90	1930.79	2039.09	2082.30	2277.27
江　门	1644.86	1852.48	2029.55	2174.17	2228.65	2400.89
阳　江	432.63	494.59	556.95	607.87	663.22	737.58
湛　江	1076.41	1245.66	1404.49	1514.51	1675.56	1807.57
茂　名	851.75	984.03	1135.23	1271.27	1410.49	1528.48
肇　庆	744.58	851.29	973.60	1066.62	1151.53	1263.09
清　远	660.50	741.99	837.35	924.23	1010.55	1122.96
潮　州	507.78	585.92	644.11	695.21	744.83	809.31
揭　阳	808.42	947.98	1125.55	1193.65	1247.84	1387.32
云　浮	394.81	460.38	517.51	571.36	607.82	678.06
珠三角	31725.18	35464.70	38918.70	41139.26	41900.94	45137.49
东　翼	2940.94	3358.31	3768.00	4012.56	4276.29	4691.68
西　翼	2360.79	2724.28	3096.67	3393.64	3749.27	4073.63
山　区	2698.34	3074.14	3504.52	3865.08	4187.95	4607.43

11-24 各市年末常住人口数

单位：万人

市 别	2000年	2005年	2007年	2008年	2009年	2010年
全 省	**8650.03**	**9194.00**	**9659.52**	**9893.48**	**10130.19**	**10440.94**
广 州	994.80	949.68	1053.01	1115.34	1186.97	1270.96
深 圳	701.24	827.75	912.37	954.28	995.01	1037.20
珠 海	123.65	141.57	147.44	151.12	154.18	156.16
汕 头	467.78	494.45	506.79	514.78	522.02	539.62
佛 山	534.05	580.03	629.67	657.44	687.47	719.91
#顺 德	169.42	195.53	213.83	223.81	234.62	246.31
韶 关	273.65	292.26	288.49	286.70	285.04	283.02
河 源	226.78	278.24	274.96	285.48	287.12	295.82
梅 州	380.52	411.84	415.01	416.29	417.72	424.46
惠 州	321.80	370.69	402.86	418.65	435.08	460.11
汕 尾	245.71	279.87	288.81	291.84	293.12	293.90
东 莞	644.84	656.07	717.02	750.60	768.08	822.48
中 山	236.47	243.46	268.68	281.95	296.53	312.27
江 门	395.24	410.29	421.32	428.48	436.64	445.08
阳 江	217.20	232.14	235.93	236.54	237.19	242.53
湛 江	603.43	668.95	688.48	691.12	693.44	700.38
茂 名	524.82	584.04	597.88	593.43	587.81	582.64
肇 庆	337.69	367.60	378.31	380.62	383.77	392.22
清 远	314.98	359.37	365.58	366.58	367.70	370.38
潮 州	240.44	252.01	256.83	259.78	262.70	267.21
揭 阳	524.61	559.69	576.74	578.45	581.18	588.30
云 浮	215.49	233.99	233.34	234.01	233.41	236.29
珠三角	4289.78	4547.14	4930.68	5138.48	5361.72	5616.39
东 翼	1478.54	1586.02	1629.17	1644.85	1659.02	1689.03
西 翼	1345.45	1485.13	1522.29	1521.09	1518.44	1525.55
山 区	1411.42	1575.70	1577.38	1589.06	1591.00	1609.97

注： 1. 2000年全省数据含根据普查误差率推算的漏登人口。
2. 2006-2009年年末常住人口根据2010年第六次全国人口普查快速汇总数据进行平滑调整。
3. 2012年各市年末常住人口与全省差额14.78万人，为难以确定常住地人口。

11-24　各市年末常住人口数

11-24 续表　　单位：万人

市　别	2011年	2012年	2013年	2014年	2015年	2016年
全　省	**10505.00**	**10594.00**	**10644.00**	**10724.00**	**10849.00**	**10999.00**
广　州	1275.14	1283.89	1292.68	1308.05	1350.11	1404.35
深　圳	1046.74	1054.74	1062.89	1077.89	1137.87	1190.84
珠　海	156.76	158.26	159.03	161.42	163.41	167.53
汕　头	541.71	544.81	547.91	552.37	555.21	557.92
佛　山	723.10	726.18	729.57	735.06	743.06	746.27
#顺　德	247.34	248.38	249.34	251.00	253.53	254.46
韶　关	285.00	286.87	289.27	290.89	293.15	295.61
河　源	298.18	301.01	303.76	306.32	307.35	308.10
梅　州	426.81	429.41	430.70	432.33	434.08	436.08
惠　州	463.36	467.40	470.00	472.66	475.55	477.50
汕　尾	295.50	296.90	298.62	300.66	302.16	303.66
东　莞	825.48	829.23	831.66	834.31	825.41	826.14
中　山	314.23	315.50	317.39	319.27	320.96	323.00
江　门	446.55	448.27	449.76	451.14	451.95	454.40
阳　江	244.49	247.00	247.96	249.95	251.12	252.84
湛　江	706.92	710.92	716.71	721.24	724.14	727.30
茂　名	588.26	596.76	601.25	604.90	608.08	612.32
肇　庆	395.14	398.23	402.21	403.58	405.96	408.46
清　远	373.80	376.60	379.11	381.91	383.45	384.60
潮　州	268.37	270.00	271.21	272.04	264.05	264.60
揭　阳	591.54	595.59	599.47	603.54	605.89	609.40
云　浮	237.92	241.65	242.84	244.46	246.05	248.08
珠三角	5646.51	5689.64	5715.19	5763.38	5874.27	5998.49
东　翼	1697.12	1709.69	1717.21	1728.61	1727.31	1735.58
西　翼	1539.67	1556.85	1565.92	1576.09	1583.35	1592.46
山　区	1621.70	1637.82	1645.68	1655.91	1664.07	1672.47